大英帝国的的兴衰

THE HISTORY OF BRITAIN

〔英〕
理查德·达吉
(Richard Dargie)
著

邵晓燕　魏本超
译

中国友谊出版公司

图书在版编目（CIP）数据

大英帝国的兴衰 /（英）理查德·达吉著；邵晓燕，魏本超译 . -- 北京：中国友谊出版公司，2024.1
ISBN 978-7-5057-5761-5

Ⅰ . ①大… Ⅱ . ①理… ②邵… ③魏… Ⅲ . ①英国 - 历史 Ⅳ . ① K561.0

中国国家版本馆 CIP 数据核字 (2023) 第 241621 号

著作权合同登记号　图字：01-2023-2314

Copyright © Arcturus Holdings Limited
www.arcturuspublishing.com

书名	大英帝国的兴衰
作者	[英] 理查德·达吉
译者	邵晓燕　魏本超
出版	中国友谊出版公司
发行	中国友谊出版公司
经销	新华书店
印刷	河北鹏润印刷有限公司
规格	880 毫米 ×1230 毫米　32 开 12.5 印张　290 千字
版次	2024 年 1 月第 1 版
印次	2024 年 1 月第 1 次印刷
书号	ISBN 978-7-5057-5761-5
定价	98.00 元
地址	北京市朝阳区西坝河南里 17 号楼
邮编	100028
电话	(010) 64678009

序

英国：岛屿、民族与民族认同

镶嵌在银色的大海上

这些岛屿独特的地理环境对其历史影响巨大。英国四面环海，大海是抵御外敌入侵的一道天然屏障，用莎士比亚的话来说，就是"防御性护城河"，但在以前那个更加平凡的时代，大海同时也是贸易往来和思想交流的纽带。英国能够批判地吸收欧洲大陆文化，保证本国文化的自主发展，这与英吉利海峡所起的作用密不可分。对于爱尔兰人以及那些在最北端和最西端的岛屿上生活的居民来说，强大的中央集权之所以鞭长莫及，也是由于大海的阻隔。河流同样也起到了屏障和纽带的作用。伦敦虽然地处英格兰腹地，却能成为这些岛屿上最大的一座城市，在很大程度上归因于这里是泰晤士河上第一个能架桥的地方。同样，在宽阔的福斯河上，第一个能架桥的地方正是苏格兰的咽喉要地——斯特灵（Stirling）。

低地和高地

英国的南部和中部，地势比较平坦，土地也很肥沃。这里几乎没有什么天然险阻，交通尤为发达；当地居民生活富足，衣食无忧；各民族的定居点星罗棋布。在这里，道路修建、物资运输以及民众动员都不是什么难事，但正如古罗马人、撒克逊人以及诺曼人的指挥官们所发现的那样,这里也极易遭受入侵。

尽管如此,新民族、新思想、新习俗还是源源不断地涌入这片富庶之地。物资过剩还使人们试着改变做事与思维的方式。在地形支离破碎的苏格兰和威尔士,在英格兰北部的高地丘陵地带,以及在爱尔兰西部的偏远地区,情况大不相同。这些地方的耕地稀少,其他资源的积累周期也长。尽管人们为了战争、贸易和信仰而聚集在一起,但永久性的定居点一直很少,也很分散。在铁路出现以前,也就是19世纪以前,英国北部及爱尔兰西部的大片土地基本上很难进入。那里的人们长期保持着与世隔绝的、古老的生活方式。与来自低地的民族比起来,在高地地区生活的民族更有可能反抗当权者,这一点即使是在都铎时代和斯图亚特时代也是如此。

民族

布立吞人[1]都是移民或移民的后裔。他们的姓氏以及岛上的地名充分证明早期移民潮对英国的发展产生了巨大的影响。有的移民在英国历史上占有显赫地位,比如,来自日耳曼族群的撒克逊人,以及他们后来的兄弟民族斯堪的纳维亚人(Scandinavian)。其他族群则很少受到关注,比如,19世纪意大利和东欧的乡下穷苦人,他们为了谋生而踏上英国海岸。17世纪后期,因为本国政府顽固不化,不容异说,法国的胡格诺派教徒(Huguenots)就把英国作为自己的避难所。躲避大屠杀的俄国犹太人、1939年的波兰人、1956年的匈牙利人、因苛刻的"非洲化"政策而逃离乌干达的亚洲人,

---

[1] 又称为不列颠人,属于凯尔特人的一支,居住在不列颠岛中南部,地点包括今天的英格兰和威尔士。——编者注

以及遭到皮诺切特（Pinochet）迫害的智利人，都在英国成立了自己的团体。英国国内的迁徙，特别是中世纪以来发生的迁徙，同样对社会、经济和人口结构的变化产生了深远的影响。

民族认同

自阿格里科拉时代起，实现这些岛屿的统一成为推动英国历史发展的不竭动力之一。罗马帝国最终以失败而告终。到了10世纪，英格兰第一位伟大的国王埃塞尔斯坦（Athelstan）曾夸下海口要当整个不列颠岛的国王，但这一想法从未实现。爱德华·金雀花（Edward Plantagenet）离建成不列颠与爱尔兰统一帝国仅一步之遥，关于这一点，暂时几乎无人能及。威尔士人对他们的语言有较强的认同感，他们接受了南方的统治。然而，苏格兰人对英格兰入侵他们领土的那段历史一直铭记于心，苏格兰拥有独立国地位的意识深入人心。对爱尔兰人来说，地理距离、语言以及16世纪30年代的宗教信仰使他们的民族独立意识进一步增强。直到1801年，大不列颠及爱尔兰联合王国成立，一个以伦敦为统治中心的政治实体才开始出现。爱尔兰自由邦成立后，这种局面就此结束，存续时间仅120年。自1997年实施权力下放后，威尔士人和苏格兰人的民族认同感进一步增强。2010年后，英格兰人的民族自豪感更加强烈，英国脱欧的呼声日益高涨，脱欧问题因此成为英格兰最重要的政治问题。在接下来的10年里，英国脱欧问题一直主导着英国政治，由此引发了人们对社会和经济的担忧，并加剧了政治及文化上的紧张局势，这种紧张局势有可能会导致英国分裂。

目　录

第一章　史前英国

最早的祖先 / 002

定居 / 005

祖先崇拜 / 009

建筑和金属 / 012

铁器时代的勇士 / 015

第二章　不列颠尼亚

罗马鹰团来了 / 020

克劳狄入侵 / 024

布狄卡起义 / 028

征服不列颠尼亚 / 032

喀里多尼亚——帝国边界 / 035

哈德良长城 / 039

英国的罗马化 / 042

罗马时代的新兴城镇 / 046

罗马和平面临的威胁 / 050

不列颠尼亚对耶稣的膜拜 / 054

野蛮人的攻击 / 057

不列颠尼亚灭亡 / 061

第三章 侵略者和移民

日耳曼人的入侵 / 066

不列颠人的反抗 / 071

圣徒时代 / 076

新的王国 / 080

诺森伯里亚王国的辉煌 / 083

黑暗时代的威尔士 / 087

阿尔巴的皮克特人和盖尔人 / 091

黑暗时代的文化 / 096

维京人的黎明 / 100

勇猛的英格兰之王 / 105

英格兰的斯堪的纳维亚人 / 109

老国王的最后时光 / 114

第四章 中世纪的英国

三王之年 / 120

诺曼征服 / 123

王国缔造者 / 127

英格兰与法国 / 130

中世纪的爱尔兰 / 133

中世纪的威尔士 / 137

中世纪的苏格兰 / 142

金雀花王朝的帝国梦 / 145

黑死病 / 148

王朝纷争 / 152

人口与经济 / 155

文化与认同 / 158

第五章　近代早期的英国

文艺复兴时期的三位国王 / 162

英格兰宗教改革 / 166

英国宗教改革 / 170

女性统治 / 174

君主联合 / 178

都铎王朝及斯图亚特王朝统治下的爱尔兰 / 183

国王和议会 / 186

三国之战 / 190

克伦威尔时代 / 195

君主复辟 / 199

王位继承危机 / 203

光荣革命 / 207

探索与贸易 / 211

文化与社会 / 215

走向联合 / 218

大不列颠王国 / 221

詹姆斯党叛乱 / 224

第六章　乔治王朝统治时期的英国

政党政治兴起 / 230

英国与欧洲 / 233

失去北美 / 237

英国与法国大革命 / 240

反抗拿破仑的战争 / 243

18 世纪的爱尔兰 / 246

养活国民 / 250

煤炭、钢铁、蒸汽与棉花 / 253

交通革命 / 258

人口激增 / 262

自然神论者和循道宗教徒 / 265

英国的激进主义运动 / 269

清洗运动与大饥荒 / 273

第七章　维多利亚时代的英国

世界工厂 / 278

选举权的扩大 / 282

铁路狂热 / 286

联合、抗议和罢工 / 290

英国改革 / 294

教会的工作 / 297

科学的好处 / 300

教育和休闲 / 304

爱尔兰自治 / 308

英国殖民印度 / 312

非洲探险 / 315

第八章　20世纪及以后

福利国家的诞生 / 320

战争准备 / 323

第一次世界大战 / 326

经济大萧条 / 329

女性选举权 / 332

爱尔兰独立 / 337

战争之路 / 341

孤军奋战 / 345

大同盟 / 349

紧缩年代 / 353

帝国的终结 / 356

英国与欧洲 / 360

共识政治与消费主义 / 364

撒切尔夫人执政时的英国 / 367

英国的多元文化 / 371

北爱尔兰问题 / 375

民族主义和权力下放 / 379

新千年 / 383

[第一章]
史前英国

最早的祖先

约公元前 70 万—前 1.2 万年

人类第一次踏上我们称之为英国的这片土地是在什么时候？最近的发现表明，70 多万年以前就有了原始人（人类的灵长类祖先），他们生活的地方也就是我们现在的这些岛屿。迄今发现的最早的人类遗骸距今约有 50 万年的历史。大约在公元前 2.5 万年，北欧和现代英国的大部分地区经历了一次严重的冰川期，我们的祖先因此被迫躲到了温暖的南方。

最早的"英国"原始人

2003 年 4 月，考古学家在萨福克海岸的佩克菲尔德发现了英国开始有人类活动的最早证据。他们在大海和摇摇欲坠的悬崖峭壁之间发现了一处距今约 70 万年的遗址，并从中发掘出 32 块打磨过的黑色燧石，这证明人类活动在北欧开始的时间要比此前认为的早很多。当时，英国与欧洲大陆还互相毗连，猛犸象、犀牛、巨型河狸等物种还在东盎格利亚的大地上游荡。

博克斯格罗夫遗骸

50 万年前，位于西苏塞克斯郡（West Sussex）博克斯格罗夫（Boxgrove）的一个水坑吸引了大量口渴的食草动物前来饮水。古人类便趁机诱捕聚集在那儿的动物。在博克斯格罗夫遗址发现的史前马的遗骸表明这些古人类已经掌握了肢解猎物的技能。他们把猎物肢解后，用石锤敲碎骨头，然后吸食骨髓。考古学家在一块马的肩胛骨上发现了一个半圆形的小孔，这个小孔说明古人类将尖尖的木棍作为长矛来猎捕动物。20世纪90年代，博克斯格罗夫遗址还出土了人类的一根胫骨和两颗门牙，这是当时英国发现的年代最久远的人类遗骸。这些遗骸来自从前的一个物种——海德堡人（Homo heidelbergensis），他们是现代人和尼安德特人（the Neanderthals）的祖先。"博克斯格罗夫人"（Boxgrove Man）标本高约1.80米（5英尺10英寸），重约80千克（176磅）。不幸的是，"博克斯格罗夫人"的胫骨被一只大型食肉动物咬过，这说明他本人曾遭受过狮子或狼的袭击，或者是他死后被曝尸荒野，尸体被动物吃了个精光。

尼安德特人时期的英国

公元前25万年至前3万年，这一时期的英国已经开始适合人类居住。当时在英国生活的人类主要是尼安德特人，因其遗骸是在德国的尼安德特山谷（the Neander valley）发现的，故而得名。在肯特郡斯旺斯库姆（Swanscombe）发掘出来的头骨，以及在登比郡庞特纽威德洞穴（Pontnewydd Cave）发现的牙齿，都拥有尼安德特人的显著特征。一直以来，有关尼安德特人的报道都是负面的，"野蛮""迟钝"是形容他们的常用字眼。实际上，尼安德特人身材矮壮，胸肌发达，已经完全适应了当时的寒冷气候；他们不但会制作工具，而且很可能已经具备了语言能力。在狩猎方面，尼安德特人不但聪明，而且很成功。从泽西岛上的圣布雷拉德拉科特（La Cotte de St Brelade）洞穴发掘出来的狩猎陷阱就充分证明了这一点。考古人员从陷阱里挖掘出 20 个猛犸象头骨和 5 个犀牛头骨。尼安德特人在捕到猎物后,就会砸开它们的头骨,然后吃掉它们那富有营养的大脑组织。一些现代古人类学家称之为"史前过度猎杀"(prehistoric overkill)。

旧石器时代的英国大事年表

约公元前 70 万年	萨福克海岸出现了人类最早的工具
约公元前 48 万年	西苏塞克斯郡博克斯格罗夫可能开始有了原始人的活动
约公元前 13 万年	大概就是在这一时期,尼安德特人来到英国
约公元前 3 万年	尼安德特人从考古记录中消失
约公元前 1.3 万年	德比郡出现穴居的冰川期猎人
约公元前 1.2 万年	最后一次冰川期即将结束,智人再度"移民"英国

边缘之国

虽然英国并不一直都是一个岛国(在冰川期,北海干涸,海底恢复成了平原),但它一直地处欧洲大陆的边缘。英国原始人一直为数不多,他们很可能长期集中在英国东南部地区,

这里遭受周期性冰川期的影响并不严重。2.7 万年前,随着最后一次寒潮的到来,人类向南撤退到了欧洲,但在大约 1.5 万年前,冰川刚刚出现融化的迹象,他们又回来了。像德比郡那些生活在克雷斯韦尔峭壁(Creswell Crags)上的冰川期猎人,他们就住在逐渐消融的冰川的边缘。大约 1.3 万年前,气候再次出现短期恶化,我们最早的祖先被迫离开了英国。然而,大约 1000 年后,最后一次冰川期结束,随着气温的上升,成群的动物开始向北迁徙,人类很快又回到了英国。从此,人类便开始在英国定居下来。

定居

约公元前 9000—前 4200 年

以狩猎和捕鱼为生的人们在第四纪冰期结束时返回英国。他们遵循古老的风俗习惯：随着季节的变换到处追踪猎物。然而，随着时间的推移，他们学会了耕种土地。公元前 4000 年，随着农耕知识的传播，早期的英国人开始定居下来。

岛屿再现

公元前 8500 年之后，温暖的气候加速了全国森林的生长。由于海平面上升，爱尔兰和英国被爱尔兰海分隔成为两座独立的岛屿。成为连接英国和欧洲的大陆桥的平原逐渐被上升的水位淹没。这种情况正如古德温暗沙（Goodwin Sands）一样，至今仍在持续。人类和动物现在已经远离大陆，由此产生了独特的文化和环境。

最后一个游牧部落

游牧部落在中石器时代回到英国。考古学家在德里郡的桑德尔山（Mount Sandel）和威勒尔半岛的格里斯比（Greasby）均发现了其临时定居点。这些定居点可以追溯到公元前 8000 年到前 7000 年之间，是最早发现的游牧部落定居点。在桑德尔山的游牧部落大约有 15 名成员，他们把小树折弯，做成框架，很可能再在上面绑上兽皮，他们就住在 7 间这样的棚屋里。在格里斯比的游牧部落住的是帐篷，里面的地板呈长方形，用砂岩板和鹅卵石铺设而成，也许这表明猎人们会定期返回那里。

石器时代文物密藏器

随着时间的推移，早期的定居点变得更加复杂，其中最复杂的是位于奥克尼群岛（the Orkneys）上的斯卡拉布雷村（Skara Brae）新石器时代定居点，这些村落的建成年代在公元前 3000 年前后。这里有 6 处住所，它们是从前几代留下的垃圾堆（粪堆）中挖掘而出的，墙不用灰泥只用石块砌成，椽条为鲸须，屋顶由草皮覆盖。这些黑暗的地下小屋由通道相连，享受着生活上的一些便利。当地的石板被劈开，做成内部装有石南花的箱床和带有架子的柜子。地上散落着石头和由薄层黏土制作而成的罐子，罐子中装有淡水贝类，或作为随手可取的小零食，或作为已软化的钓饵。带有排水沟的圆形隔间可能被用作厕所。斯卡拉布雷村的人们全然不顾这些享受之物，匆忙地离开了定居点。地上散落的珠子和罐子里没吃的食物表明：为了躲避意想不到的威胁，也许是沙尘暴或入侵者，这里的居民仓促逃离了此地。

中石器时代和新石器时代的英国大事年表

约公元前 9000 年	最后一个冰川期结束
约公元前 7500 年	斯塔卡（Star Carr）成为猎人和食腐动物的狩猎场
约公元前 4200 年	农耕思想开始在英国传播

动物魔力

约克郡的斯塔卡可能是 25~30 人的过冬基地。在那里发现了一个木桨，这表明这些游牧民使用独木舟或小筏子来旅行或捕鱼。他们用矛和箭捕猎鹿、麋鹿、野牛或大型野生动物，小心翼翼地挑选要宰杀的野兽，以维持兽群的力量和品质。在斯塔卡还发现了 21 个带角的鹿头骨。为了减重，头骨被挖空后穿洞携带，它们或许是作为打猎的诱饵，或许在魔法仪式上使用，或许是用来讲述部落历史上伟大的狩猎故事。

农民

公元前 4000 年，第一批农民开始在英国的土地上劳作。考古学家过去常常把这种从狩猎到农耕的变化解释为：新的一批拥有高超技能的人来到英国。迁移可能带来了新的生活方式，但毫无疑问，英国的土著居民迅速采纳了有助于建立食物储备的新想法。考古记录表明，正是在这个时期，一些可驯化的物种——绵羊、牛、猪和山羊——第一次在英国大量繁殖。南方小麦和北方大麦的种植最为成功，人们用燧石镰刀收割它们并在平坦的石头上进行研磨。

农业景观

农业的出现永远地改变了英国的面貌。除了北威尔士和苏格兰的高峰之外，几乎覆盖了整个英国的浓密森林开始消失，被新石器时代的农民挥舞着磨光的斧头清除，一名熟练的伐木人可以在不到 5 周的时间里清理面积为 1 公顷的森林。英国低地建起了堤道围场，比如威尔特郡占地 20 英亩的风车山（Windmill Hill）。

这些大围场周围建有环形沟渠，沟渠边上筑上土堤，围上栅栏，可能是用来圈养和屠宰牲畜的。在这些遗址上发现的人类遗骸表明这些围场还被用作防御工事，甚至还用于举行宗教仪式。

祖先崇拜

约公元前4200—前2300年

早期的英国人处理尸体非常谨慎。因此,数百个保存完好的墓地在英国被发现。不同的埋葬和火葬习惯及对死者的暴露程度可能证明:新的人类来到英国并在此定居。或者这可能是一个迹象,表明我们的祖先愿意接受新的想法和信仰。

大葬礼崇拜

大约从公元前4200年开始,英国人有了集体埋葬的习俗,这可能源自西欧。人死后,尸体被留下腐烂,干骨头则被转移到墓室。这些墓室里面通常由石板铺设而成,在剑桥郡的弗米尔沼泽挖出的5具尸体被埋葬在优质橡木内衬的洞穴里。在英国南部和东部,这样的洞穴通常位于林肯郡巨人山的大型土冢或长土丘内部。结构的不断完善和位置的突出性表明这些墓室对建造它们的人具有重大的意义。

地洞埋葬者为何人

大多数的地洞里都有不同性别、不同年龄的5~50个人的坟墓。

数量少表明这些人曾享有很高的地位,他们可能是王朝首领,也可能是掌管部落礼仪或宗教事务的达官贵族。新石器时代大多数布立吞人没有长坟埋葬。在几条堤道的沟渠中发现的人类遗骸凌乱不堪，这表明，大多数平民的结局不那么体面。他们的尸体可能被扔在"神圣"的地上或木质平台上，任由野兽啃食和风吹日晒。

巨石坟墓

在英国北部和西部，享有特权的死者通常被安置在巨石墓中，如在威尔士和康沃尔发现的支石墓。这些石墓同在梅里奥尼的达夫林阿尔杜维（Dyffryn Ardudwy）和康沃尔的特雷泽维库奥特（Trethevy Quoit）发现的一样，用于火葬，上面覆以倾斜的顶石。在塞文河口附近和科茨沃尔德也发现了180多座长石墓。这些石墓包括举行仪式、盛宴的区域，以及一个按类型、年龄、性别排列存放遗体的单独的房间。在北威尔士和爱尔兰部分地区，那些有声望的死者通常会被葬在像安格尔西岛（Ynys Mon）上布林切利杜德（Bryn Celli Ddu）这样的墓道里。圆形的土丘有一个开口，通向一间椭圆形的墓室。在奥克尼群岛的伊斯比斯特，一间墓室装有340多具尸体，每隔一段距离，就被立着的石板分成隔间。用于建造这些巨石坟墓的石头重达50吨，只有组织有序的群体合作才有可能移动并抬高这么大块的石板。

> **痛苦的生活**
>
> 对这些早期遗骸的医学研究揭示了这个种群平均身高在160厘米到170厘米（5英尺3英寸到5英尺7英寸）之间，寿命达30岁左右。骨关节炎是常见病。畸形的胫骨说明病人是以蹲着的方式痛苦地生活。

牙齿残骸表明牙齿病和牙龈病也是导致他们生活痛苦的原因。骨折也是很常见的疾病。但这一时期的一些头骨上有开孔或者实施过手术的痕迹，这或许是为了减轻疼痛或者治愈精神失常。

新石器时代墓葬大事年表

公元前 4200 年	最早的长土丘墓
约公元前 3000 年	最后建造的长墓穴
约公元前 2750 年	最早的比克人墓葬

梅肖韦古墓

位于奥克尼群岛的梅肖韦古墓（Maes Howe）是英国最精致的巨石墓。这座石墓隐藏在草堆之下，是由复杂的墓道和精心制作的石板建造而成的石室。主室大致呈立方体，面积约为 4.5 平方米（5 平方码），拱顶由支架支撑。在隆冬时节，夕阳的余晖沿入口而进，照亮了房间的后墙。在新石器时代，关于季节和天气的知识一定已在英国和爱尔兰群岛广为流传，因为在冬至的时候，类似的情况同样出现在米斯郡的纽格莱奇（New Grange）墓道里。

比克人墓葬

约公元前 2750 年，英国人的葬礼习俗发生了重大变化。在英国北部长期实行的火葬，在南方变得更为常见。同时，集体土葬的传统被建于小土丘下的单一墓穴所取代。在比克人墓葬中，尸体通常像胎儿一样蜷缩在一口内有黏土陶瓷器和其他陪葬品的石头棺材里。

建筑和金属

约公元前 3000—前 2300 年

公元前 2500 年以后，英国的社会生活变得更加复杂。对金属等新资源的需求推动了技术的发展，也催生了更多费时费力的行业。英国的人口和经济迅猛增长，因而有大量的时间和精力来建造大型建筑。

圆形巨木阵和巨石阵的建造者

巨木阵和巨石阵是用土堤和沟渠围成的一块圆形区域，分布在英国南部和东部，通常靠近水源。在这些遗址中发现的人类遗骸表明巨木阵和巨石阵是宗教场所，比如在威尔特郡巨木阵发现的被劈开的婴儿头骨就是用来献祭的。英国各地还出现了其他一些壮观的建筑。在埃夫伯里（Avebury），超过 15 万吨的白垩被挖掘出来建造了直径达 365 米（1200 英尺）的土木工事。在英国北部和东部，巨石阵数量激增，仅阿伯丁郡就建造了 100 多座。如此大规模地建造巨石阵表明史前的英国居民已经具备了前所未有的领导能力和组织能力。

巨石阵

最著名的巨石阵始建于公元前 2800 年前后。在建造的第一阶段，它只是一个圆形的土堤和沟渠，对面则是巨大的踵石（Heel Stone）。典型的三石牌坊，建于公元前 2000 年前后，由从 40 千米（25 英里）外的马尔伯勒丘陵（Marlborough Downs）拖来的羊背石搭建而成。精细加工的石楣水平放在巨石立柱上，并采用榫卯接合法的方法连接起来。巨石阵的建造者甚至知道卷杀的重要性，他们在直立的石柱上做出微凸线，以便消除石柱中部显细的错觉。巨石阵的用途至今尚无定论，从开始建造到最终建成，前后历经1200年，在这期间，它的用途可能已经发生了改变。然而，巨石阵与仲夏日出、仲冬日落的方向成一条直线，并且校正18年月球交点周期，因此很多人认为巨石阵具有宗教或天文历法的功能。

神秘的青石

大约在公元前1540年，巨石阵建造的最后阶段，青石竖立构成内圈。长久以来人们都相信这些石头是从320千米（200英里）外彭布罗克郡（Pembrokeshire）的普雷塞利山（Preseli Mountains）上运来或滚来的。最近关于第四纪冰期的冰川运动研究表明，青石实际上是被自然而不是人为带到了这个地方。尽管取材方便，但经济学家计算了一下，建造英国这座最具代表性的史前建筑需要耗费200万工时。

金属工匠

公元前2700年前后，铜匕首首次在英国被使用，这是英国发现得最早的金属物品。这些铜匕首可能来自欧洲，不过威尔士、德比郡和马恩岛也有天然的金属资源。早期的铜是用椭圆形的石斧打造出来的，但在人们掌握了冶炼和铸造技术后，就能制造多种物品了。公元前2300年前后，英国的金属工匠开始在铜中加入锡来生产青铜这种合金，因而制造出来的工具和武器就更坚硬，也更锋利。对青铜的需求促进了盛产锡的康沃尔与北部铜矿之间的交流。康沃尔的锡也吸引了国外商人。

青铜器代理商

虽然英国盛产制造青铜所需的矿石，但废金属也很有价值，可以回收利用。客商把那些没人要的工具和武器收集起来，为了方便起见，他们把这些废品储存在临时窖藏里。一些窖藏被主人遗忘了，这就为我们提供了4000年前日常使用的各种青铜制品的证据。另一些青铜时代的窖藏可能是被故意丢弃的。许多青铜武器出土的地方在以前不是沼泽，就是水井或者河流，表明这些青铜武器被当作祭品祭献给水神和神灵。

与欧洲及其他地区进行贸易

在英格兰南部的威塞克斯发现了一系列的遗骸，这些遗骸被埋葬在精心设计的墓穴里，并被认为属于权贵阶层。这些坟墓里的武器、工具和宝藏说明了早期的英国人与其他的远方民族之间有来往。在巨石阵附近的布什巴罗（Bush Barrow）坟墓发掘出一些黄金饰品，很可能来自爱尔兰。在威尔特郡的厄普顿洛弗尔（Upton Lovell）发现的项链，内有琥珀，可能是与波罗的海交易而得。被威塞克斯上层人士所珍视的上釉彩陶珠很可能产自地中海东部。

大事年表

公元前3000年	建造了最早的巨石和石圈
公元前2800年	巨石阵建造的第一阶段
公元前2700年	英国最早使用铜
公元前2300年	英国最早使用青铜

铁器时代的勇士

约公元前 650—前 100 年

公元前的最后的千年是一个出现显著变化的时期。在英国南部和东部，人口急剧增长，新的定居点到处可见。贸易和商品生产增加，但对资源的竞争也日益激烈。部落之间的竞争不断加剧，这促使英国各地纷纷修建山堡和其他防御工事。

人口爆炸

古代英国的人口很难估算，但是很多学者认为青铜时代的英国只有不到 100 万的人口。到公元前 150 年，这个数字急剧上升至约 400 万，公元 150 年可能又上升到 600 万。罗马将军尤利乌斯·恺撒曾提及英国南部众多的定居点及其"无数的"人口。养活这些新增人口对英国，尤其对汉普郡和格洛斯特郡（Gloucestershire）等人口压力最大的南部地区的地貌，产生了巨大的影响。低地森林被砍伐，更多的土地被耕种，甚至不肥沃的高地也被开垦出来。虽然加大了对粮食生产和工业的投入，但英国的铁器时代仍是政治和军事紧张局势不断加剧的一个时期。

山堡、湖上住所和人工岛

铁器时代的英国有成千上万的要塞，这证实当时是一个勇士的时代。各族群组成部落,合力建造了雄伟的山堡,如汉普郡的丹尼伯里(Danebury)。这些地方并不总是永久住所,在英国南部的大部分地区,越来越多的人选择居住在广阔的低地"奥皮达"(oppida)或设有围桩的定居点里,他们只在紧急情况下才会撤退到山上去。然而,像诺森伯兰郡的沃登山(Warden Hill)这样坚不可摧的山堡提醒我们,这是一个动荡不安的时代。康沃尔和北威尔士的悬崖堡垒则充分利用了沿海地岬,三面环海,堤岸向陆地延伸,创造了安全的避风港。

英国的北部和西部用石头建起了山堡和设防高地。在苏格兰东北部的泰普欧诺斯(Tap o'Noth)山堡发现墙壁经常被玻璃化——高温烧制产生了坚硬的搪瓷涂层。苏格兰和爱尔兰人民常以水为邻,以木为材建造防御避难的湖上住所(crannogs),或者说人工岛。湖上住所还可以演变成岛堡(dun)——建在湖中央、通过堤道进出的石头堡垒。

穆萨圆石塔

英国北部人口不如南部稠密,但防守也是必要的。设得兰群岛的穆萨圆石塔是铁器时代的圆塔中保存最完好的。它坐落于海岸,高度超过13米(44英尺),不仅是瞭望塔,还是躲避袭击者的庇护所。唯一的入口和短短的通道迫使入侵者必须低头弯腰,这使他们很容易受到上面防御者的攻击。穆萨是苏格兰建造的570多座圆石塔中的一座,这表明英国各地在铁器时代晚期并不稳定。

铁器时代大事年表

约公元前 650 年	从青铜武器到铁武器的转变
约公元前 600 年	英国"凯尔特"风格长剑的证据
约公元前 550 年	在英国中南部建造山堡
约公元前 100 年	穆萨圆石塔的建造

凯尔特人

"凯尔特人"是一个用于以铁为主的部落文化的术语。公元前800年后,这种文化从中欧蔓延到西欧大部分地区。历史学家过去常常认为,公元前600年前后,凯尔特人入侵后,英国成为凯尔特文化区的一部分。然而,新近学者几乎没有发现当时凯尔特人大规模进入不列颠和爱尔兰群岛的考古证据。相反,他们认为铁器时代的英国由各种各样有着相似文化的人组合而成。他们因为贸易和亲属关系而受到来自欧洲凯尔特人思想的巨大影响。这些文化有着共同的重要特征,比如好战和信奉德鲁伊教。最近的基因研究似乎也证实了英国和爱尔兰的居民已接受来自海外的新想法,而不是受到入侵者的强迫。

与罗马的接触

公元前55年恺撒远征之前,铁器时代的布立吞人与罗马人联系频繁。大天然港——多塞特郡的亨吉斯特伯里港,是英国进口罗马商品的重要港口,但贸易是双向的。希腊地理学家斯特拉博曾记录:英国出口"谷物、牛、金、银、铁、兽皮、奴隶和猎狗"。早期的罗马葡萄酒双耳陶罐可追溯到公元前2世纪,现已在英国南部的许多地方被发现。这些奢侈品可能是英国通过向罗马市场提供奴隶交易而得。

[第二章]
不列颠尼亚

罗马鹰团来了

公元前 55—前 54 年

公元前 55 年，尤利乌斯·恺撒决定入侵位于高卢西北部的棘手的岛屿。布立吞人早就准备好去帮助在欧洲的兄弟民族——桀骜不驯的凯尔特人。英国盛产黄金和锡，潜力无限。对恺撒来说，征服已知世界边缘上的如神话般的土地，前景辉煌。

海滩上的战斗

当恺撒带领舰队从海峡迷雾中出现时，他瞥见了多佛的悬崖上站满了勇士。这不是一个着陆的好地方，正如恺撒所说："可以从悬崖上把一支长矛扔到海岸。"罗马人召集船只后向北行驶，停泊在迪尔附近的海岸边。布立吞人的战车一直跟随着入侵舰队驶向海岸并在此等待。恺撒命令他的军队尝试两栖登陆，虽然他们极不情愿。第十军团执掌鹰旗的掌旗官第一个跳入水中。虽然没有骑兵，但是全副武装的罗马军团击退了行动更为自如的布立吞人，并在海滩成功登陆。那一天以英国决定休战并以和罗马总督谈判而告终。

罗马战败

英国在历史上不止一次被英吉利海峡的风所拯救。运载恺撒骑兵前往高卢的船只受风暴影响，停滞不前。风暴还损坏了停泊在迪尔的船只。没有骑兵和补给，罗马人被困在肯特海岸。被派往乡下寻找食物的第七军团遭到了英国庞大战团的伏击。恺撒骑上马前去营救，虽然他不占优势，但还是迫使不列颠部落撤退了。这一丝成功足以让罗马将军下令体面地撤退到高卢。因为穿越了可怕的海峡，罗马给予英雄们为期20天的感恩假期。罗马第一次入侵英国持续时间较长。

恺撒打算撤军

罗马人严重低估了入侵英国的困难。英国难以预测的夏季天气，如同战车里的英国勇士一样，都是难以对付的敌人。然而，恺撒了解到英国南部土地肥沃，盛产谷物。因此，冬春两季他都在集结入侵大军，包括5个军团和辅助部队，共计3万人，由800艘运输船和供应船提供保障。新舰队也适应了在浅水中把船拖上岸然后卸货。

罗马的成功

罗马军队在无人防守的情况下在沙土镇（Sandwich）附近的一个神秘空旷的海滩上登陆。恺撒后来了解到，他庞大的舰队令监视他们的布立吞士兵望而生畏。他抓住机会主动出击，彻夜行军，占领了现在位于坎特伯雷的斯托尔河浅滩。比格伯里附近的山堡几小时内就被攻克了。然而，恺撒不得不浪费10年宝贵的时间来修复被非季节性风暴损坏的船只。这让布立吞人有时间集结在最高军阀卡西维拉努斯（Cassivellaunus）的麾下，当时他统治着泰晤士河以北的卡图维劳尼人（Catuvellauni）部落。

罗马人最终在肯特海岸建立了基地，然后向内陆进军，涉过

公元前54年,罗马在第二次入侵时几乎没有遇到有组织的抵抗,很快在肯特海滩建立了基地。

伦敦附近的泰晤士河。卡西维拉努斯巧妙地避开了与军团的对阵战，选择在茂密的森林里不断袭击他们。但是，罗马人找到几位友好的部落首领，带领他们去了位于现在韦林附近的惠特汉普斯特德（Wheathampstead）的卡图维劳尼人主要定居点。虽然防御牢固，但定居点很快就被占领，大量俘虏和牲畜也被带走。

大事年表

公元前55年	
8月26日	恺撒从伊图乌斯帕图斯（Portius Itius，今布洛涅）起航
8月27日	罗马军队在迪尔海滩登陆
8月31日	海峡大风驱散了罗马支援舰队
9月初	英国游击队击溃了恺撒的军队
9月中旬	恺撒将他的军队撤离到高卢
公元前54年	
7月7日	罗马人在沙土镇附近登陆
7月8日	恺撒占领坎特伯雷附近的比格伯里山堡
7月10日	罗马舰队被风暴摧毁
7月下旬	恺撒横渡泰晤士河
8月5日	高卢起义
9月初	恺撒返回高卢

撤退

卡西维拉努斯试图与罗马人谈判，同时恺撒也渴望达成和平谈判。罗马使者带来了高卢动乱和歉收的消息，这迫使他放弃了在英国过冬的计划。从部落首领那里得到了人质、贡品和和约之后，罗马入侵部队于9月上旬撤离。97年后，军团和战士才回来。

克劳狄入侵

43—60 年

在 1 世纪早期，军阀辛白林（Cunobelinus）统一了英格兰南部的大部分地区。大约在 41 年，他的儿子卡拉塔库斯（Caratacus）占领了维瑞卡国王（King Verica）所属的汉普郡土地，于是维瑞卡向罗马盟友求助。罗马新皇帝克劳狄（Claudius）正好需要一场军事胜利来稳固他的皇权地位，维瑞卡的请求给他提供了一个入侵英国的借口。

帝国胜利

43 年夏天，罗马指挥官奥鲁斯·普劳提乌斯（Aulus Plautius）登陆不列颠，当时他麾下拥有 4 个军团和辅助部队，总兵力可能有 4 万人。普劳提乌斯对卡图维劳尼人发起了两场战斗，都迅速取得了胜利，这让他控制了泰晤士河东南部英格兰的大部分地区。此时，普劳提乌斯停止了进军，等待着他的皇帝的到来。罗马皇帝从地中海出发，经过海上的长途航行，终于抵达了英国。8 月，克劳狄率领他的军团和战象队开进卡图维劳尼的首都——卡姆罗多努（Camulodunum，现在的科尔切斯特）。克劳狄接受了当地酋长的臣服，但在新行省建立仅仅 16 天后，他就前往高卢参加罗马的凯旋游行。

表演性入侵

自尤利乌斯·恺撒首次远征以来，英国南部大部分地区已经暴露无遗。英国的统治集团仍与罗马开展贸易，并很乐意与帝国结盟，将皇家人质送往欧洲接受罗马的教育。考古学证据表明罗马军队早在公元43年以前就曾出现在当地英国统治者的法庭上，可能担任警察或军事顾问。就连腼腆而博学的克劳狄在这次军事冒险中的出现也表明43年事件是经过精心策划的。克劳狄的这次远征并不是一次突如其来的野蛮入侵，而是漫长的战争的一部分，目的在于逐渐将英国引入罗马世界。

抵抗罗马

并非所有的英国部落都乐于接受罗马的统治。在西南部，未来的韦帕芗（Vespasian）皇帝领导下的奥古斯塔第二军团从现在的奇切斯特向北推进，直至对其怀有敌意的杜罗特里吉人（Durotriges）和杜姆诺尼人（Dumnonii）部落的中心地带。奥古斯塔军团发现自己置身于一片看似坚不可摧的山堡之中。其中一些防御工事沦为罗马军事装备的简单展示。人们认为，在被投掷物（从机器中投掷的弹丸）接二连三地击中他们酋长的家园后，位于多塞特郡的霍德山堡（Hod Hill Fort）防守军投降了。其他据点也被占领。

位于斯佩蒂斯伯里环（Spettisbury Ring）的一个坑里有100多个被屠杀的布立吞人和破碎的武器。在梅登堡（Maiden Castle）发现了被铁弩箭刺穿的脊骨，标志着历史上罗马战争机器的使用和一对一战斗的英雄时代的结束。

更有效的抵抗来自卡拉塔库斯，他在卡姆罗多努失守后继续向西作战。威尔士的奥陶维斯人（Ordovices）和志留人（Silures）部落，

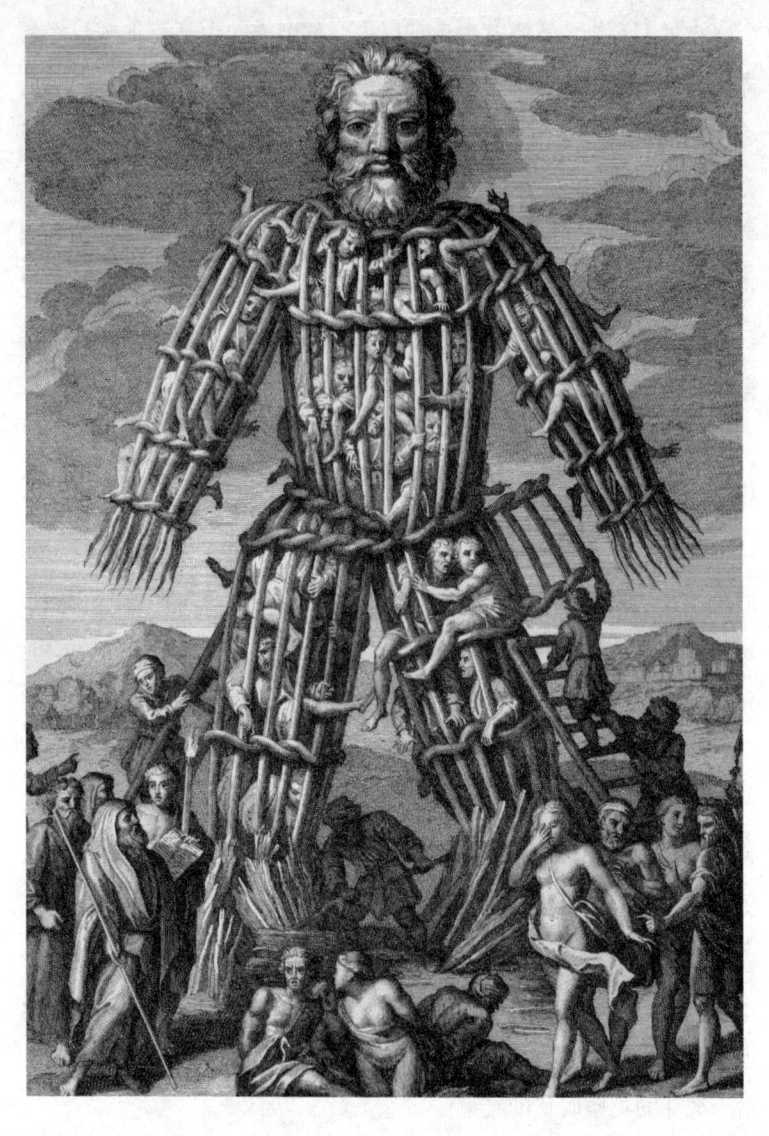

德鲁伊教信徒在柳条巨人中塞满献祭者后将其点燃,这种做法吓坏了罗马人。

以拉纳马内赫的石灰岩峭壁作为天然堡垒，与其并肩作战。公元51年战败后，他逃到了约克郡北方的布里甘特人那里，寻求他们的庇护。他们却把他交给罗马人，使之成为克劳狄凯旋队伍中的"重要角色"。随着卡拉塔库斯的受辱，从汉伯到塞文的英国南部大部分地区，都设有驻防，并在整个1世纪50年代一直保持安定。

大事年表

43—47年	奥鲁斯·普劳提乌斯平定了英国南部的大部分地区
44—48年	韦帕芗征服了西南部的山堡部落
49—51年	卡拉塔库斯在一系列战役中被奥斯托里奥斯·史卡普拉击败
57年	南威尔士的志留人部落被征服
68—70年	对斯诺登尼亚岛（Snowdonia）和安格尔西岛的德鲁伊部落发起战争

德鲁伊

北威尔士的山脉和安格尔西岛是英国南部抵抗敌人的最后堡垒。安格尔西岛在拉丁语中被称为莫纳，是让罗马人惧怕的德鲁伊教中心。在高卢，恺撒记录了德鲁伊柳条巨人里挤满了人并被点燃。罗马历史学家塔西佗（Tacitus）指控威尔士德鲁伊："用囚犯的鲜血玷污了他们的祭坛，用人的内脏向他们的神请教。"

经过从68年到70年历时三年的战争，英国总督苏埃托尼乌斯·保利努斯（Suetonius Paulinus）声称已经平定了斯诺登尼亚和安格尔西岛。罗马军团在一次大胆的两栖穿越梅奈海峡之后，屠杀了德鲁伊教信徒并摧毁了他们神圣的森林。保利努斯的胜利也因爱西尼岛（现在的东盎格利亚）突然发生叛乱而被破坏。

布狄卡起义

60—61 年

布狄卡女王领导爱西尼人起义,对罗马永久吞并英国南方地区造成了严重威胁。当罗马军队在遥远的北威尔士作战时,爱西尼人抓住机会袭击了罗马人不断扩大的定居点。这些定居点象征着他们的家园逐渐被罗马化。

起义的火花

爱西尼人占领了东盎格利亚的土地。作为罗马的盟友,他们的国王非常富有。60 年,爱西尼国王普拉苏塔古斯(Prasutagus)去世,没有男性子嗣。普拉苏塔古斯已经同意尼禄皇帝作为他的共同继承人,希望为他的遗孀布狄卡保留他的部分王国。不幸的是,这一计划与罗马压制英国的政策背道而驰。罗马派往东盎格利亚监督接管爱西尼的人是奴隶和追逐名利的低级士兵。当苏埃托尼乌斯·保利努斯出征威尔士时,他的下属对爱西尼领导层采取了残忍的行动。布狄卡被鞭打,她的两个女儿受到侵犯。这些暴行加深了爱西尼人对罗马的不满。英国的酋长们也在财政上苦苦挣扎,以支付他们的税款和实施罗马化的费用。他们被要求建造别墅和寺庙,让儿子接受拉丁语教育,以及在卡姆罗多努的皇家祭坛上献礼,这样的罗马式生活代价昂贵,且具有毁灭性。当爱西尼人起义时,其他部落比如强大的特里诺文特部落很快加入了他们的战斗。

布狄卡女王和她的军队在战争中无情地洗劫卡姆罗多努镇,这是前罗马军人及其家属的定居点。

东盎格利亚大屠杀

布狄卡组建了一支庞大的军队,攻打了自49年以来沦为前军团殖民地的卡姆罗多努。爱西尼人和特里诺文特人都痛恨那些对当地农民采取高压手段的居民。这个城镇几乎没有城墙,只有一些日渐年迈的老兵和一支200人的卫队,很快就被烧成灰烬。在克劳狄神庙抵抗了两天的部队也被无情地屠杀。第九军团派来的救援部队在途中遭到伏击,损失了2000名步兵。爱西尼人获胜的消息席卷了英国,整个行省都沸腾了。

英国亚马逊

罗马历史学家狄奥·卡西乌斯(Dio Cassius)这样描述布狄卡:她身材高大,相貌可怕,眼神凶狠,嗓音刺耳。尽管骨子里就对杀害了7万罗马人及其盟友的"造反者"怀有偏见,狄奥·卡西乌斯仍用溢美之词写道:布狄卡的"茂密的黄褐色头发垂到臀部,一条金项链环绕在脖子上,颜色繁多的束腰外衣上罩着一顶厚斗篷,用一枚领针扣紧"。在起义开始时,布狄卡通过占卜来寻求神的许可,她从衣服的褶皱中释放一只野兔,野兔所走的路被视为神表示支持的标志,鼓励战士们跟随她加入战斗。

劫掠朗蒂尼亚姆

在威尔士的苏埃托尼乌斯·保利努斯听说了这场灾难,立刻出发前往朗蒂尼亚姆(Londinium),希望在英国的罗马军队在此集结。然而在危急关头联系起来困难重重;第九军团被打得溃不成军,而在埃克塞特（Exeter）的第二军团指挥官不明所以，拒绝服从命令，躲在壁垒后面。保利努斯知道自己的士兵太少无法保卫朗蒂尼亚姆，他不得不放弃这个城镇来争取时间。作家塔西佗描述了在爱西尼人到来之前那些因年老体弱而不能离开此地的人恳求保利努斯的情景。朗蒂尼亚姆被残忍地洗劫一空，夷为平地。很快，同样的命运降临至维鲁拉米恩（Veralumium^①，即圣奥尔本斯）。爱西尼人不想抓俘虏获得赎金，杀害了总共7万多名居民。他们屠杀后，还把死难者的尸体用扦子穿起来插到木桩上。罗马作家对爱西尼人犯下的这些暴行感到震惊。

布狄卡之死

保利努斯集结了现有的兵力，在托斯特附近对阵爱西尼人。虽然人数远不及爱西尼人，但罗马人的纪律和战术经验带来了决定性的胜利。爱西尼人仓皇撤退到马车上，不幸被困屠杀。根据罗马历史学家塔西佗的说法，布狄卡为了逃避做罗马的奴隶而服毒自尽。在一场短暂的报复行动和在切尔姆斯福德等关键地点修建新堡垒之后，东盎格利亚得以平定。但是，温和派管理者的建议很快就占了上风。要想换来英国人的忠诚，靠镇压是不行的，只能靠鼓励各个部落更多地融入罗马人的生活方式。

---

① 原文即如此，疑有误，应为 Verulamium。——编者注

征服不列颠尼亚

61—79 年

东盎格利亚爱西尼战役失败后,英国南部完全被罗马控制。罗马在该地的驻军通过从莱茵河转移分队得到加强。作为罗马威望和决心的象征,卡姆罗多努殖民地很快恢复了。伦敦的主要贸易港从废墟中崛起,成为罗马行政中心。历任罗马总督现在可以集中精力将罗马的权力扩展到全岛。

来自北方的麻烦

卡蒂曼杜(Cartimandua),北方布里甘特人的女王,自 43 年克劳狄入侵罗马以来一直是罗马忠诚的盟友。她的王国领土从爱尔兰一路延伸到北海。她与罗马长久的友谊意味着罗马总督可以放松对北侧的监视。爱西尼人战败后,英国极为稳定,因此尼禄于 66 年调动军队去了埃及。这种情况在 68 年至 69 年四帝之年期间发生了巨大变化。军队派系之间的内战在整个帝国肆虐,不得不从英国驻军中抽调士兵。布里甘特人王室的反罗马分子利用罗马的分裂来推翻卡蒂曼杜。她的位置被好战的前夫维努蒂乌斯(Venutius)所取代,他早就计划与南部邻国开战。经过一些无结果的战斗,卡蒂曼杜被她的盟友救了出来,但现在罗马清楚了一点:必须直接统治整个不列颠岛。

大事年表

1世纪60年代早期	罗马人的控制权延伸至埃克塞特以西由杜姆诺尼人控制的领土
68—69年	罗马驻军在内战期间转移到欧洲
69年	维努蒂乌斯罢免了他的前妻卡蒂曼杜
70年	韦帕芗决定完全征服不列颠尼亚
70—71年	罗马在对抗布里甘特方面进展甚微
71—73年	布里甘特人在一系列战斗和围攻中被击败
73年	维努蒂乌斯阵亡,斯坦维克山堡被攻占
74—77年	总督朱利叶斯·弗朗蒂努斯征服志留人部落和奥陶维斯人部落
75年	以卡尔雷昂和德瓦为基地遍布威尔士的堡垒网络
78年	尤利乌斯·阿格里科拉征服了不列颠尼亚

韦帕芗的野心

从罗马内战中胜出的新皇帝韦帕芗曾在英国服役。他确信,必须驯服西部和北部狂野、独立的部落并使之接受罗马的统治。英国军队已恢复了全部兵力,林肯堡也得到了修复。在埃博拉库姆或约克建立了一个新的对抗布里甘特人的基地,成为罗马在英国的要塞。布里甘特是一个令人生畏的部落。作为顽强的游牧部落,他们曾带领羊群穿过奔宁山脉贫瘠的牧场。尽管有骁勇善战的勇士指挥和领导,布里甘特还是在73年被征服了。可能在苏格兰角附近广阔的斯坦维克山堡是他们作为自由民族战斗的最后一站。沿着斯丹摩尔关口(the Stainmore Pass)向北的行军营地是罗马人进一步向卡莱尔推进的证据。

征服威尔士

自 1 世纪 50 年代末罗马人在威尔士活动以来，新一代不安分的年轻战士在那里成长起来。永久摧毁志留人和奥陶维斯人部落是罗马人现在的首要任务。奥古斯塔第二军团驻扎在尤斯卡河河口附近卡尔雷昂的一座巨大城堡中。到了 75 年，位于卡马森（Carmarthen）、尼思（Neath）和卡迪夫（Cardiff）的新堡垒不仅保卫了罗马的港口，而且由此可以穿越山谷进入部落的中心地带。

一旦志留人战团在战斗中被击溃，纵横交错的堡垒会在一天的行军时间内将部落领土分割成可控制的小块。北部的奥陶维斯人被击败后，为了保证今后能重整旗鼓，他们在德瓦或切斯特建立了新的军事阵营。征服威尔士部落的任务落在了新任总督尤利乌斯·阿格里科拉身上。78 年，阿格里科拉下令发动突袭，他命令他的骑兵部队牵着马游过海峡，而不要等待船只运送，进而一举攻占了安格尔西岛。

和平的不列颠尼亚

第二年，阿格里科拉镇压了布里甘特人，建立了堡垒网络以控制他们穿越奔宁山脉。到 78 年，几乎所有威尔士和英格兰的土地都在罗马牢牢的控制之下。在南部和东部，罗马化进程正在顺利进行。在北部和西部，反对罗马的势力被镇压，并受到庞大堡垒系统的压制。

喀里多尼亚——帝国边界

79—160 年

79 至 84 年，阿格里科拉总督征战苏格兰。通过帮助修筑堡垒、修建道路等惯用做法，阿格里科拉成功说服苏格兰南方部落接受罗马和平（Pax Romana）。虽然北方部落在格劳庇乌山（Mons Graupius）一战中惨遭战败，但仍然心怀敌意。狭窄的福斯湾-克莱德湾地峡成为可统治的不列颠尼亚行省与远处难以征服的喀里多尼亚之间的自然边界。

未知之地

公元前 200 年前后，来自马萨利亚（Marseilles）的古希腊人皮西亚斯（Pytheas）开始环绕英国航行，这大概是人类历史上第一次环绕英国的航行，但到了公元 85 年，几艘古罗马船只才发现了环绕英国的航线。古罗马作家、哲学家普林尼（Pliny）不仅知道喀里多尼亚森林，还知道奥克尼群岛、设得兰群岛和赫布里底群岛。79 年，历史学家塔西佗跟随阿格里科拉军团进军苏格兰北部的未知之地。据他描述，那里的部落"住在地球的尽头……再往前走，就没有人烟了，只有海浪和岩石"。

南方的部落

苏格兰南部绵延起伏的群山未能阻挡住阿格里科拉的 1.5 万大军。古罗马大军在东部和西部铺设了两条道路，也就是现在的 A68 公路和 M74 公路，然后兵分两路进军。东部的沃塔迪尼人（Votadini）部落很快就与侵略者达成了议和。人们在他们位于东洛锡安的特拉勃莱因劳（Traprain Law）的山堡顶部发现了很多证据，这些证据表明他们已经接受了古罗马的商品和文化。塞尔戈瓦伊人（Selgovae）主要在梅尔罗斯附近的伊耳敦丘陵（Eildon Hills）一带活动，他们不愿意受制于古罗马人，但很快就被古罗马人的堡垒、道路以及盟友所包围。在西南部，住在圆形石塔和湖上人工岛的诺万特人（Novantae）直到 82 年才被征服。

大事年表

79 年	阿格里科拉入侵苏格兰南部
80 年	古罗马人在福斯湾－克莱德湾地峡修筑堡垒
82 年	苏格兰西南部的部落被征服
83 年	古罗马军队在泰河以北作战
84 年	可能就在这一年，格劳庇乌山战役打响
约 140 年	修筑从福斯湾延伸至克莱德湾的安东尼长城
150 年	古希腊地图学家托勒密在其著作《地理学指南》（*Geographia*）中提到苏格兰
约 169 年	可能就在这一年，安东尼长城最终被放弃
约 200 年	北方部落合并成更大的"国家"
208 年	塞普蒂米乌斯·塞维鲁统治时期，古罗马最后一次尝试征服苏格兰
297 年	现存记录中首次出现皮克特人

挺进苏格兰高地

穿过苏格兰中部那条狭窄的地峡以后,北部的地形地貌、植被、气候以及那里的民族一直是阿格里科拉大军前进道路上的拦路虎。在塔西佗看来,那些红头发、四肢修长的喀里多尼亚人与其他种族不同,他们更像凶猛的日耳曼人,而不是像布立吞人。为了能和自己的舰队保持联系,阿格里科拉没有选择穿越中部那人迹罕至的高地群山,而是选择了沿着东北部的低地缓慢前进。从泰河以北一直到马里,行军堡垒一座接一座。我们从这些堡垒依然能够看出阿格里科拉的进军路线。阿格里科拉在苏格兰高地的各个峡谷入口修筑了一座又一座堡垒,他还在斯特拉斯莫尔(Strathmore)的切图希尔(Inchtuthil)修建了一处军团要塞。在征战苏格兰的6年时间里,阿格里科拉共新建堡垒60座,修建道路超过2000千米(1300英里)。

与希伯尼亚的领土失之交臂

82年,阿格里科拉在舰队的支援下进军攻打加洛韦的诺万特人。这支舰队带他来到了一个离爱尔兰很近的地方。在那里做生意的商人给他提供了有关爱尔兰海岸的信息,不仅如此,阿格里科拉还抓了一位逃亡的爱尔兰王子作为自己的随从,以防需要为入侵爱尔兰找一个合适的借口。然而新皇帝图密善(Domitian)命令他完成对喀里多尼亚的征服,入侵爱尔兰的计划就这样被无限期推迟了。

神秘的格劳庇乌山

针对罗马人所采取的这些行动,84年,喀里多尼亚集结了3万名勇士投入战斗。塔西佗可能目睹了双方在格劳庇乌山的交战。据他所述，领导喀里多尼亚勇士作战的是一位名叫卡加库斯（Calgacus）的酋长。喀里多尼亚人占据着山地这一有利地形，兵力较少的罗马军队几乎未能取得任何进展。部落勇士们跑到平地上欢庆初期的胜利，结果让训练有素的罗马军队赢得了胜利。据塔西佗所说，喀里多尼亚勇士阵亡人数达 1 万之多，而罗马军队则仅仅损失了 360 人。虽说阿格里科拉在格劳庇乌山战役中取得了胜利，但这次胜利没有任何意义，因为喀里多尼亚的那些部落并没有屈服，他们只是躲进了山里进行游击战。

格劳庇乌山战场的确切位置已经无从考证。据推测，苏格兰东部的多处地方都有这个可能。其中可能性最大的似乎是位于阿伯丁郡地标山本纳希山附近的福德兰德峡谷（Glens of Foudland），因为那里远离大海，罗马军团无法获得海上舰队的支援。

安东尼长城

阿格里科拉被召回罗马后，他的军团就被派往罗马帝国的其他动乱地区，他随之也被解除了公职。他修筑的堡垒已经废弃，2 世纪 20 年代，哈德良皇帝不断开疆扩土，帝国的边界已经延伸至索尔韦–泰恩河一线南部。2 世纪 40 年代，罗马发动了最后一次对苏格兰的大规模入侵。当时，安东尼·庇护（Antoninus Pius）在福斯湾和克莱德湾之间用草皮块和尖木桩修筑了一道城墙。他希望这道城墙能够保护像沃塔迪尼人这样的盟友，同时也能方便管理那些不安分的塞尔戈瓦伊人。为此，他派了 7000 名士兵驻守安东尼长城及沿线堡垒。169 年，瘟疫和骚乱席卷了整个罗马帝国，守卫安东尼长城的士兵这才永久性地撤退到了哈德良长城。

哈德良长城

122 年

117 年，西班牙士兵哈德良披上了象征皇权的紫袍，那一刻也就意味着他继承了一个庞大帝国，这个帝国的版图从苏格兰南部一直延伸到美索不达米亚。身为久经沙场的军事战略家，他认为这个庞大帝国的大部分疆土都缺乏防御，他希望能够守住帝国的边疆。122 年，哈德良来到英国，"他纠正了很多错误的做法，还修筑了一道长达 130 千米（80 英里）的城墙，从而将野蛮人和罗马人分隔开来"。哈德良长城后来成为罗马帝国统治英国的最大象征。

为什么要修筑长城

哈德良修筑长城从来就没有打算用它反击北方的游牧部落。在长城南侧，堡垒、道路以及深深的壁垒（vallum）或壕沟纵横交错，形成了一个界线分明的军事地带，从这里可以控制所有的交通往来。虽然哈德良长城以及驻扎在那里的卫戍部队很容易受到集中攻击，但他们足以抵御一次又一次的低级偷袭。英格兰北部的布里甘特人和苏格兰南部的塞尔戈瓦伊人并不承认罗马文明（Romanitas）的优势，修筑哈德良长城能够更加有效地监视和震慑这两个族群。有了哈德良长城，不但可以促进长城两边的贸易流通，还能在此设卡收费。这道壮观的屏障是罗马世界最发达的一套防御工事，它的存在很可能对英国南部的居民产生了心理上的影响，让那里的部落首领们觉得他们与罗马达成妥协是安全之举。此外，作为一名精明的指挥官，哈德良熟悉军队的一切，他深知，即使在相对和平的时期，也不能让军队闲下来，这很重要。长城的修筑与维护有助于提高参与部队的士气、严肃军纪，使他们不至于整日陷入政治上的钩心斗角。

长城下的神秘凶杀案

一支规模庞大的军队在此驻扎，这大大促进了英格兰北部的经济发展。在防御工事周围，一个个平民定居点如雨后春笋般地冒出来。在这里，当地的商人为罗马驻军供应着新鲜的食物，士兵们的饮食因此变得丰富起来，他们再也不用每天都吃从欧洲运来的那些腌制食品了。妓院老板和酒馆老板则满足了士兵们的其他需求。在豪塞斯特兹（Housesteads）附近的定居点或者说乡镇（vicus），考古学家从一间简陋屋子的地基中发掘出了一男一女两具人类遗骸。他们好像是被人用刀杀死后藏到地板下面的。大概他们是在一次酗酒滋事事件中不幸遇害的。那时候，在荒凉的不列颠尼亚边境上，赌场、酒馆一下子多了起来，酗酒滋事时有发生。

关于长城的数据

哈德良长城最初从泰恩河上的西格杜努姆或沃尔森德一直延伸到索尔韦湾的鲍内斯，全长117千米（73英里）。每隔一罗马里，即1481米（1620码），就建有一座堡垒，堡垒共计80座，这些堡垒也被称作里堡。每座堡垒可容纳10~30名士兵。每隔494米（540码）就修建一座瞭望塔。长城沿线修建了16座更大的堡垒，每座堡垒有500名士兵驻守。根据建造材料及地形的不同，长城的高度在4.5~6米（15~20英尺）之间，宽度在2.5~3.5米（8~12英尺）之间。长城北面建有三座堡垒，用来刺探罗马帝国疆域范围以外的那些部落的情报。长城的初期建设是由第二、第六和第二十军团共同完成的。哈德良长城自122年开始修建，不到5年就完成了长城的主体建设，但坎布里亚沿岸那段长达32千米（20英里）的防御工事以及堡垒系统的扩建耗费了罗马军团十多年的时间。哈德良长城竣工后，大约1万名士兵被派驻到这里，其中大部分是后备部队。

长城的衰落

从文献记载以及考古上所发现的长城遭到破坏和匆忙重建的相关证据来看，哈德良长城长期处于相对和平的状态，但也曾多次为紧张局势所笼罩。180年以后，特别是195年和205年前后战乱频发。鉴于这种局势，209年，塞维鲁发起战役，想给喀里多尼亚人最后一次教训，结果战败了。哈德良长城一带的紧张局势必然引发罗马帝国其他地方的纷争。因为罗马帝国要和遥远的帕提亚王国开战，或者是因为帝国内部的皇位之争，部队大多被派往他地，这样，驻扎在英国的兵力也就所剩无几了。北方的皮克特人注意到了罗马军队暴露出的这些弱点，367年，他们联合爱尔兰和日耳曼盟友大举进攻驻扎在哈德良长城的罗马军队。402年以后，哈德良长城仅存的几支忠诚的部队便停发了军饷。驻扎在军事地带的那些士兵可能留下来了。他们不再是占领者，而是成了那里的居民，三五成群地生活在长城附近的农舍里。然而随着时间的推移，哈德良修建这一伟大工程的初衷渐渐被人们所遗忘，他们也逐渐消失在历史舞台上。

英国的罗马化

43—409 年

不列颠群岛的地理环境对不列颠尼亚行省的文化产生了深远影响。在地理位置上，不列颠尼亚与罗马帝国的其他行省相隔甚远。在这遥远的边疆，古罗马文明将当地传统和古罗马传统紧紧地融合在一起。生活在南部低地的布立吞人很快就适应了征服他们的古罗马人的生活方式。在英国高地，新的生活方式推行起来进展缓慢，这里唯一能够永久彰显古罗马文化的就是古罗马军团。

英国人的工作

在整个罗马帝国，罗马人的统治方式是减轻自己参与管理的力度，鼓励当地人积极承担公共工程维护、执法和收税的重任。罗马帝国的官员们都集中在有重兵驻守的城镇和港口。不列颠尼亚行省其他地方的日常管理主要是由英国当地的贵族来负责。他们担任城邦（civitates）委员会或者部落自治委员会的委员，还可以参加地方执法官的竞选。他们坐在当地的长方形廊柱大厅（basilica）里执行中央指示，解决地方纠纷，以此来参与罗马帝国的统治。塔西佗写道：他们很快就接受了罗马人的生活方式，在执行公务时也会穿上罗马人穿的托加袍，他们还一定要让自己的儿子学习拉丁语这门有助于社会流动的新语言。那些出身低微的布立吞人也能有望成为罗马人。只要他们在帝国军队服役满25年，即可获得罗马公民身份。在这一承诺的吸引下，大约1.5万名英国人在后备团服役。

财富流通

古老的不列颠王国曾经铸造过钱币，但直到罗马帝国时代，钱币才开始流通起来。贸易的发展催生了一批新的职业阶级，包括售货员、商人、放债人和税务员。在罗马帝国时代的英国城镇，街道两旁店铺林立，市集随处可见。罗马帝国那些商品生产与经销方面的天才把帝国各地生产的商品源源不断地销往英国市场。英国的那些有钱人爱买罗马帝国生产的奢侈品，比如，产自坎帕尼亚的极其珍贵的费乐纳斯葡萄酒。英国的纺织品则在高卢和莱茵兰打开了销路。英国国有矿山产出的银块、铅块和锡块已经远销地中海沿岸各国。贸易的不断扩大有力地促进了新思想的传播，这一点历来如此。到2世纪初，奥维德（Ovid）在其神话故事中所塑造的人物形象，以及维吉尔（Virgil）在其史诗中所刻画的特洛伊英雄埃涅阿斯（Aeneas）等人物形象已经融入英国人家里的壁画、镶嵌画和家居用品的装饰中。

死后安葬——罗马习俗还是英国习俗？

为了死后的葬礼能够办得像模像样，罗马帝国的穷人往往会加入丧葬协会（burial clubs）。他们需要定期付费。协会用这些钱来给他们置办葬礼上那些必不可少却又价格不菲的祭品，还要花钱请职业送葬者给他们送丧——这是罗马人的丧葬习俗之一。在罗马帝国统治时期的不列颠，丧葬协会同样存在。巴斯的军械制造师协会专门为那些去世的成员修建了墓碑，以示纪念。在柴郡的哈尔顿市，就在哈德良长城根上，有一家协会甚至还会帮助奴隶们有尊严地死去。罗马帝国统治时期的布立吞人普遍遵循着3世纪时盛行于整个帝国的丧葬习俗，他们更喜欢火葬而不是土葬。然而，凯尔特人依然保留着自己的丧葬习俗。在亨伯河（Humber）河畔的布拉夫古罗马墓地，考古学家发掘出一座2世纪时的凯尔特人坟墓，死者的尸体装在一个用铁箍箍着的木桶里，木桶里还有两根断裂的权杖，这与凯尔特人部落祖先的安葬方式如出一辙。

罗马帝国统治时期的英国诸神

英国的宗教习俗是英国文化传统与罗马文化传统相互融合的产物。罗马人希望外来种族能够遵从罗马传统，接受罗马传统。在罗克斯特、圣奥尔本斯等大城市，供奉被称为卡皮托里尼三神的朱庇特、朱诺和密涅瓦的神庙成为一道道亮丽的风景线。科尔切斯特是皇帝崇拜的中心，这里每年都会举办各类比赛和节庆活动，以纪念神权统治者的守护神（numen）或者说是精神力量。然而，在不列颠尼亚最受欢迎的众神是英国诸神与罗马诸神的结合体。巴斯人敬奉的女神苏利斯·密涅瓦就是由凯尔特人与罗马人各自信奉的治愈女神结合而成。在罗马军队中服役的英国士兵信奉的神灵是马尔斯·图塔蒂斯。在后来的几个世纪里，除了巴勒斯坦人对耶稣基督的崇拜以外，还有多位神灵通过罗马的贸易之路传到英国海岸，包括腓尼基人信奉的阿斯塔蒂、埃及人信奉的塞拉比斯以及波斯人信奉的太阳神密特拉。

旧习俗

罗马人的生活方式在英国高地地区推行起来几乎寸步难行。在英格兰西南部诸郡的边远地区、威尔士北部、奔宁山脉一带，或者是在喀里多尼亚，城镇稀少，庄园也不多。在这些地方定居的都是部落，而且以凯尔特人居多。从挖掘出的许许多多的宝藏来看，罗马的物质文化已经传播到了这些荒蛮之地，但拉丁语在这些地方鲜有耳闻。只有远处那些罗马军团修建的塔楼和堡垒才是罗马文明唯一永恒的记忆。

罗马时代的新兴城镇

50—300 年

英国古代的那些部落定居点又叫奥皮达，分布较为零散，而且大多是临时性的，周围用柳条和木材做的围栏围着，围栏里再住上人，养上牛。这些定居点渐渐被提前规划好的、具有规则几何形状的城镇所取代，而这些城镇正是体现罗马人组织与统治能力的明显标志。这在英国是前所未有的。这些新兴的罗马城镇不仅是生活、工作和贸易的场所，也是实现帝国统一与稳定这一理想的象征。它们赋予了英国一个新的地位，那就是作为一个庞大的、包罗万象的帝国统治下的行省。

公共场所的雄伟

在罗马帝国统治下的英国，城镇与整个帝国的城镇一样，都在市中心建有广场。这里既是城里居民集会的场所，也是举行公共仪式的场所。广场上竖立着罗马皇帝以及当地达官显贵的雕像，还有刻着拉丁文铭文的石碑。这些雕像和石碑公开表明了该定居点拥护罗马所宣扬的理念。广场的一侧通常建有长方形的廊柱大厅，供议会召开会议及法庭开庭使用，大厅里还设有市政档案馆和金库。这些长方形的大厅俯瞰全城，尤以伦敦的廊柱大厅为最，这座大厅的长度将近152米（500英尺），高度超过24米（80英尺）。大一点的城市还会在市中心建设一个马塞卢姆（macellum），即专门的市场，圣奥尔本斯的罗马市场共有9家铺面，这些铺面分成两排，相对排列。到150年，罗马的旅客已经能认出不列颠尼亚行省许多城市的市中心了。

大事年表

约45年	科尔切斯特从凯尔特人领地发展成罗马定居点
约50年	维鲁拉米恩（圣奥尔本斯）获准成为自治城镇
71年	罗马帝国城镇约克或称埃伯拉肯建立
79年	设防城镇德瓦维克特里克斯（切斯特）建立
约120年	朗蒂尼亚姆的人口达到高峰——6万人
155年	维鲁拉米恩被大火烧毁，不过很快又得到重建
约380年	罗马城镇最后短暂的发展时期
约450年	罗马定居点出现大量"日耳曼化"的证据

竞技比赛

大多数较大的英国城镇都迎合了罗马人对血腥角斗的爱好。竞技场存在于锡尔切斯特（Silchester）和多尔切斯特（Dorchester）等平民定居点，以及卡尔雷昂和约克等军事地点。

然而，与地中海巍峨壮观的竞技场不同的是，罗马统治时期的英国竞技场通常是在凹陷区域周围用木材和石头砌成的土堤。伍德切斯特庄园的老虎等珍奇动物的马赛克图案表明，这些英国竞技场上通常欢声阵阵。锡尔切斯特竞技场可容纳约2500名观众，约占该镇人口的一半。

拉丁语在英国精英中的传播意味着他们关注并欣赏古典戏剧。

到了公元60年，科尔切斯特已经有了一座文学和戏剧剧院。剧院通常建在重要寺庙附近，如圣奥尔本斯，因为这里也是举办宗教和公共仪式的合适场所。科尔切斯特剧院是罗马文化影响的象征，遭人痛恨，在由布狄卡领导的爱西尼起义中被烧毁。目前还没有证据表明英国有永久性的战车竞速竞技场，但一些马赛克告诉我们，罗马统治时期的英国人肯定知道这项最令人兴奋的罗马运动。

> **城镇类型**
>
> 在罗马统治下的英国，城镇分为四大类：
>
> • 殖民地（colonia）——退休老兵定居在此，他们提供了军事预备役，且为周围的英国人树立罗马化的榜样，如林肯市。
>
> • 城镇府（civitas capital）——周边地区的首府，且为重要自治城镇，如多尔切斯特。
>
> • 自治市（municipium）——被提升为殖民地的城镇，其居民享有罗马公民的合法地位，如圣奥尔本斯。
>
> • 乡镇（vicus）——在罗马军队要塞附近的临时定居点，用以满足军队的需求，通常发展为永久城镇，如阿劳纳（现在的玛丽波特）。

保持清洁和健康

罗马人对清洁的痴迷对不列颠尼亚行省城市产生了重大影响。沐浴对于罗马人来说是一项基本的社交和健身活动，因此在埃克塞特和约克等军事和行政中心很快修建了大型沐浴设施。渐渐的，平民居住的城镇也出现了大量的浴场。罗克斯特的澡堂浴室遗迹和莱斯特（Leicester）的犹太墙表明巨额投资花在了这些重要的市政设施上。巴斯或苏利丝之水的温泉浴场甚至成为朝圣中心，那里的水因具有疗愈功能而闻名遐迩。

由于浴场选用了砖和灰泥而非受湿热影响的木材砌成高高的拱形屋顶，因此浴场可能是英国许多城镇中最大的建筑。然而，英国的气候并不适宜像地中海浴场那样的露天活动场或运动场（palaestrae）。因此，这些浴场演变成了长长的带有屋顶的大厅。浴室的新鲜水源通常由开放的石质渠道和连接景区的管道供给。在约克就发现了一个由砖石砌成的处理污水的地下下水道网。

罗马和平面临的威胁

180—300 年

350 多年来，英国的大部分地区都是在罗马统治下的和平时期繁荣起来的。在图拉真、哈德良和马可·奥勒留等精力充沛的皇帝统治下，帝国的安全得到了保障，英国也从中获益。然而，在 180 年之后，一些周期性发生的事件和危机提醒罗马统治下的英国人，他们的生活方式和自身安全正日益受到威胁。

来自北方的威胁

在 2 世纪末，喀里多尼亚的多个部落开始合并变得强大起来。180 年，罗马人用补贴贿赂北方邻居的策略落空，带来灾难性的后果。马可·奥勒留去世后，喀里多尼亚人乘虚而入，卡西乌斯·狄奥曾这样描述道："他们越过与罗马军团相隔的墙，砍倒了罗马将军和他的军队。"位于梅尔罗斯附近的特里蒙提乌姆军团营地是控制苏格兰南部的关键所在，但是不久就被遗弃了。207 年，"野蛮人再次反叛，他们横行霸道，破坏土地，掠夺了大量战利品"。塞普蒂米乌斯·塞维鲁皇帝和他的两个儿子卡拉卡拉和盖塔亲自应对，第二年在约克集结了 2 万大军。尽管塞维鲁于 209 年至 210 年深入泰河以北的未知地域，但最终未能平定部落叛乱。然而，罗马占领了苏格兰南部。在罗马统治时期接下来的时间里，边境线沿着哈德良线从泰恩河延伸至索尔韦湾,在苏格兰南部只留有几个前哨站作为情报站。

来自军团的威胁

至少需要三个军团来保护英国的罗马化地区,而这样一支规模的军队在雄心勃勃的总督手中是一个强有力的工具。克劳狄乌斯·阿尔比努斯在194年至196年利用他在英国军团的指挥权,尝试夺取帝位无果。为了弱化这种诱惑,塞维鲁在210年将英国分裂为两个独立的省份,从而削弱军队培养潜在皇帝的能力。这一策略带来了几十年的稳定,直到3世纪中叶英国被卷入大危机。

在3世纪50年代,罗马帝国在内战、哥特入侵、恶性通货膨胀和与波斯战争同时存在的压力下分裂。莱茵河军团将领波斯杜穆斯建立独立的高卢帝国。260年,高卢、西斯班尼亚和英国成为高卢帝国的一部分。高卢帝国在现在德国的特里尔拥有自己的首都和参议院,经历了五位皇帝的短暂统治,直到274年,奥勒良成功地将这些分离的省份与罗马的其他地区重新统一起来。

来自海洋的威胁

从大约280年开始,日耳曼海上袭击者,如盎格鲁人、撒克逊人和朱特人,开始骚扰英吉利海峡的海上交通,并袭击不列颠尼亚东海岸。来自爱尔兰的威胁也越来越大,这促使他们在霍利黑德和卡那封附近的亨瓦利乌修建了堡垒。为了应对撒克逊人的威胁,奥勒良计划沿着东南海岸从汉普郡的波特切斯特到诺福克的布兰卡斯特建造十座大型的堡垒。分离主义者"皇帝"卡劳修斯在3世纪90年代完成了这项计划,在此驻扎快速机动反应的重装骑兵部队。拥有高 9 米（30 英尺）、厚 4.5 米（15 英尺）高墙的"撒克逊海岸"大规模防御工事保卫着重要的河口。尽管如此，在整个 3 世纪末，许多城镇修建城墙，不安全感席卷整个罗马统治下的英国。

英国皇帝卡劳修斯

卡劳修斯出身卑微，是一名能干的士兵，后来升任基地在布洛涅的英国舰队司令。在下令镇压高卢北部海岸的法兰克人和撒克逊人时，他被指控私藏从这些野蛮人手中夺回的财宝，甚至直到他们满载战利品从不列颠返回时才开始行动。286 年，他被马克西米安判处死刑。于是，他便驾船前往英国当上了皇帝。他控制了英国各省和高卢北部，在 288 年击败了反对他的军队，并和莱茵河三角洲的法兰克人建立了联盟。293 年他被暗杀，短暂的大英帝国解体。296 年，杀害他的凶手，同时也是他的继任者的阿勒克图斯在锡尔切斯特附近的战斗中阵亡。胜利者康斯坦提乌斯将英国划分为四个更弱小的省份，并将岛上的民事和军事指挥系统分开。他将约克作为帝国总部，改革了军队，针对来自威尔士、布里甘特和北方皮克特的威胁加强了防御。

大事年表

180 年	不列颠北部受到大规模袭击
208—210 年	塞维鲁皇帝远征英国北部
210 年	不列颠尼亚分为帝国的两个行省
250—274 年	内战和哥特入侵导致的帝国危机
260—274 年	不列颠尼亚成为独立的高卢帝国的一部分
约 280 年	日耳曼撒克逊人的袭击升级

(续表)

286—293年	卡劳修斯统治下的"英国帝国"
约290年	南部和东部海岸完成"撒克逊海岸"防御工事
约300年	到目前为止,大多数罗马城镇都加强了防御
306年	不列颠尼亚分为四个帝国行省
约360年	埃克塞特等罗马城镇的郊区被遗弃

不列颠尼亚对耶稣的膜拜

约 200—400 年

在 2 世纪末,英国的基督教教徒首次大规模地做礼拜。作为一个非法的秘密宗教,基督教在接下来的几十年里赢得了不少皈依者。基督教长期以来一直是一种秘密的宗教,在全国各地特定的社会圈子里散布着一小部分信徒。然而,260 年,它被赋予合法宗教的官方地位,一个现存的教会组织很快就光明正大地出现了。

神秘线索

由于基督教在很长一段时间内被禁止且经常受到迫害,所以发现早期信徒的证据有限且往往十分神秘,这并不奇怪。最早的英国基督教铭文可能是 2 世纪晚期的四方联词,曾出现在曼彻斯特发掘的双耳细颈瓶碎片上。一旦重新排列,这个回文格中的字母被认为是单词 paternoster(祈祷文)的拼写,第一个字母和最后一个字母重复使用。在彼得伯勒附近沃特牛顿的一个宝藏中发现了 27 件物品,其中有 15 件带有由希腊语中基督名字的前两个字母组成的花押字。在富裕家庭中发现的异教徒俄耳甫斯及其羊群的马赛克可能也暗指"好牧人"(the Good Shepherd,即耶稣)。

054

基督教别墅

基督教很可能通过较大的港口，尤其是伦敦，传到英国。在3世纪，可能是一位相对谦逊的教友在英国各个地区的锡盘子和高脚杯等日常用品上刻下了基督符号。然而，这一时期最引人注目的基督教遗迹表明，这种信仰已经渗透到罗马统治下的英国社会的最高层。4世纪位于肯特郡路林石的别墅内有一座私人基督教教堂，装饰富丽堂皇，其中有三名伸出双臂祈祷的女教徒画像。多塞特的弗兰普顿和辛顿圣玛丽别墅的装饰中同样也看到了信仰的充分表达。这些画像证明，到4世纪初，基督教已经渗透到农村和城市地区，成为富人和穷人的信仰。

第一批英国圣徒

英国第一位基督教殉道者可能是维鲁拉米恩的阿尔班，一名异教徒士兵，因在官方迫害期间为一名逃犯提供庇护而被处决。人们认为阿尔班的死亡时间在209年和304年之间，相隔久远造成了追溯英国信仰早期历史的困难。威尔士殉道者亚伦和朱利叶斯可能于2世纪中期在卡尔雷昂被处死，但对他们的其他情况知之甚少。南皮克特人信徒圣尼安则只是一个稍微更具体的人物。早期的作家们认为，他是布立吞人，曾在罗马和高卢接受过训练，后来率领传教团北上皮克兰并于397年在加洛韦建造了一座白色教堂——坎迪达·卡萨教堂。

基督教之地

尽管在罗马统治下的英国遗址中发现了许多带有基督教装饰的小物件，但没有任何建筑物被确定为基督教教堂。锡尔切斯特的一座小建筑和里奇伯勒港的另一座小建筑似乎被早期基督徒用来做礼拜，但没有足够的证据。在罗马统治下的英国的基督徒人数也很难计算。然而，在多塞特的庞德伯里发现了5000座罗马晚期的墓葬，大部分是以基督教的方式从东到西排列的，没有墓葬物品，这表明从大约275年起这里就有大量的信徒。信徒在增多，教会管理机构为满足他们的需要也在发展。314年，来自伦敦、约克和科尔切斯特教区的主教曾前往阿尔勒参加教会会议。英国主教还参加了在小亚细亚举办的尼西亚议会，该议会于325年由君士坦丁大帝发起来对付阿里乌斯教异端。

异教幸存

313年后，基督教成为帝国最受欢迎的宗教，教会领袖积极压制其他信仰。在英国卡那封、卡洛堡、豪塞斯特兹、拉德切斯特和伦敦发现的所有五座密特拉神庙，都有基督徒亵渎它们的迹象。尽管如此，向诸神献硬币的证据表明，20多座异教庙宇，大部分位于西南部，一直持续到4世纪后期。360年，在叛教者朱利安统治期间，赛伦塞斯特的朱庇特柱被修复。400年前后，多塞特的梅登堡内仍有一座异教徒神庙，供祭司居住。异教徒在5世纪早期仍然存在，这可能是由于不列颠尼亚是一座孤岛，远离统治中心和帝国消灭一切旧神痕迹的运动。

野蛮人的攻击

367 年

在 300 年之后的几年里,罗马统治下的英国生活仍然相对安全和繁荣。尽管城镇筑起了坚固的城墙,但在该省大部分地区,来自袭击者或军事对手掠夺的威胁仍然很小。由于部队被转移到帝国的其他动乱地区,或被带去支持帝位的争夺者,驻扎在英国的军队一再被削弱。尽管如此,只要不列颠尼亚的敌人不共同行动,罗马军队通常都有足够的力量保卫不列颠尼亚。

皮克特人的崛起

4 世纪,统一的喀里多尼亚部落,现被罗马人称为皮克特,对罗马统治下的英国构成了严重威胁。几任皇帝试图对付这些麻烦的皮克特人。305 年,君士坦提乌斯·克洛卢斯出征皮克特。312 年,他的儿子君士坦丁向北进军。342 年,君士坦丁的儿子君士坦斯也在跟进。尽管君士坦丁王朝尽了最大努力,360 年一位罗马评论员曾抱怨说:"皮克特人破坏了和平约定,袭击并摧毁了边境附近的许多地方。"像早期的皇帝一样,马格努斯·马克西姆斯(Magnus Maximus)认为他终于在 382 年打败了皮克特人,但仅仅 10 年后,罗马将军斯蒂利科不得不向北转移军队,以对付这个顽强的敌人。

367年，哈德良长城被攻破。撒克逊人和法兰克人在南部的袭击导致整个罗马统治下的英国秩序严重崩溃。

野蛮人的阴谋

367年,罗马统治下的英国受到来自四面八方的攻击。皮克特人大规模突袭南部,而来自爱尔兰的苏格兰人横渡爱尔兰海袭击西部。大批撒克逊人和法兰克人攻占了南部和东部海岸的防御工事。撒克逊人对高卢的进攻意味着无法穿过英吉利海峡派遣援军。在英国的罗马军队也无法应付这些协同作战。即使兵力不足,哈德良长城上的守军通常也能应付。然而,在367年,城墙被严重破坏,被掌握了航海技能的部落轻松绕过。负责撒克逊海岸的伯爵内克塔里杜斯被击败并杀死。北方高级军事指挥官弗洛福德被围困,可能在约克附近被俘。英国被暂时征服了。罗马作家认为,不列颠尼亚行省沦为"野蛮人阴谋"的牺牲品,但367年的同时袭击可能只是这些种族在近10年来采取的所有行动中的一次偶然高潮,他们看到敌人的实力随着时间的推移明显减弱,这才更加大胆地同时发动了袭击。

阿塔科蒂人

阿塔科蒂人,英国最神秘的民族之一,促成了367年的大混乱。他们可能起源于西爱尔兰、北爱尔兰或苏格兰赫布里底群岛。几年后,圣杰罗姆在特里尔见到了一些阿塔科蒂人,并指出"他们喜欢人肉的味道"。除了吃人之外,杰罗姆还对他们的一妻多夫制感到震惊:"丈夫搂抱他们共有的妻子,淫乱不堪。"虽然阿塔科蒂是一个好战的民族,起初罗马人非常惧怕,但随着时间的推移,阿塔科蒂人也被罗马同化。3世纪90年代后期,在高卢、意大利和伊利里库姆服役的军队登记册上曾记录了他们三个团的名字。

混乱的一年

罗马统治下的英国经历了烧杀掳掠之后,社会秩序崩溃了。成群结队的奴隶(实际上是被奴役的产业工人,称为隶农)进行了期待已久的报复。一群逃兵也利用了这一局面,在农村肆意横行,寻找牲畜、财宝和奴隶。乡下防御较弱的定居点可能遭受的损失最大。对布里斯托尔(Bristol)附近布里斯灵顿庄园的袭击较为典型。庄园建筑可能被苏格兰海盗焚烧和掳掠,居民被屠杀后扔进井里。

狄奥多西复原

367年,不列颠尼亚的罗马世界似乎结束了。然而,到370年年底,狄奥多西伯爵(Count Theodosius)已经恢复了全省的秩序,召回了逃兵,并与喀里多尼亚南部的"缓冲"部落和解。北部建造了一系列海岸塔和灯塔,以监视泰恩河、蒂斯河和亨伯河的河口。哈德良长城被修好了,但降级了。相反,狄奥多西开始了在英国南部各地修建堡垒的繁忙计划,以容纳机动部队,以应对灵活的敌人。城镇驻扎了军队,城墙用塔楼加固,以容纳弩炮和其他战争机器。他有效的军事改革使不列颠尼亚的城镇在5世纪得以自卫。

不列颠尼亚灭亡

370—450 年

不列颠尼亚的陨落并不是由某个事件造成的，它的背后，是各种因素几十年变化的累积。随着军队与宫廷的日渐衰弱，不列颠与整个罗马帝国经济之间的联系也——走向了湮灭，最终留下不列颠形单影只、孤立无援。

致命的衰落

得益于 4 世纪 70 年代实施的军事改革，不列颠尼亚多得了几十年的稳定。但到了 383 年时，马格努斯·马克西姆斯为夺皇权，将不列颠大部分的卫戍部队带去了高卢，同时随他而去的，还有一支不列颠志愿部队，而且在这些离去的人当中，极少有人再返回不列颠；在西部，对切斯特与卡那封第二十军团的撤销则让这一区域致命般地暴露在了来自爱尔兰的攻击威胁之下。到了 4 世纪 90 年代末时，利恩半岛（Lleyn Peninsula）已被爱尔兰苏格兰人所占领，威尔士南岸彭布罗克郡至高尔半岛（Gower）一带也出现了另一个爱尔兰民族——戴西人忙碌的身影。重要的是，这些侵略者后来都成为地方上的定居者。至此，不列颠半岛上寥寥的余军军团也已无力再将这些侵略者赶出岛外。

灾难的十年

5世纪的头十年，一浪接一浪的野蛮战争严重威胁着罗马帝国在西欧的统治。其间，边境地区以西哥特人（Visigoths）、汪达尔人（Vandals）、阿兰人（Alans）和苏弗斯人（Sueves）为主的各个王国不断消耗着帝国如今业已力竭的军力。401年，为了挫败已攻入意大利界域的西哥特王阿拉里克（Alaric）的力量，罗马帝国统帅、蛮族人斯提利科（Stilicho）被迫从不列颠调出了更多的兵力；之后面对是要保卫不列颠还是解救高卢各省和西班牙的问题，认为后者对帝国更为重要的康斯坦丁三世（Constantine Ⅲ）下令从不列颠撤军。就这样，不列颠剩余的罗马军队又于407年乘船离开了岛屿。虽然从传统上来说，410年被认定是不列颠尼亚时代的终结之年，但历史并没有给出这一年军团猝然撤出的记录。罗马对不列颠统治的渐逝实则是个历经多年的过程，410年这一年，更应该被看作蛮族侵略者认为他们可以大肆进攻南不列颠的一年。

罗马文化的遗留

长达三个半世纪的罗马文明对不列颠的影响是深远的。虽然曾经为罗马军团所修建的那些道路早已杂草丛生，但它们一直都在为人所用，即便到了今日，人们也依然能看到由这些道路所形成的交通路网。此时虽有部分罗马人定居区，如被爱尔兰侵略者的一把火烧得再也未能恢复的罗克斯特，已销声匿迹，不过大多数的罗马城镇还是有人居住的，只是其原有的特征慢慢地发生了改变。除了基础建设，罗马人还为不列颠留下了其他的东西，譬如经过罗马的统治，不列颠北、西部边境之地的

> 自然地理制约力得到了增强，还有在认识到了不列颠的高地、低地之分之后，罗马人将喀里多尼亚从不列颠尼亚独立出来，但同时由于罗马人的征服并未覆盖不列颠全岛，这也就使得未来的不列颠注定会形成多个权力中心共存的局面。

经济的下滑

不列颠尼亚的覆灭不仅仅是一桩军事事件，还是一桩经济事件。有迹象表明在367年的那场灾难之后，它的经济有所恢复。随着富有的别墅主移居到更安全的市镇，他们的购买力带来了短暂的经济繁荣，也因此在4世纪末时，圣奥尔本斯和其他大城市建起一栋栋的新房；此外薪水制下的卫戍士兵们也会到市场进行消费，只不过从性质上来说，此时的卫戍军已不再是以往那种以市民为主的军团，而是有着越来越多蛮族士兵的后备军团。

但这一经济繁荣的景象在402年戛然而止，此后罗马帝国的铸币也不再流入不列颠。货币短缺之下，人们放弃了对奢华物品的需求，港口也越发难见来自欧洲的满载优质货物的货船，而不列颠本土出产的如陶器等货物又很不堪用。渐渐地，像马赛克那样的瓷砖以及窗玻璃都不再有人问津，相关的制作工艺逐渐失传。此外由于高昂的维护费用，人们也不再精心照料那些罗马式的房子，到了5世纪50年代时，往昔罗马式的城镇已难觅踪影，此时在日益衰败的城市里四处可见的，是围有栅栏的日耳曼式茅草木屋。由不列颠精英所组成的城市委员会则继续竭力维护着他们对城市的掌控直至5世纪。在之后的几十年中，人们继续过着罗马式的生活，公共浴池与罗马庙堂这些地方却因意义渐失而逐渐失修被弃。到

063

了450年前后，不断爆发的瘟疫与常年的饥荒最终让每位蛮族战士都认识到，他们必须在不列颠过去的罗马时代与它不确定的未来之间划清界限了。

大事年表

367年	皮克特人、苏格兰人与撒克逊人入侵不列颠尼亚
369年	狄奥多西恢复不列颠军团的设立
383年	马格努斯·马克西姆斯对不列颠军团的削弱
400年前后	哈罗德长城终被弃用
401年	帝国将不列颠的主力军队撤往意大利战场
402年	不列颠与整体帝国经济的联系变弱
407年	罗马余军军团被部署去了高卢
5世纪40年代	前罗马居住区走向了日耳曼化

[第三章]
侵略者和移民

日耳曼人的入侵

450—500 年

对早期的不列颠来说，日耳曼人并不是生客，因为日耳曼军队长期有着在帝国军团服役、保护帝国省份免遭与他们同属近族的撒克逊人侵扰的历史。5 世纪，一位日耳曼战斗精英带着前所未有规模的日耳曼人群来到不列颠半岛低地定居了下来；之后随着时间的推移，这些日耳曼人逐渐建立起了新的王国，发展出了不一样的英格兰文化。

多个世纪以来，罗马帝国统治下的疆域不断遭到盎格鲁人、撒克逊人和朱特人等日耳曼部落的侵扰。这些部落最早来自弗里西亚（Frisia）岸区与德国西北部，从这里向北就延伸到了石勒苏益格－荷尔斯泰因（Schleswig-Holstein）和日德兰（Jutland）半岛界内。如今在很多南不列颠居民的眼中，最有资格被称为其祖籍之地的，就是基尔（Kiel）与弗伦斯堡（Flensburg）之间那座面积很小、名字仍叫安格尔恩（Angeln）的半岛。从这一带走出的勇士们有着长期袭劫高卢岸区的历史，或许是因为 420 年之后强大的法兰克人深入高卢北部，阻断了他们这一潜在利润途径的关系，从 450 年开始，这些北方部落就转而越来越多地穿过北海前去洗劫、攫取新的地域。

不列颠首领格斯根（Gurthigern）接受撒克逊雇佣兵作为盟友，但这一决定最终导致了他的垮台。

撒克逊人的到来

罗马的统治结束之后，不列颠进入了一段让人迷惑、费解的时期，这就是"黑暗时代"。这一时代，历史留传下来的文字资料十分稀少，相关考古记录所能给出的信息也语焉不详，基于此，早期的历史学家大多只能从僧侣吉尔达斯（Gildas）那部颇具戏剧色彩的史书《不列颠之落》（*The Ruin of Britain*）之中寻找蛛丝马迹。但问题是，该史书写于540年前后，与作者所讲述的历史事件之间有着大概一个世纪的间隔。作者在这部书中讲述了统治英格兰东南部的布立吞人首领格斯根或者叫作沃蒂根（Vortigern）的故事。书中说由于5世纪40年代皮克特人的袭扰，格斯根不得已恢复了古罗马时代那种从"凶悍但不虔诚、恨神也恨人的撒克逊人"中雇佣蛮盟佣兵（foederati）或雇佣军盟友的做法。这么说来，日耳曼士兵很可能是在449年乘坐三艘峡湾驳船抵达不列颠的，随后更多的日耳曼人也来到了这里；之后还有了朱特族战将亨吉斯特（Hengist）与霍塞（Horsa）因支付与供应问题与格斯根产生争执，然后联合亲族征服脆弱又混乱的不列颠的说法。在被朱特人在克雷福德（Crayford）附近击败后，457年，布立吞人又将肯特让给了侵略者。之后随着盎格鲁人和撒克逊人大批拥入不列颠的东、南区域，本土的不列颠人很快就被日耳曼部落赶出了城镇与富庶的低地，开始到北部与西部之地挣扎生存。

《不列颠之落》

就吉尔达斯自己来说，他并不是历史学家，而是一名牧师，其写作《不列颠之落》是为了从道德的角度来讲述日耳曼人的侵略，至于对历史进行准确的描述则不是他的目的。他认为，格斯根与他的议会错就错在他们选择信任异教盟友而非基督上帝,凭这一点加上他们所犯的其他罪孽,不善的不列颠人才会遭到惩罚。果不其然,吉尔达斯将日耳曼人与不列颠人之间的冲突描述得像世界末日似的。"高塔塌落在大街上;高墙、圣坛、尸体残肢等,全都沾满刺眼的、已凝结成块的鲜血,一切就好像被什么东西猝然压成一堆一般,未被掩埋的一切,要么成了房屋废墟的一部分,要么就被野兽或鸟儿大快朵颐。"后来又有作家在此基础上添枝加叶。这些作家认为,本土的布立吞人是冷不丁被一波又一波的移民所取代的,而这样的看法还一直流传到了当代,也就是到了近几十年时,考古界与科学界披露出的更多细节对这一看法提出了疑问。

大事年表

5世纪40年代	首批日耳曼人定居到了不列颠南部
449年	传统认可的撒克逊人出现在不列颠的年份
457年	撒克逊人在肯特的克雷福德击败了不列颠人
540年	吉尔达斯撰写《不列颠之落》

变化与延续

考古发现表明,移民到不列颠的盎格鲁-撒克逊人远不及人们想象之中的那么多,其所在片区都不大且多位于较老的不列颠人居住区旁,虽然这样的环境于他们而言并不轻松。即便是在盎格鲁-撒克逊战争精英占据上风的区域,相关的墓地遗迹也表明了本土不列颠人的存续,只不过他们对外来者风俗的接受是一个极其缓慢的过程。相对于其他地方，英格兰的东、南部很少有以凯尔特－不列颠语命名的地方，这曾被人们看作不列颠人大幅灭绝的证明，但它实际反映的，可能是盎格鲁－撒克逊文化在500年至1066年的数百年之中对这些地方所产生的社会与语言影响。此外，近些年的基因研究也肯定了本土布立吞人并没有像吉尔达斯所想象的那样遭到了大规模的杀戮与驱逐。

不列颠人的反抗

450—600 年

长期以来本土的凯尔特－布立吞人一直都是不列颠南部区域人口的最大构成，即便是在领主很快变成盎格鲁－撒克逊人的地方，如肯特和苏塞克斯，情况也是如此。有了强大的领导人，不列颠人得以击败撒克逊人，赢得战争的胜利与之后二三十年的稳定，其中位于半岛东部的不列颠人社区更是一直存续到了7世纪，不过不列颠人在政治上的统治开始越来越局限在北部与西部区域。

瘟疫与饥荒

5世纪，饱受经济错位之苦的400万不列颠本土民众再遭数场疫情的冲击；此外树木年轮气候学所做的研究也表明，不列颠的气候在440年之后还出现了一段比以往更加湿冷的时期，而这就造成了农作物的生长期缩短、高地农田的种植力降低，而由此形成的粮食种植难度的加大也在不同程度上影响到了不列颠人对北、西部高地的持续影响力。自然界的这些变化对不列颠人造成的威胁，不亚于撒克逊人手中持有的任何一把长剑。

蒙斯－巴多尼克斯战役

5世纪50年代，面对撒克逊人，不列颠人首次输掉了自己的领土。不过经此重击之后，不列颠人又很快重整旗鼓，到了5世纪末时，他们便在安布罗修斯·奥里利安尼乌斯（Ambrosius Aurelianius）的强大领导下，取得了抗击撒克逊人的胜利，而安布罗修斯也因此名垂青史。

当时安布罗修斯的基地大概就位于如今威尔特郡的埃姆斯伯里（Amesbury），据称500年前后，他就是在那个与巴斯附近的巴顿山（Badon Hill）有着传统关联的地方——蒙斯-巴多尼克斯，让南撒克逊人吃了个大败仗，而这一胜利为不列颠之后的几代人带来了一定程度的和平与稳定。此战之后，不列颠不仅在6世纪70年代之前不曾遭到一起针对凯尔特-不列颠领地的大规模入侵，还设法抵挡住了撒克逊人的侵略直到7世纪。此外，这一胜仗还大大增强了统治威塞克斯的盎格鲁-撒克逊精英对不列颠对手的尊重。有记录表明，在整个6世纪，本土的与侵略方的政治掮客都加大了双方之间的合作。

不列颠要塞

到了6世纪中叶时，不列颠开始形成分别以康沃尔北岸与萨默塞特（Somerset）的约维尔（Yeovil）附近的南卡德伯里（South Cadbury）为主、筑有防御工事的权力中心与军事要塞之地，此外作为贸易站点，它们也起到了连接大西洋欧洲沿岸与地中海的作用。另外，位于坎布里亚的雷吉德（Rheged）还很可能就是多次击败过撒克逊人的国王尤里恩（Urien）的自治国所在，威尔士著名诗歌作品《塔里辛集》（*Book of Taliesin*）就讴歌了这位国王的胜绩。还有约克，它在580年之前一直都受凯尔特人的统治；曾繁荣于约克郡的埃尔梅特王国（Elmet）后来于616年为诺森伯里亚王国所并；

高多汀王国（Gododdin）曾统治着那片从富饶的洛锡安区（Lothians）延伸至诺森伯兰（Northumberland）一带的区域，早期的威尔士诗文还怀念了这个王国的勇士在卡特里克（Catterick）这一注定失败的战役之中视死如归的英雄精神；阿特克鲁思王国（Alt Cluth），即后来的斯特拉斯克莱德（Strathclyde），则在独自对抗皮克特人与诺森伯里亚人的斗争中一直坚持到了8世纪。随着布立吞人迁移到高卢人所在的旧省阿莫里卡（Armorica，即法国西北部的布列塔尼）与西班牙西北部的加利西亚（Galicia，另一可能迁入地），不列颠的文化也被移植到了欧洲。

不列颠的亚瑟王？

在后期有关黑暗时代的传说中，有些讲到了某不列颠王公带领民众反抗"蛮人"侵略者的故事，而这位王公的人物原型，很可能就是安布罗修斯·奥里利安尼乌斯，其他的可能人选还有廷塔杰尔（Tintagel）要塞的始建人、6世纪的阿斯诺（Arthnou），以及与福尔柯克（Falkirk）附近罗马旧堡卡梅隆（Camelon）有关联的苏格兰人阿图尔（Artuir）等。12世纪时，蒙茅斯（Monmouth）出现了一位叫作杰弗里（Geoffrey）的神父，他发挥想象，利用各种内容类似的历史碎片信息与模糊的神话故事编出了一部《不列颠国王史》（History of the Kings of Britain），以想象的方式写下了亚瑟王传说的一个内容最为完整的早期版本。但此时距离那个人们不甚了解的时代已经过去了600年，想必杰弗里在下笔之时也像当代学者一样感到毫无头绪吧！而这部历史著作如今已成为学者们眼中"圣杯"一般的存在。

不列颠的存续

虽然传统历史学家相信布立吞人因为日耳曼人的侵略而走向了销声匿迹,现代学者们却指出盎格鲁-撒克逊人的统治之地其实一直都有本土民众的踪影,比如,锡尔切斯特、维鲁拉米恩等罗马旧城在6世纪时还保留有明显的不列颠特征;8世纪早期的威塞克斯法律也提到了威尔士辖下一直享有独立合法地位的不列颠社区,此外7世纪肯特的埃塞尔伯特(Ethelbert)法典里也出现了类似的描述。不管怎么说,随着盎格鲁-撒克逊人对南不列颠最富饶地区的掌控,一个新的、融合有本土民众之传统与传说的不列颠身份,开始慢慢成形。

大事年表

480年前后	撒克逊人向西扩张
500年前后	传统认为的巴顿山战役的年份
510年前后	撒克逊人扩张至汉普郡一带
550年前后	不列颠权力中心集中到了西部郡县
600年前后	高多汀人败战卡特里斯战役(the Battle of Catreath)

不列颠亚瑟王——无论真人存在与否,他在民间传说中被誉为富有智慧的勇士之王。

圣徒时代

450—700 年

罗马人离开后，尽管控制南部的新晋盎格鲁-撒克逊国王信奉的都是异教，基督教最终都在不列颠群岛幸存了下来，其中最具不列颠特质的西部之地还发展出了多个基督教权力中心。只不过就算凯尔特传教士们不遗余力地将福音书带到了英格兰的异教朝廷，决定教会未来的，依然是欧洲大陆的罗马天主教。

基督教幸存者

罗马政府的垮台并没有阻断基督教在不列颠持续发展。欧赛尔（Auxerre）主教圣格玛努斯（St Germanus）曾分别在429年及5世纪的40年代拜访了不列颠，两次出访都让他看到了基督教在不列颠的繁荣；此外他还留意到，异教地区的会众也依旧会到圣奥尔本墓那样的圣地进行参拜。由于日耳曼人的入侵，很多基督徒被迫逃到了不列颠西海岸，希望能在这里得到与他们有着同样信仰的不列颠当局的保护；但在东南部，异教统治者们是允许自己辖内的本土臣民保持自己的信仰的，基督教就这样在盎格鲁-撒克逊人居住区之间的地方流传了下来。

传教士圣徒

450年至650年，来自西不列颠与爱尔兰群岛基督教片区的传教士们展开了对统治不列颠东部区域的盎格鲁-撒克逊人的教化行动，其中最重要的，就是5世纪末不列颠尼亚时代的传教士帕特里克（Patrick）在爱尔兰所开展的布道活动。在此过程中，他不仅建起修道院（如阿尔玛修道院），让它们作为基督教中心发挥典范作用，还瓦解了德鲁伊教在这里的主导地位，而他创立的这一模式此后就成为后代圣徒所遵从的传教模式。此外他还将福音书直接带到了当时的决策者的面前，并在米斯郡的塔拉（Tara）向爱尔兰的大君主进行布道。在他之后，生于多尼哥（Donegal）的"教堂之鸽"科伦巴（Columba）还以他为榜样，去了与他传道之地相反方向的地方进行传教，并于563年在马尔岛（Mull）附近的艾奥纳（Iona）建起了修道院。在向北部的皮克特人布道期间，科伦巴不仅在因弗内斯（Inverness）附近的一场神奇的审判中击败了德鲁伊教，他还令尼斯湖（Loch Ness）出现的巨蛇恢复了平静；另外还有著名的戴维·森特（Dewi Sant，又称圣大卫），他以威尔士为中心修建了12座与德文郡、康沃尔郡、布列塔尼和爱尔兰等地有关的修道院。大卫传教之处纪律皆十分严明，僧侣们都过着滴酒不沾的清苦生活。到了7世纪时，这片具有"凯尔特"传统的西部之地又走出了针对英格兰异教人士进行教化的传教士，其中有来自林迪斯法恩（Lindisfarne）的凯尔特僧侣，如艾丹（Aidan）和卡斯伯特（Cuthbert）等，他们走向了诺森伯里亚人，而查德（Chad）则走向了生活在英格兰中部的麦西亚人。

信奉异教的统治者

作为不列颠的新主人，盎格鲁-撒克逊国王们崇拜的是其家乡日耳曼与斯堪的纳维亚人所信仰的各种神明。由于后代基督

> 作家们对这些神明的漠然，现在我们也很难对它们有多少认知，其中大多不是来自较早时期罗马作家的作品，如1世纪塔西佗研究日耳曼人的文章，就是借鉴自后代斯堪的纳维亚方面的资源。如今也就只有以部分撒克逊神明命名的星期划分，如 Tiw（周二）、Woden（周三）、Thunor（周四）、Frige（周五）等，才能让人想起异教信仰曾在英格兰所做的短暂驻留。

罗马传统

597年，僧侣奥古斯汀（Augustine）在教皇格里高利的指示下与40名同伴一起，登上了不列颠的萨尼特（Thanet）岛。他们此行身负两大重任：一是对这里的异教人群进行教化，二是将不列颠群岛纳入罗马教会的管辖范畴。奥古斯汀成功完成了第一项任务。601年，肯特郡国王埃塞尔伯特成功皈依基督教，不过这当中他信奉基督教的法兰克妻子埃泽布加（Ethelburga）所起到的作用应该是不亚于任何传教士的；此外奥古斯汀在604年去世之前还成功地在伦敦与罗切斯特（Rochester）分别建起了主教会。但他终究未能完成第二项任务，因为生活在西不列颠的基督民众都有着强烈的独立心理，比起接受罗马天主教教会下的新教，他们更愿意维持自己的"凯尔特"礼拜传统与教会政府。

惠特比决议

复活节是基督教最重大的节日。但由于对这一节日庆祝日期计算方式的不同，凯尔特教会与天主教教会之间争得不可开交。比如，在诺森伯里亚，国王奥斯威（Oswiu）庆祝的是凯尔特传统下的复活节,但他来自南部的妻子遵从的则是天主教的传统日期,这造成了奥斯威朝廷的混乱,形成了两派,当其中一派在为大斋节举行斋戒时,另一派则大摆筵席、庆祝救世主的重生。664年,在惠特比(Whitby)圣希尔达修道院(St Hilda's Abbey)举行了教会会议或者说教会领袖会议之后,奥斯威决定遵从罗马教会的日期传统。尽管他崇敬艾奥纳的圣科伦巴,但担心自己死后会遭圣彼得拒入天堂。罗马教会自此在复活节及其他教会事宜方面就成为掌控英格兰大部的权威,凯尔特教会的影响则日渐局限在了其传统所在的西部、北部与爱尔兰等区域。

大事年表

432年	传统认可的帕特里克开始在爱尔兰传道的年份
6世纪60年代	戴维·森特(圣大卫)在威尔士与康沃尔设立修道院
563年	科伦巴抵达苏格兰西部
597年	奥古斯汀同40名僧侣抵达英格兰
635年	艾丹开始在诺森伯里亚传教

新的王国

500—800 年

在中世纪初始的 200 年之中,地方性的小国在不列颠与爱尔兰群岛上遍地开花。虽然这些小国有的信奉异教,有的崇尚基督教,但领导者无一例外都是战斗精英。千变万化的战斗输赢与领土得失之间,这些小国的命运也起起伏伏。不过到了 800 年时,这种地方性的权力就开始慢慢集中到了少数几个王国的手中。

英格兰七王统治

面对六七世纪英格兰各地小国君王与霸主更迭变换,以及领土、势力变化斗转星移的局面,中世纪后期的历史学家们经过整理,将早期的盎格鲁-撒克逊英格兰划分成了七个各具鲜明地域特征的小国,并大致以肯特、埃塞克斯、苏塞克斯、威塞克斯、东盎格利亚、麦西亚和诺森伯里亚这七个地方来指代这七国或七王的统治。

近期的研究表明,七国的实力与身份发展在盎格鲁-撒克逊时代的头三个世纪表现十分不稳定,譬如,埃塞克斯与苏塞克斯的发展就远落后于诺森伯里亚和麦西亚,之后又被威塞克斯超越;除了这七国,还有一些次要的小国在被更大的邻国吞并之前也曾兴旺发达,比如介于亨伯河与瓦什河(Wash)之间的林齐(Lindsey)就在被诺森伯里亚征服之前繁荣昌盛;还有那个在 670 年至 780 年间统治着伍斯特郡(Worcestershire)、格洛斯特郡与沃里克郡

（Warwickshire）等大片领土的郝威赛（Hwicce）王国，它们却被500年之后的僧侣历史学家们遗漏在了其所制定的英格兰版图之外；同样被历史长期遗忘的还有一些英格兰的部落，如盖维赛部落（Gewissae，西撒克逊人）、怀特维尔部落（Wihtware，怀特岛就是以该部落名称命名的）等。

威尔士的不列颠王国

特别的地理环境让威尔士的本土民众能像他们的先辈在多个世纪之前抗击罗马军团那般抗击现在的侵略者。在这里的古老精英群体的统治下，6世纪时，这里发展出了包括格温特（Gwent）、达费德（Dyfed）、波伊斯（Powys）以及圭内斯（Gwynedd）在内的布立吞或不列颠新王国。由于在文化与语言方面与坎布里亚、斯特拉斯克莱德等北部王国系出同源，碰到敌人来犯时，这些王国可以号召这些盟友共同抗敌。7世纪30年代，圭内斯王国分别在埃克塞特和约克郡哈特菲尔德猎场（Hatfield Chase）击败了麦西亚人与诺森伯里亚人，如此重大的胜利将盎格鲁－撒克逊人的扩张向后推迟了一个世纪。只不过随着时间的推移，面对比自己更加强大的盎格鲁－撒克逊人，威尔士人开始损失越来越多肥沃的低地领土，并最终走向了以高地为主的经济与历史发展进程。

北部的王国

位于不列颠半岛北部的苏格兰在六七世纪时同样面临四分五裂的局面。在南部，雷吉德王国的领土范围在索尔韦湾一带，从敦弗里斯（Dumfries）向南延伸至坎布里亚。

另一边是6世纪从沃塔迪尼人古老的洛锡安部落发展而来的高

多汀不列颠王国；中西部，是从克莱德河孕育出的斯特拉斯克莱德不列颠王国。这个王国以坚固的要塞之地邓巴顿岩石（Dumbarton Rock）为基础，享受着拥有富饶耕地的埃尔郡（Ayrshire）和南拉纳克郡（South Lanarkshire）为它带来的财富；北部，大群的皮克特人雄踞于泰河之外；远西之地也在500年之后迎来了新的变化。就居住在阿盖尔（Argyll）的达尔里亚塔（Dal Riata）的盖尔人而言，他们与一岸之隔的安特里姆（Antrim）人系出同支，双方之间有着很多相同的文化联系。虽然长期以来的传统认为，达尔里亚塔人（后来被称为苏格兰人）是在他们的国王弗格斯（Fergus）的带领下从爱尔兰移居到琴泰半岛（Kintyre）的，但现代考古并没有给出相关的证明，反倒是居住在赫布里底（Hebrides）这个小岛众多、海道处处的群岛南部的人们与爱尔兰人之间有着广泛的往来。

苏格兰王弗格斯·莫尔·马克·伊阿卡（Fergus Mor Mac Earca）

就苏格兰早期的霸主、弗格斯之子埃克（Erc）来说，人们对他就像对大多数黑暗时代的霸主一样，几乎是一无所知。在那位爱尔兰作家所著的《提格纳齐纪事》（*Annals of Tigernach*）中，作者对早期的苏格兰王进行罗列时称埃克是501年"统治着部分不列颠的国王"。也就是到了后期时，为了突出苏格兰宫廷的独特性，弗格斯才在作家笔下的中世纪与文艺复兴时期之中具有了重要性，之后对苏格兰君王一脉的回溯就将作家们带回到了最早弗格斯的那个时代，而且他们发现弗格斯所颁布的诏书基本只流转于苏格兰王国最早的首府之地——阿盖尔石垒要塞杜纳德（Dunadd）的境内。1603年，苏格兰宫廷与英格兰宫廷合并，弗格斯因此就被列为历史可确定的、最早的不列颠君王。

诺森伯里亚王国的辉煌

600—730 年

在不列颠的历史中，7 世纪初诺森伯里亚王国的出现是很倏然的。作为日耳曼人的后裔，诺森伯里亚人充满活力，他们统治的，是不列颠北部那片介于亨伯河与福斯河之间的区域。诺森伯里亚王国不仅军事、经济发达，还有着繁荣的艺术与宗教，只不过这一繁荣同样来得也很倏然，而且仅短暂维持到了 700 年。即便如此，这个北部王国也最终为苏格兰、英格兰人民留下了重大传承。

王国的奠基人——埃塞尔弗里斯（Aethelfrith）

500 年前后，安格尔恩的居民在不列颠的东岸建起了两个小国，其中一个是位于特威德河（Tweed）与泰恩河之间的伯尔尼西亚王国（Bernicia），另一个是在南部统治蒂斯河至亨伯河一带的德拉王国（Deira）。6 世纪 80 年代，德拉王国吞并了伊布洛克王国（Ebrauc，即约克）；之后恩特·埃塞尔弗里斯（Enter Aethelfrith）又先后于 592 年及 604 年攻下了伯尔尼西亚与德拉，建立了诺森伯里亚王国。

在编纂《英格兰教会史》（*Ecclesiastical History of the English People*）时，比得（Bede）将埃塞尔弗里斯称作伟大的英格兰第一王，说他"无论是攻击、征服、驱逐不列颠人，还是安顿自己的子民，都比其他任何英格兰国王有过之而无不及"。603 年，埃塞尔弗里斯成功击退了苏格兰-爱尔兰军队的入侵，为诺森伯里亚之后吞并特威德河与福斯河之间的那些土地打下了根基；616年，他又在切斯特大败波伊斯军队，给了布立吞王国那些松散的联盟军队以致命一击，但此后不久他自己也驾鹤西去；之后面对威尔士人与麦西亚人的再次威胁，在其继承人的努力下，诺森伯里亚迅速稳固了其在北不列颠的头号霸主地位。

向北扩张与之后的衰落

7世纪30年代，在击败了圭内斯国国王卡德瓦隆（Cadwallon）之后，诺森伯里亚人开始北进夺取苏格兰南部的农田之地。在奥斯瓦尔德（Oswald）在位期间（634—642），诺森伯里亚不仅向东将远至福斯湾的高多汀王国纳入了自己的版图，向西还推进到了雷吉德与斯特拉斯克莱德等不列颠王国界内。到奥斯瓦尔德驾崩时，诺森伯里亚王国已然占据了大部分的南苏格兰与绝大部分的北英格兰，仅剩中部的麦西亚英格兰王国仍是个威胁。奥斯瓦尔德最后战死在了麦西亚人的手中，但他的继承人奥斯威最终又在7世纪50年代成功征服了麦西亚王国，让诺森伯里亚人成为之后几十年统治不列颠最多领土的王者。

大事年表

604年	伯尔尼西亚王国与德拉王国统一
616年	埃塞尔弗里斯击败威尔士人及其联盟
638年	奥斯瓦尔德攻下丁艾丁（Din Eidyn）
655年	奥斯威击败麦西亚人
664年	惠特比宗教大会通过了对罗马教会传统的支持

(续表)

685年	诺森伯里亚精英在内克坦斯米尔（Nechtansmere）战役中全军覆没
715年	《林迪斯法恩福音书》制成
731年	比得撰写《英格兰教会史》

685年的内克坦斯米尔战役

就像它的崛起一样，诺森伯里亚的没落来得也很迅速。7世纪50年代，麦西亚人成功取得了反抗诺森伯里亚人统治的胜利；之后664年暴发的瘟疫又削弱了诺森伯里亚所控制的北方各地。但真正对诺森伯里亚政权最具破坏力的，还是王国自身的问题。因为执着于对奴隶与掠夺的贪念，685年，国王艾格弗里斯（Ecgfrith）不顾顾问们提出的谨慎建议，向福斯湾外围的北皮克特人发动了进攻。通过引诱这位诺森伯里亚王国霸主不断北进，皮克特人最后在安格斯（Angus）的内克坦斯米尔（传统所认为的皮克特人核心之地）击败了艾格弗里斯，将他与他的精英战将尽数斩尽，这一灭绝性的事件如今就铭刻在阿伯莱姆诺（Aberlemno）的那块大石上。皮克特人的这一胜利说明，远北不列颠之地并不是一处能轻易被南方大军降服或吞并之地。自那之后，诺森伯里亚军力溃散，再也无法恢复。

诺森伯里亚的黄金时代

诺森伯里亚留给后人的真正馈赠，主要表现在文化与艺术领域。这个王国虽在627年之后走向了基督教，但最早影响这个国家的是来自爱尔兰与北不列颠的凯尔特传教士，其中就包括为了靠近皇家要塞班堡（Bamburgh）而在林迪斯法恩建立修道院的艾奥纳传教士圣艾丹。虽说664年的惠特比宗教大会让罗马教会政府最终赢得了胜利，但凯尔特传统的影响从未远去，那部于715年前后以精美手工制成的、融合有凯尔特与盎格鲁－撒克逊传统的手稿《林迪斯法恩福音书》（*Lindisfarne Gospels*）就是证明。此外，林迪斯法恩也并非诺森伯里亚人智慧的唯一产出地，芒克威尔茅斯（Monkwearmouth）修道院也因藏书丰富名声响遍欧洲；诺森伯里亚的贾罗（Jarrow）附近还诞生了英格兰史上首位历史学家比得，此人在8世纪30年代创作出《英格兰教会史》。精神领域方面最能代表诺森伯里亚人精神生活的，则是圣卡斯伯特。他年轻时做过医治者、教师，后来去了法恩群岛（Farne Islands），在那里过起了俭朴的隐居生活。

黑暗时代的威尔士

500—878 年

由于六七世纪盎格鲁-撒克逊人对不列颠的入侵,生活在北部的布立吞人与西部的布立吞人被分隔开来,但双方在语言、地方化基督教传统方面所形成的联系以及那种相互分离的情感让威尔士人渐渐发展出了某种身份感,而且这一身份感还在 8 世纪末奥法堤墙(Offa's Dyke)建成之后得到了迅速增强。

向西撤退

6 世纪时,威尔士民众与他们生活在不列颠他处的近族布立吞人之间的关系是非常密切的,譬如威尔士吟游诗人塔里辛(Taliesin)就既服务过威尔士的王公,也做过雷吉德坎布里亚宫廷的座上宾;出现于 7 世纪初的史诗《Y——高多汀》(*Y Gododdin*),其作者也很可能是一位生活在南苏格兰丁艾丁(爱丁堡)的威尔士人;此外,威尔士本土与威尔士北部地区、康沃尔王国杜姆诺尼亚(Dumnonia)之间,也有经济与军事上的往来。但由于盎格鲁-撒克逊势力的不断西扩,这些种种联系最终都遭到了削弱。577 年,在拿下了赛伦塞斯特(Cirencester)、格洛斯特和巴斯后,撒克逊人又攻下了格洛斯特郡的迪勒姆(Deorham),这在威尔士人与康沃尔人之间划下了一道鸿沟;之后在 616 年的切斯特战役中,诺森伯里亚人战胜威尔士联盟，这又使得威尔士人与坎布里亚人之间的联系变得日益艰难。曾几乎遍布西不列颠各地的"威尔士"文化就这样一步步被限制到了特定的区域之中，而这一区域，就是后来的威尔士。

奥法堤墙

奥法堤墙是由麦西亚国王奥法于785年之后的某个时段修建的、界分波伊斯王国与盎格鲁-撒克逊英格兰边界的一项土木工程。它的部分堤段宽度超过了25米，沟底到堤顶的距离高达8米，这说明堤墙应该是用来预防敌人从原属威尔士地界的低洼麦西亚农田区域发动攻击的。但由于实用性不强，这项工事很快就被弃用，最后就慢慢变成了一大界分凯尔特文化与撒克逊不列颠文化的标志。

威尔士各王国

威尔士的政治发展具有很强的地理制约性。诸多的山峦与河谷不仅切割着这里的土地，还阻碍着这里单一权力架构的形成。也正因如此，中世纪早期的威尔士就成了一众公国的天下，其中势力最大的，当数西北部的圭内斯公国，其所在的安格尔西岛与斯诺登尼亚等地早期时还曾反抗过罗马人。它的国王卡德瓦隆信奉基督教，在这位国王的领导下，圭内斯公国的军队不仅抵挡住了诺森伯里亚人的入侵，还于633年在唐卡斯特（Doncaster）附近的哈特菲尔德猎场打败了爱德温（Edwin）。但卡德瓦隆选择与信奉异教的麦西亚撒克逊国王彭达（Penda）而非距离遥远的不列颠王国结盟的策略，也让圭内斯与这些不列颠王国之间的关系更加淡化；此外还有位于中部的波伊斯公国，由于其在东部边界上的防御缺位，7世纪时该国的国王一个又一个地倒在了抗击诺森伯里亚人的战斗之中；8世纪时，这个公国又迎来了组织有序的麦西亚人的威胁；到9世纪20年代时，面对麦西亚国王森伍尔夫（Cenwulf），波伊斯这个被数十年战争耗尽力气的威尔士中部王国又损失了自己位于东部的大部分领土。

大事年表

577年	迪勒姆败战分隔开了康沃尔与威尔士的不列颠人
616年	切斯特败战分隔开了威尔士人与坎布里亚人
785年	作为波伊斯与麦西亚两个公国之间边界的奥法堤墙建成
850年	罗德里·莫瓦（Rhodri Mawr）统治威尔士大部
942年	哈伊维尔·德达（Hywel Dda）将圭内斯纳入自己的版图

语言与身份

7世纪及8世纪，威尔士人的身份感再度增强。如今已知最早的威尔士语铭文就镌刻在圭内斯的那块沿海的大石上，镌刻时间为650年至750年之间。威尔士语开始取代拉丁语成为商业及律法用语。更重要的是，威尔士人开始越来越多地以本土威尔士人（Cymry）或威尔士同胞自居，也更喜欢用自己的语言而不是含有贬义色彩的撒克逊语"外国人"（wealas）来定义自己。而这一身份的核心，就是更多受凯尔特传统而非罗马管理模式影响的地方化的基督教传统。相较于以隐修所和修道院作为人们精神动力关键的爱尔兰，威尔士人崇拜的，是亚萨（Asaph）、卡纳（Canna）和蒂德菲尔（Tydfil）等多具有本土特性的圣徒。

罗德里·莫瓦

罗德里·莫瓦大帝可称得上全威尔士首位大君主。他于844年继承为圭内斯王国国主，之后又因意外的朝廷事件与婚姻关系将南威尔士的波伊斯与赛斯尔维格（Seisyllwg）的王权也握在了自己手中，成为坐拥威尔士大部的统治者。之后他的儿子卡德尔·阿普·罗德里（Cadell ap Rhodri）又将达费德的领土收入囊中。但威尔士的继承传统阻碍了其成为单一王国，到了罗德里之孙哈伊维尔·德达执政时，威尔士再占有的就只有西部小国锡尔迪金（Ceredigion）。不过凭着经验与耐心，哈伊维尔这位贤王最终统治了绝大部分的威尔士，同时他还制定威尔士法典、铸造威尔士货币。但在950年他去世后，他的国家就分给了三位不同的继承人。

阿尔巴的皮克特人和盖尔人

500—950 年

自 500 年起,皮克特人、盎格鲁人和布立吞人就开始在未来的苏格兰之地你争我夺,最后皮克特诸王成为泰河以北绝大部分领土的霸主,盖尔人(后来的苏格兰人)把控了西部的界域;而面对维京人与英格兰人,经历了无数失败的斯特拉斯克莱德不列颠王国(位于苏格兰南部)则一直存续到了 11 世纪;至于东苏格兰,7 世纪时诺森伯里亚人的势力在这里达到了顶峰,而"苏格兰"统治者们则为了夺回其原来位于福斯河南部的领地展开了长期的斗争。

皮克特人

皮克特人是早期罗马入侵喀里多尼亚时抗击罗马力量的北方部族的后裔。至 6 世纪时,除克莱德河与福斯谷之外,皮克特国王们已然统治了这里的大片领土,而且最重要的是,他们手中位于东北角的那片富饶之地还足以养活大量的皮克特子民。皮克特人是一个很好战的民族,但同时也是个很懂农业、会使用欧甘文字、很有创造力的民族。他们最初信奉的是异教,到了六七世纪就转信了基督教。著名的皮克特要塞——莫里郡(Morayshire)的伯格黑德(Burghead)在设计上不仅三面靠海,剩下的一面还筑有一系列复杂的沟渠与城墙架构。它的下方建有一个很大的地下水池,可能为蓄水之用，不过也有作家认为这是皮克特人根据宗教风俗淹死犯人的地方。

阿尔巴王国

750年，皮克特人统治了大部分的苏格兰。百年之后，他们的王国骤然湮没于尘土。是什么造成了王国的突然消亡呢？传统观点都将矛头指向了斯堪的纳维亚人。9世纪初，斯堪的纳维亚人占领了曾为皮克特所辖、包括凯斯内斯（Caithness）和萨瑟兰（Sutherland）等在内的大片北苏格兰之地。除了斯堪的纳维亚人之外，皮克特人还面临着因为维京人进攻大西洋沿岸而开始向东推进的盖尔人或达尔里亚塔的苏格兰人的威胁。传统的历史学家认为，9世纪30年代一连串的军事失败造成了皮克特皇室一脉的油尽灯枯。之后苏格兰国王肯尼斯·麦卡尔平（Kenneth MacAlpin）就借此良机挺入了皮克特之地。由于群龙无首，无奈的皮克特人最终于843年接受了这位新王的统治，而这个新统一的王国，就是盖尔语中的"阿尔巴王国"，不过人们更熟知的，还是后来以拉丁语称呼的苏格兰王国。

皮克特人与苏格兰人之间有相似也有差异，不过近年来学者们更为注重的是这两个群体之间的相似之处。事实上二者之间不仅有很多相似之处，他们还有着共同的敌人；此外双方的统治家族之间还经常通婚，在通商方面二者也做得很成功，这一点有考古为证。就肯尼斯·麦卡尔平来说，由于他与这两个民族都有血缘关系，也就使得他成为双方联合起来对抗斯堪的纳维亚人的理想领导人选，也因此，843年的统一实际就是一个对双方都有利的选择。但从另一方面来说，由于盖尔语是以麦卡尔平为首的统治精英所采用的语

维京人对大西洋沿岸的不断攻击迫使达尔里亚塔的人们向内陆迁移,与皮克特人的冲突也因此而生。

言，这一语言后来就成为新王国的权威用语，而这可能又是造成皮克特语与皮克特传统很快消失的原因。此外有证据表明，双方在843年统一后便开始"重塑形象"，皮克特王国的教堂多了一些更愿接受阿尔巴意识形态的新圣徒。

大事年表

500年前后	苏格兰人在阿盖尔建起达尔里亚塔王国
600年前后	皮克特人统治北苏格兰大部
685年	皮克特人在内克坦斯米尔之战中击败了诺森伯里亚人
9世纪30年代	斯堪的纳维亚人统治了大部分的皮克特地区
843年	肯尼斯·麦卡尔平统一皮克特人与苏格兰人

画里的民族？

至于皮克特人怎么称呼自己，我们并不清楚。就"皮克特"这一词来说，它最早出现在3世纪的一首拉丁诗文中；此外早期的历史学家认为，既然喀罗马人口中的"皮克特"意指喀里多尼亚人所具有的文身或人体彩绘习惯，那这个词应该就是"画里的民族"的意思。但现代学者认为，这一名称实际来源于凯尔特古词"pett"或者"pit"，意思是一小片土地，因为"Pit"常作为前缀用在安格斯、阿伯丁郡（Aberdeenshire）和法夫（Fife）等古皮克特核心之地的地名当中。另外在编纂盎格鲁－撒克逊与斯堪的纳维亚年代纪时，编纂人称北苏格兰部落为"Pehtas"或者"Pettar"，连接苏格兰与奥克尼群岛之间的维京海道则被叫作"Pettlandsfjord"。种种这些古词，或许就是对皮克特人自称的呼应。

康斯坦丁二世

阿尔巴国王之中最足智多谋的，可能就是康斯坦丁二世了。他于 903 年至 943 年在位，如此时长也表明了他是一个有能力的统治者。他也受过挫折，譬如，937 年他就在布鲁南堡（Brunanburh）之战中输给了英格兰人，但在处理西部的斯堪的纳维亚人与南部的英格兰人这两大威胁上，他步步为营、措置裕如；他还在上位没多久时就给了斯堪的纳维亚人一记重击，将他们赶出了富饶的斯特拉森（Strathearn）；之后为了制衡英格兰人渐长的势力，他又与统治约克和都柏林的维京人结成了联盟，而这一成功的外交策略后来就助他将阿尔巴的南部边境推进到了久已覆灭的洛锡安王国地界。

黑暗时代的文化

500—1000 年

在早期历史学家的眼中,罗马统治结束后的那几个世纪是一个充满了野蛮、原始气息的时期,所以他们用"黑暗时代"这一词来形容这段历史时期。但现代学者们认为,英国各岛自 500 年起就发展出了一个具有智慧、充满活力的复合型文化,但由于现存资源寥寥可数且不完整,我们如今只能窥得其中的一小部分。

信仰与学问的启蒙

中世纪早期的文化是一个以基督教教会为特色的文化。那时的教会是通过设立修道院、办校以及指派人力所形成的机制来实现基督传统与文字记录的传播与传承的。在这一方面,以六七世纪凯尔特人与爱尔兰人的影响最为突出,此外创立于艾奥纳、林迪斯法恩与芒克威尔茅斯-贾罗(Monkwearmouth-Jarrow)等地的大修道院(分别建于 563 年、635 年及 674 年)与学校作为学识中心与传教活动的源出地,也在其中发挥了重要作用。而那部附有华丽装饰文字的福音书就是集本土宗教、基督教以及艺术传统等于一身的代表作品,它始编于艾奥纳,维京时代时出于安全的考虑被移交到了米斯郡凯尔斯(Kells)的科伦班(Columban)基地。还有从罗马来到英格兰的基督传教士,他们在传道的过程中也很快建起了学校,著名的如598年建于坎特伯雷的学校以及664年建于约克圣彼得（St Peter）的学校等。修道院为历史学术的研究做出的贡献是尤为重要的。事实上，当下我们对这一时期不列颠的认知大多源自吉尔达斯、比得、南尼厄斯（Nennius，9世纪《不列颠史》的编纂人）等僧侣们的创作。同时在这些学识之地繁荣起来的还有其他各种各样的艺术，著名的代表人物如7世纪末在惠特比修道院用本地语创作歌谣的、现知最早的英国诗人凯德蒙（Caedmon）。

《贝奥武夫》（Beowulf）

著就于8世纪的英国古老史诗《贝奥武夫》为我们虚构了一个以东盎格鲁人雷德沃尔德（Raedwald）为原型的撒克逊勇士——英雄贝奥武夫的故事。故事中，贝奥武夫因为击败巨人怪格兰戴尔（Grendel）而赢得了名声与荣誉，并最终成为斯堪的纳维亚人耶阿特族的君主，年老时他再举剑与巨龙搏斗，却在最后的胜利时刻倒在了血泊之中。后来子民们将他们深爱着的这位领袖抬到了一艘大船上，"船身满覆来自遥远之地的珠宝与饰物，人们希望这艘满载珠宝与武器的船只可以带着他驶入掌权天使之国"。现实中，祭奠船的这一幕恰恰也是人们在萨顿胡（Sutton Hoo）的考古发现所展现的一幕。

宫廷与文化

除了教会，当时另一大支持艺术与学问的力量就是宫廷。像所有的罗马帝王一样，对艺术具有怎样的政治力量与宣传价值，黑暗时代的统治者们也是心知肚明的，所以7世纪30年代时诺森伯里亚国王爱德温与奥斯瓦尔德才会将约克的首座木质大教堂改成了石材的结构,这既说明了他们的虔诚之心,也展现了他们手中丰富的资源;而国王埃塞尔斯坦对文物的兴趣不仅仅是出于研究古文物的需要,还因为这一兴趣所具有的实用价值:通过获得基督教大帝康斯坦丁与查理曼(Charlemagne)的佩剑,他更加名正言顺地统治了英格兰甚至整个不列颠,此外还有威塞克斯国王阿尔弗雷德(Alfred)。为了倡导学习,他修建教堂、设立学校,还从各地邀请学者前来自己的朝廷,就连他自己也成功地作为成人学员完成了学业。当然他做这些也并不是毫无私心的。之后威尔士牧师、传记作家阿瑟(Asser)的文章就确立了阿尔弗雷德在历史中的地位。如今我们对阿尔弗雷德及其成就的所知要比黑暗时代的任何王公都多。

由阿尔弗雷德所制定的《判决之书》(*Book of Dooms*,律法)不仅合法化了其统治下麦西亚、肯特与威塞克斯子民们各自的风俗,还巩固了他作为南不列颠最高统治者的地位。同样,还有哈伊维尔·德达所制定的《法典》(*Law Code*),该法典的出现让哈伊维尔成为10世纪40年代威尔士王公中的杰出代表。

大事年表

563年	科伦巴大教堂在艾奥纳岛落成
598年	奥古斯汀在坎特伯雷设立学校
625年	萨顿胡设立祭奠船的可能年份
674年	位于诺森伯里亚芒克威尔茅斯与贾罗的双子修道院落成
675年	诗人凯德蒙领受圣职的可能年份
682—735年	比得在贾罗修道院教学、写作

(续表)

750—800年	传统认可的史诗《贝奥武夫》写就时期
800年前后	附有华丽装饰文字的《凯尔斯书》创作完成，完成地点可能在艾奥纳大教堂
9世纪80年代	威塞克斯君王阿尔弗雷德制定《判决之书》（律法）
10世纪40年代	哈伊维尔·德达编纂《法典》

勇士文化

发现于萨福克郡萨顿胡的7世纪的祭奠船给了人们充分了解黑暗时代物质文化的机会。这艘船长达28米，船体上的珠宝装饰不仅展示了撒克逊人的工艺技巧，还表明了东盎格鲁人雷德沃尔德那样的最高统治者所拥有资源的丰富性。萨顿胡的发现表明，撒克逊人的装饰艺术深受日耳曼与斯堪的纳维亚众多神话文化的影响，就连这里出土的头盔与护盾的款式和人们在瑞典南部旺代（Vendel）的发现也十分接近；此外罗马帝国的长期影响在这里也有所体现，比如，从古墓出土的金、银王族服饰就是效仿罗马帝国末期帝王的服饰制成的；另外那些刻有邵罗（Saulo）与保罗（Paulo）名字的勺子与标有十字纹的银碗则暗示了此地和南欧基督教地方之间曾有的广泛联系。

维京人的黎明

790—980 年

有关丹麦战舰的记载，它最早在 787 年出现于《盎格鲁-撒克逊编年史》（Anglo-Saxon Chronicle）之中。随着维京人拥出他们的定居地斯堪的纳维亚、横扫欧洲，短短几年时间，不列颠与爱尔兰群岛就率先遭到了"这些北方人的凶猛攻击"。而这些侵略者在攻城略地之后的安家落户之举又最终对不列颠各民族与诸王国产生了深远的影响。

早期的侵略者

793—794 年，丹麦海盗洗劫了诺森伯里亚王国位于林迪斯法恩和贾罗的修道院；之后第二年艾奥纳的大教堂也惨遭同样的厄运。至 9 世纪 30 年代时，这些斯堪的纳维亚人已定居在了谢特兰群岛、奥克尼群岛以及苏格兰北、西部沿岸一带。对这些北方人来说，这里断断续续的海岸线、可作为庇护的岸区环境以及延伸至内陆的海湖等，都让他们备感熟悉；此外爱尔兰界内的河流、湖湾等也为他们进入爱尔兰之地提供了便利，只不过他们所使用的长船在某些地方必须辅以人工搬运才能继续通行。

到了 9 世纪 40 年代时，维京军队选择过冬的海岸基地就逐渐发展成了一个个贸易与制造业中心。而那条始自都柏林，穿起韦克斯福德（Wexford）、沃特福德（Waterford）、科克（Cork）与利默里克（Limerick）等中心区，直通爱尔兰海岸的航道，也让这些斯堪的纳维亚人掌握了对爱尔兰海的霸权，并成为不断袭扰威尔士与西英格兰岸区的存在。850年，像自己的同系日耳曼人在400年前所做的那样，丹麦战团占领了肯特东北部萨尼特岛的越冬营地。之后他们又沿海岸前行，于854年拿下了他们的第二个营地——谢佩岛营地。至此，这些夏季型侵略者已具备了征服、定居爱尔兰岛的能力。

维京雄狮

865年，一支富有作战经验、规模比以往任何登陆英格兰海岸的维京部队都大的丹麦部队登上了英格兰之地，这就是"维京雄狮"。在此之前，这支部队已在法兰西征战多年，而且在850年洗劫了鲁昂（Rouen）之后又沿塞纳河而上困住了巴黎。负责编纂《盎格鲁-撒克逊编年史》的作家们在描述这支侵略大军时，就重点说到了它的不信神性与规模之大令人可怕。在将法国北部劫了个遍之后，这支大军开始向英格兰进发，到了870年时就已征服了东英格兰与诺森伯里亚等地的王国。英国编年史里还记录了这年夏季第二支满载援军与大批移民的斯堪的纳维亚舰队的到来。此时，位于约克基地的丹麦人又开始向南部皮克特人与盎格鲁-撒克逊人所统治的威塞克斯王国与麦西亚王国挥师而去。874年，丹麦部队逼近曾强盛一时的麦西亚王国的首府雷普顿（Repton），见此，麦西亚王国的最后一位君王伯格雷德（Burgred）仓皇出逃，在罗马度过了自己嗟悔无及的余生。

大事年表

9世纪40年代	斯堪的纳维亚人深入爱尔兰与苏格兰西部
9世纪50年代	丹麦人入侵南英格兰
865年	丹麦大军"维京雄狮"登陆英格兰
878年	阿尔弗雷德于这一年1月逃往萨默塞特平原湿地
878年	阿尔弗雷德于这一年5月在爱丁堡击败丹麦人

威塞克斯与丹麦法之地

麦西亚王国陷落之后,威塞克斯就成了唯一面对丹麦人入侵的王国,而且在9世纪的整个70年代之中,它都始终被丹麦人的气势所压制,丹麦人甚至还差点在878年1月俘虏他们年轻的君王阿尔弗雷德,阿尔弗雷德也因此被迫躲到了敌人无法通过的萨默塞特平原湿地。在安全之地阿塞尔(Athelney)内岛停留期间,拒绝向丹麦人妥协的阿尔弗雷德开始一边重整军队,一边鼓励威尔特郡与萨默塞特的地方领主加入自己的抗敌大业之中。到了5月时,阿尔弗雷德带领军队走出了湿地并在爱丁堡击败了丹麦人。可以说,这一胜利不仅阻止了维京人的西进,还使盎格鲁-撒克逊时代的英格兰免遭灭顶之灾。在这之后,丹麦方的领导人古什鲁姆(Guthrum)不得不接受基督教的洗礼并遏制自己的野心,而他与阿尔弗雷德之后所签订的协定则以伦敦到切斯特的那条线为界划出了威塞克斯与丹麦人各自控制的界域,其中界线以东、以北的片区就成了人们后来所知的丹麦法之地(Danelaw)。

维京人的影响

9世纪维京人的入侵彻底摧毁了盎格鲁-撒克逊时代古老的七王

877年，威塞克斯国王阿尔弗雷德的军队在斯沃尼奇湾与丹麦侵略者展开激烈的战斗。

统治。虽然东盎格利亚、麦西亚等王国就这样销声匿迹了，威塞克斯却崛起成为英格兰的抗击主力，而且在之后发展成为更为广泛的皇权核心之地。假如地名、姓氏可以作为可靠的判断依据，那东英格兰地区那些带有斯堪的纳维亚特色的名字就表明这里曾经历过斯堪的纳维亚人大规模的移民活动；不过对现代的学者来说，他们更看重的是移民的持续性而非人口数字的突然变更。西部，斯堪的纳维亚人在坎布里亚的马恩岛和爱尔兰都留下了很深的印记；至于北部，斯堪的纳维亚贵族们（伯爵）在富饶的奥克尼群岛上所建立的独立政权也一直存续到了中世纪；另外来自爱尔兰的维京人甚至还在870年洗劫了斯特拉斯克莱德不列颠王国的古都邓巴顿之后，将这里的子民拉去了都柏林奴隶市场贩卖为奴。此时的不列颠与爱尔兰群岛上上下下，本土民众也好，王公也罢，都开始通过重整与合作来抗击维京人的威胁。为了夺回自己的土地，英格兰、爱尔兰与苏格兰各地的国王与军队纷纷在之后的几十年中展开了与维京人的斗争。

勇猛的英格兰之王

880—980 年

维京人摧毁了旧的盎格鲁-撒克逊宫廷，却也为威塞克斯王国的国主们崛起成为抗击侵略的"英格兰"领导人铺平了道路；幸运的是，威塞克斯自身也涌现出了一个又一个才能出众、富有活力的领袖人物。在他们的领导下，威塞克斯国力增强，而这些领导者也很快自命为全不列颠的国王。

阿尔弗雷德大帝

878 年爱丁堡战役的胜利为威塞克斯赢得了宝贵的喘息空间，让阿尔弗雷德得以利用胜利带来的和平时机备战未来。为了保卫自己的王国，他采取了一条以威塞克斯民兵队、地方应急部队与后方力量为三要素的策略，即允许地方领导人在紧急状态下组织部队并以此为基础，通过轮调制的方式组织威塞克斯民兵队，同时后方留足人手负责重大的经济任务。很快，威塞克斯便形成了一个以阿尔弗雷德所处首府之地温切斯特（Winchester）为起点、向外串联几乎所有战略要塞或强化定居点的网络。

王国的舰队经过恢复与提升后也成为王国外层的防御与联通力量。所有这些努力最后分别在 884 年、892 年以及 896 年等与丹麦人的再战之中证明了它们的价值，助阿尔弗雷德挫败了丹麦人大举向南英格兰移民的意图。899年，阿尔弗雷德溘然长逝，至此这位英国历史上唯一被冠名为大帝的君王不仅重新夺回了伦敦，还将麦西亚西部与肯特等地也纳入了自己的版图。而在成就威塞克斯这一大业的过程之中，英格兰人迅速发展的英国的身份认同感也具有了更为宽泛的内涵。这或许才是阿尔弗雷德所取得的最伟大的成就。

阿尔弗雷德的子女

阿尔弗雷德的子女皆训练有素。在阿尔弗雷德去世之后，他们继续着他的大业。面对虎视眈眈的亲属，其子爱德华保住了自己的继承人地位，并于900年登上了王位，同时为了突出此时威塞克斯国王对国家的重要性，他还自称为盎格鲁-撒克逊之王。在位期间，爱德华不仅在塔姆沃思（Tamworth）和斯塔福德（Stafford）等关键要地筑起了堡垒，还将盘踞在诺森伯里亚嗜战的丹麦人赶到了亨伯河以北之地。阿尔弗雷德的女儿埃塞尔弗莱德（Aethelfled）同样也很出色，她曾遭丹麦人的绑架但幸免于难，之后还成长为著名的管理人与策略家，被人们尊称为"麦西亚夫人"；此外在她坐镇斯塔福德的八年之中，她征服了德比，并在英国再度征服莱斯特的战役中发挥了重要作用。

埃塞尔斯坦

爱德华之后，埃塞尔斯坦作为继承人继续大力推进着威塞克斯的朝廷大业。埃塞尔斯坦有着勇敢的斗士精神，在他的统治之下，威塞克斯的领域边界被成功推进到了几乎与现代英格兰疆域等同的边界位置。继位不到三年，他就夺取了约克，并将诺森伯里亚纳入了自己的版图，之后又在远西之地将独立的康沃尔人赶回到了塔玛河以外的地界；除此之外，他还将自己的父亲列为全不列颠的最高统治者，他的朝廷所颁发的宪章与文件在提到他的父亲时，采用的称呼不是希腊语的"Basileus"（元首）就是拉丁语的"rex totius Britanniae"（全不列颠之王）。尽管埃塞尔斯坦有着这些展示皇威的举动，但部分威尔士国王，如哈伊维尔·德达，似乎也能找到与他共处的方式。然而，其他邻国的统治者并不太情愿与这位总想着扩张的邻居共处。

布鲁南堡战役

受埃塞尔斯坦"皇威"野心的挑动，937年，苏格兰人、斯特拉斯克莱德的布立吞人、科伦巴人、爱尔兰人与斯堪的纳维亚人结成了一个反英格兰人的联盟，最后双方在布鲁南堡展开了决战。这场爆发于血腥世纪最为血腥的战役最后夺去了无数国王、伯爵与领主的性命。对这场战役，某爱尔兰分析家的评价是："大批的撒克逊人倒下了，但埃塞尔斯坦取得了大胜。"大概一年之后，埃塞尔斯坦去世，他的这一胜利却让英格兰作为一个统一的国度存续了下来。

威塞克斯成功的秘密

在那个往往一场战役就能决定民众与王国命运的时代，威塞克斯王国却可以长期战胜其他邻国，其中威塞克斯朝廷的行政技能是发挥了很大作用的。为了能确保朝廷下达的命令可以顺利得到执行，朝廷在各郡都安置了自己信得过的郡长、郡法官、百夫长等一系列皇家官吏；对为国王服务的人，朝廷并没有采用对时有时无的战利品进行分配的策略，而是系统性地不断奖以土地与官职；此外，朝廷所制定的系统律法、税收与兵役制度也确保了威塞克斯对意外打击的承受能力。939年，埃塞尔斯坦去世，之后维京人在约克与中北部建立起了王国，但这一损失也只是这个新兴英格兰国家所经历的一场短暂挫折罢了，因为十几年之后，这一损失就随着954年约克王国最后一位维京统治者——"血斧"埃里克（Eric Bloodaxe）的被刺而得到了弥补。威塞克斯统治者们就这样凭着自己手中的资源，在悄无声息之中迅速夺回了北方之地。

大事年表

886年	阿尔弗雷德与古什鲁姆确定了丹麦法之地的界域
915年	阿尔弗雷德之子爱德华夺回了英格兰对丹麦法之地的统治
930年	康沃尔与英格兰之间的边界沿塔玛河确立
937年	埃塞尔斯坦赢得布鲁南堡血战的胜利
10世纪50年代	威塞克斯国主们重新将北英格兰大部纳入自己的版图

英格兰的斯堪的纳维亚人

990—1042 年

10 世纪末,不列颠与爱尔兰群岛各地都面临着来自斯堪的纳维亚方面的挑战。由于维京人的威胁,英格兰、苏格兰与爱尔兰之间加强了政治合作。但 980 年之后,丹麦人又掀起了新一轮的侵略,并最终将英格兰纳入他们的北海帝国版图之中。

虚假的平静

950 年,在经过了与维京侵略者长期的斗争之后,一个强大、统一的英格兰诞生了。到了 10 世纪中叶时,越来越多居住在东英格兰的丹麦人都信仰了基督教并逐渐融入地方上的现有人口之中;而在苏格兰,阿尔巴王国的君主们也学会了如何应对维京人的威胁,譬如 986 年时,一个 70 人的维京战团刚登上阿盖尔海岸就被围捕并绞死;还有 1010 年马尔科姆二世(Malcolm Ⅱ)果断将一群丹麦人遣去莫里郡莫特拉克(Mortlach)的举动。这段时期不列颠与斯堪的纳维亚人之间的冲突多出现在苏格兰王国边界区域,对其并不构成威胁;爱尔兰则有布莱恩·博鲁(Brian Boru),他先于 10 世纪 60 年代夺下斯堪的纳维亚人位于利默里克与都柏林的基地,后又在 1014 年的克朗塔夫(Clontarf)大屠杀中摧毁了维京人的统治。但即便数次战胜这些北方侵略者,英格兰终究还是在 11 世纪初被斯堪的纳维亚人彻底征服。

马尔登战役

991年夏,一支4000人的丹麦队伍在埃塞克斯马尔登(Maldon)黑水河(Blackwater)与一支偏小规模的英格兰民兵部队迎面相遇,结果英格兰方战败。有篇流传下来的盎格鲁-撒克逊诗文讲的就是这场战役,其中还提到了埃塞克斯的英雄郡长布里塞诺夫(Byrhtnoth)宁愿战死也不肯向侵略者投降的故事。但这场战役其实不过是当时无数战役之中的一个而已,这首诗则将太多的重点都放到了这场战役上。事实上,自10世纪80年代起,大规模的丹麦部队就再次开始在英格兰海岸一带活跃了起来。就马尔登战役来说,它带给英格兰的长期影响主要体现在英国国王埃塞尔雷德(Aethelred)的应对策略上,战后为了安抚丹麦人,他开始征收一种为了给丹麦人缴纳赎金的土地税,而这就是历史上著名的丹麦金(Danegeld)。

丹麦金

早期的英格兰国王包括阿尔弗雷德都认为,必要时用金银来收买维京人是明智之举。马尔登战役之后,埃塞尔雷德"以他们造成了巨大恐怖为由"将4500千克(1万磅)的银交给了丹麦人,而丹麦八字胡王斯维恩也因此在身边人的劝说下于994年叫停了他围攻伦敦的行动。就埃塞尔雷德来说,他可能是因为顾问坎特伯雷大主教司杰里科(Sigeric)的主张而采取的丹麦金政策,而1007年与1012年一再增长的赎金额则暴露了这一政策的缺陷性。当时英格兰这种为求和平所付出的代价在1007年飙升到1.6万千克(3.6万磅),之后又在1012年猛增到了2.2万千克(4.8万磅)。从990年至1066年,英格兰交给丹麦的银币总额超过了6000万,但即便交出了这么多的银币,时年《盎格鲁-撒克逊编年史》的编纂人还

丹麦人的攻击最终迫使埃塞尔雷德逃离，之后斯维恩（Sweyn）之子克努特（Cnut）大帝成为英格兰国王，并统治了英格兰19年。

在控诉"丹麦人对英格兰的横行无忌"。

圣布莱斯节大屠杀

或许是因为恐惧与焦虑情绪的共同作用，1002年，埃塞尔雷德下令杀死英格兰的所有丹麦人。大屠杀定在了12月11日圣布莱斯节实施，这一天众多身在英格兰的丹麦精英都遭到了清洗，但大屠杀并没有为埃塞尔雷德解决问题，反而让丹麦国王斯维恩对英格兰展开了自1003年起长达10年的报复性攻击，最后埃塞雷德被迫逃到诺曼底，丹麦国王趁机征服了英格兰。1017年初，英格兰贵族接受了斯维恩之子克努特大帝的统治、承认他为全英格兰唯一的国主。

斯堪的纳维亚人的统治

在统治英格兰的19年期间，克努特不仅成为统领丹麦与挪威的君主，还控制了石勒苏益格与波美拉尼亚（Pomerania），成为这两地的霸主，而这也说明，英格兰于克努特帝国而言实为其统治下的一个重要组成部分。在帝位稳固并征收了最后一次价值超8.2万英镑的丹麦金之后，克努特对英格兰的统治开始变得相对温和起来，其间他不仅肯定了盎格鲁-撒克逊的前任君主们所制定的律法，对教会宽容有加，还通过改革保证了货币在其所辖所有区域的同等价值性，此举大大促进了英格兰在遭受多年动乱之后与欧洲大陆的贸易往来。1035年，克努特去世，之后其子哈罗德一世（Harold Harefoot）与哈萨克努特（Harthacnut）只维持了对英格兰短暂的统治。此后无论是1066年挪威国王哈罗德·哈德拉（Harald Hardrada）统治下的斯堪的纳维亚军队对英格兰海岸展开的再次侵扰,还是丹麦人在1069年、1075年试图再度夺回其对英格兰旧有影响力的尝试,均未取得成功,维京人在英格兰的统治彻底结束。

大事年表

991年	丹麦人取得了埃塞克斯马尔登战役的胜利
991年	埃塞尔雷德以4500千克(1万磅)的银收买丹麦人
1002年	英格兰展开对丹麦精英的圣布莱斯节大屠杀
1013年	英格兰国王埃塞尔雷德逃往诺曼底
1017年	丹麦克努特大帝获得认可,成为英格兰国王

老国王的最后时光

1000—1065 年

至 1050 年，英格兰和阿尔巴 [越来越以其拉丁语名字苏格蒂亚（Scotia）闻名] 已经以其公认的领土和国家地位雏形为基础，朝着统一王国的方向迈进。威尔士似乎也在政治上团结起来，并最终克服地理和传统造成的障碍。

"所有布立吞人的国王"

11 世纪中叶，一位杰出的军阀将西不列颠讲威尔士语的民族团结在其统治之下。格鲁菲德·阿普·卢埃林（Gruffydd ap Llywelyn）在其最初的基地波伊斯之外，又增加了圭内斯王国，以及 1039 年在韦尔什普尔（Y Trallwng）从麦西亚伯爵手中赢回的边境土地。到 1055 年，在吞并格温特和摩根沃格之后，格鲁菲德在其位于罗德兰的宫廷里，向整个威尔士行使其国王权力，其权力也得到忏悔者爱德华（Edward the Confessor）的承认。然而威尔士的政治统一，很大程度上仍旧依赖于一个军事强人的利剑，1063 年格鲁菲德死后，其领土再度分裂为传统的几个部分。

从阿尔巴到苏格兰

讲盖尔语的阿尔巴国王在王国建立方面则更为成功。1018 年，马尔科姆二世在卡勒姆的胜利，最终让他获得了特威德和索尔韦北部的土地，包括富饶的洛锡安农田。尽管北部和西部大部分地区仍效忠于挪威人酋长，苏格兰国王的命令很少在遥远的加洛韦得到贯彻执行，但到11世纪中叶，苏格兰王国的大部分最终形态已经形成。横亘在皮克特人和苏格兰人之间自古以来的分歧似乎已经消失。"方伯"制（mormaers）或地区伯爵制度为各省带来了稳定的统治，并在危机时期迅速提供军事力量。最重要的是，在11世纪，仅三位国王即马尔科姆二世、麦克白（Macbeth）和马尔科姆三世（Malcolm Ⅲ），总共统治了苏格兰81年。这些阿尔巴国王有时间积累执政经验，并从错误中吸取教训，从而在英国北部留下他们的印记。

苏格兰国王麦克白

和莎士比亚笔下的角色一样，麦克白是一位成功的战士，也是唐查德或邓肯国王政府中的关键人物。虽然真实的麦克白并未通过秘密暗杀而夺取王位，而是于1040年在埃尔金附近公开的战斗中击败邓肯并废黜了他，但历史真相仍然存在与《麦克白》剧作结尾相似的地方。麦克白似乎是一位受爱戴的国王，他的妻子格鲁赫是一位笃信宗教的女性，她向修道院捐赠，并可能在1050年陪同麦克白去罗马朝圣。1054年，麦克白抵御了在诺森伯里亚的西沃德伯爵指挥下英格兰对苏格兰的大举入侵，其目的是扶植一个更加顺从的人物登上苏格兰王位。麦克白最终于1057年在阿伯丁郡的伦帕南死于战伤。

最后的盎格鲁－撒克逊国王

到11世纪，英格兰成为不列颠和爱尔兰群岛上最强大的国家，并能够开始与欧洲大陆上更富有、人口更多的国家相提并论。一个强大的英格兰国王可以有效利用王国资源，并利用强大的边境伯爵（对边境土地有特殊权力的领主）良好应对威尔士人、苏格兰人和维京人。倒数第二位的撒克逊国王的统治开局良好。忏悔者爱德华是一位受爱戴的国王，其在位的24年里，国家贸易繁荣，同欧洲其他方面的联系密切。爱德华是一位虔诚的君主，他在伦敦郊外的威斯敏斯特建立了一座大教堂，后来发展成为英国政府和宗教仪式所在地。作为国王，他最大的弱点是缺乏一位继承人。

爱德华在诺曼底长大，他非常聪明，懂得欣赏组织良好的诺曼人可以为其王国提供的行政和军事天赋。诺曼人很快就在爱德华手下掌握教会和国家权柄，如同他们在同时代苏格兰的马尔科姆三世手下所做的一样。然而诺曼人在爱德华宫廷中的影响力，却遭到英格兰贵族中撒克逊人和丹麦人派系的不满。11世纪50年代，由于威塞克斯的戈德温伯爵（Godwin Earls）争夺对无子嗣的国王的控制权，愤恨引发了暴动和叛乱。在爱德华统治最后三年，他实际上沦为哈罗德·戈德温森（Harold Godwinson）的傀儡，哈罗德是一名干练果敢的军人，1063年，他在威尔士打败格鲁菲德的军队，他甚至将自己不得人心的兄弟托斯蒂格（Tostig）从诺森伯里亚的伯爵职位上废黜。1066年爱德华去世后，哈罗德成为他理所当然的继承人。哈罗德控制着英格兰主要的伯爵领地，在战争和政府管理方面有着丰富的经验。不出所料，维塔纳戈特（Witanagemot），即古代智者和长者会议，于1066年1月批准戈德温森即位为哈罗德二世。

大事年表

1018年	苏格兰在卡勒姆的胜利确保了特威德－索尔韦边境安全
1039年	卢埃林对圭内斯的权力扩张
1040—1057年	麦克白统治阿尔巴
1042年	忏悔者爱德华成为英格兰国王
1058年	马尔科姆三世（又称坎莫尔或大酋长）成为苏格兰国王
1060年	格鲁菲德·阿普·卢埃林在威尔士的统治达到高峰
1063年	哈罗德·戈德温森成为英格兰最强大的人物
1065年	威斯敏斯特大教堂的祝圣仪式
1066年	1月4日无子嗣的忏悔者爱德华去世
1066年	1月5日戈德温森加冕为哈罗德二世

117

[第四章]
中世纪的英国

三王之年

1066 年

1066 年之前，诺曼人在英格兰和苏格兰都有影响力，但这一年秋天发生的事件，标志着英国历史上非常重要的时刻之一。权力突然从盎格鲁-撒克逊的旧精英阶层转移到来自法国的新移民手中。苏格兰、爱尔兰和威尔士也将受到 1066 年灾难性事件的影响。

王位竞争对手

尽管哈罗德二世被英国贵族推举为国王，并于 1066 年 1 月初忏悔者爱德华去世后的当天就在威斯敏斯特加冕，但哈罗德知道，他必须在那个夏天为捍卫其王位而战斗。攻击可能来自两个方向——斯堪的纳维亚和诺曼底，不久，那里的敌对派系就多次要求英格兰国王让位，并集结军队。诺曼底的威廉公爵辩称，爱德华于 1051 年访问法国时曾向其承诺过继承权，他甚至声称哈罗德·戈德温森于 1064 年接受了其权力要求，当时哈罗德被一场风暴逼退到了诺曼底海岸。挪威的哈拉尔德三世（Harald III），被称为"哈德拉达"（Hardrada）或"斯特恩统治者"（Stern Ruler），也感到被哈罗德的即位愚弄，他的权力主张是基于血缘、婚姻关系以及条约协议三者的结合。

战争季

由于诺曼人是更大的威胁，哈罗德在整个夏季几个月里都和他的民兵组织在南海岸巡逻。然而，由600艘舰船组成的庞大的诺曼舰队，被英吉利海峡的风暴困在了贝德拉索姆海峡。第一批入侵者来自挪威，他们于9月在约克郡登陆。

哈德拉达在被废黜的伯爵，同时也是哈罗德·戈德温森报复心切的兄弟托斯蒂格的协助下，轻松击败了被派往富尔福德迎击他们的麦西亚和诺森伯里亚的军队。哈罗德被迫召回已解散的民兵组织，并迅速向北推进。英国人出其不意地截击斯堪的纳维亚人，在斯坦福桥赢得了一场令人信服但代价高昂的胜利，托斯蒂格和哈德拉达双双被杀。他们的失败标志着英国维京时代的结束，但哈罗德的胜利付出了代价。在他统计己方众多的伤亡数字时，有消息传来说海上风暴已经平息。威廉公爵的军队在苏塞克斯的佩文西成功登陆7000余人，现正驻扎在黑斯廷斯附近一座预制的木质堡垒中。哈罗德不得不将其疲敝之师向南推进近400千米（250英里），以应对诺曼人的威胁。

1066年大事年表

1月4日	忏悔者爱德华去世
1月5日	哈罗德二世举行加冕礼
8月	哈罗德二世解散民兵
9月初	挪威人登陆并占领约克
9月20日	挪威人击败麦西亚和诺森伯里亚联军
9月25日	哈罗德在斯坦福桥击败哈德拉达和托斯蒂格
9月28日	威廉公爵在佩文西登陆
10月13日	英国军队抵达森拉克山
10月14日	森拉克山之战，后被称为黑斯廷斯之战

(续表)

11月	威廉向北推进至伦敦
12月25日	"征服者"威廉一世在威斯敏斯特加冕

森拉克山，1066年10月14日

疲惫不堪、精疲力竭的英格兰军队面临着一个更加强大、以逸待劳的敌人，因此哈罗德明智地在桑特拉奇或森拉克山据险而守，以扼住通往伦敦的道路。他的策略是让诺曼骑兵向上冲撞英国步兵排列的盾墙，使其疲于奔命。这天的大部分时间，诺曼人的弓箭和骑兵未能有效突破谨慎的英国人的防线。战斗演变为诺曼人佯败诈退，成功引诱英国人到地势较低的平地，在那里他们很容易被装备有铁链和马镫的诺曼骑兵击倒。当天晚些时候，哈罗德受伤和死亡的消息令英国民兵士气大跌，他们开始向威尔德茂密的森林里逃亡。传统说法是，哈罗德的侍卫们为保护其遗体和维护威塞克斯军人的尊严而战斗到最后一人。这位最后的"英国国王"尸体严重残缺，通过文身被辨认出来，并很可能被送至他生前最喜爱的埃塞克斯的沃尔瑟姆教堂安葬。

向伦敦进军

战役结束后，威廉公爵在黑斯廷斯休整了几个星期。他可能期待着英国人主动前来臣服于他们的新霸主，也利用这段时间为下一阶段的征服行动做准备。但进军伦敦一事因诺曼军中的流疫而推迟，可能是痢疾，威廉本人也病倒了。然而，随着他对伦敦的逼近和包围，英国南部地主们望风归降者与日俱增。威廉于圣诞节当天在威斯敏斯特大教堂加冕成为英格兰国王，此时距离忏悔者爱德华去世尚不足一年。

诺曼征服

1066—1072 年

在短短几周时间内，欧洲最富有和最有组织的国家之一——英格兰，就落入一支小规模入侵军队手里。对诺曼人的抵抗一般仅限于王国边缘地区。教会和国家的所有权力很快就被诺曼精英们牢牢掌握。

权力真空

人们对威廉和他的小规模入侵部队缺乏抵抗，这是一种奇怪的现象。事实上，在 1066 年秋天，盎格鲁 - 撒克逊社会已经被摧毁。许多可能组织抵抗威廉的贵族，都在斯坦福桥和森拉克山的战役中战死。撒克逊社会中还有一个派系公开欢迎诺曼人的入侵。沃林福德的撒克逊领主维戈德（Wigod），不仅为威廉进入伦敦提供便利，而且迅速通过联姻使其家族与新政权结盟。其他撒克逊领导人，如坎特伯雷大主教斯蒂甘德（Stigand），可能已经想到英格兰人会抵挡住诺曼人的猛攻，威廉公爵可能不会比克努特及其丹麦人的统治更长久。这种想法忽略了在整个欧洲，诺曼人是系统的王国建设者，而威廉的军队由许多无土地的年轻人组成，他们希望通过自己的努力得到慷慨的回报。

反抗

征服者面临的挑战来自其新王国的边境地区。戈德温森家族在康沃尔发起一场起义，威尔士边境地区也出现麻烦。赫里沃德在其伊利岛基地维持着盎格鲁-丹麦的事业，于1070年洗劫了彼得伯勒，随后消失在东盎格利亚的沼泽地里。对诺曼人最严重的威胁来自北方，那里的人口主要由斯堪的纳维亚血统的独立自由人组成。1068年和1069年的北方起义，最终导致诺曼人在约克和达勒姆（Durham）的驻军被屠杀，并得到装备精良的丹麦和苏格兰探险队的支持。威廉被迫采取行动。在1069年至1070年的整个冬天，其部下对英格兰北部各郡进行了残酷的反复袭扰和烧杀。人口大量减少，数十座村庄被毁，在苏格兰边境地区和南部较富裕的郡之间形成了一条荒废的封锁线。

诺曼人的城堡

诺曼人是一个源自维京人的骑士民族，其社会秩序主要为满足军事需求。国王授予土地以换取兵役和提供训练有素的武装骑士。为保住自己的领地，诺曼贵族先用土墩和栅栏建造城堡，后来则用石头砌成。这些城堡不仅是防御性建筑和人们抵御攻击的堡垒，而且是权力

诺曼人遗留的城堡和堡垒，如图所示的威尔士切普斯托城堡，一直保存至今。

和控制中心。在这里，领主们确保城堡领地尽可能有效地运行，为战争提供粮食和装备。1086年后，《末日审判书》(*Domesday Book*)让王室对王国中每块土地的军事潜力有了一个清晰的认识。

阿伯内西对峙

苏格兰人毫不迟疑地利用了其南部邻居的麻烦。马尔科姆三世庇护了重要的盎格鲁－撒克逊流亡者，并资助他们于1069年重新征服英格兰北部。他还率领自己的部队成功远征坎布里亚和诺森伯兰。1070年，马尔科姆与古老的英格兰王室联姻，娶了英格兰伪君子埃德加·艾特林（pretender Edgar Aetheling）的妹妹玛格丽特为王后。他给四个孩子起了挑衅性的英格兰人的名字——埃德加、埃德蒙、爱德华和埃塞尔里德，以加强未来对英格兰王位的夺取。1072年，威廉向北进军，在珀斯附近的阿伯内西与马尔科姆会面。马尔科姆意识到，承认威廉对洛锡安土地的统治权是明智的，这些土地曾经属于诺森伯里亚。威廉注意到，苏格兰人与他们自己的佛兰芒人和诺曼人盟友关系密切，是一个棘手的敌人，并决心用新的城堡巩固其北部边界。

诺曼化

在威廉统治的最初几年，忠诚的英国贵族被允许保留土地和头衔。然而，1070年后，威廉推行了一项积极的诺曼化政策。心怀不满的撒克逊领主被剥夺了土地，而没有继承人的地产则被授予诺曼人。在一代人的时间里，一个只效忠于国王的可靠的诺曼贵族领主阶层取代了旧贵族精英。类似过程改变了教会的等级制度。1070年，著名学者、卡恩修道院院长兰弗朗克（Lanfranc）被任命为坎特伯雷修道院院长，取代被废黜的斯蒂甘德。兰弗朗克继续提拔那些与他有着相同大陆血统的神职人员。当地教会的社会基础逐渐萎缩，而与诺曼底和法国有联系的新修道院却得到了支持。拉丁语和诺曼法语如今成为政府和教会的官方语言。

王国缔造者

1100—1153 年

在 12 世纪早期,苏格兰和英格兰都很幸运地由精力充沛的明君统治,这些国王比大多数的中世纪君主受过更良好的教育。亨利一世和大卫一世都是"现代化者",为其继任者奠定了坚实的基础。

"博克莱克"

作为征服者的第四个儿子,亨利注定要从事教会事业,因此他接受的教育比大多数的诺曼贵族更全面,这为他赢得了"博克莱克"(学识渊博)的绰号。1100 年 8 月,哥哥威廉二世在一次新福里斯特(New Forest)狩猎事故中神秘死亡后仅三天,亨利登上王位。他仍在世的哥哥罗伯特当时正在十字军中东征,顺理成章地被排除在王位之外。亨利知道大多数的男爵更喜欢善战的罗伯特,因此他必须在罗伯特从圣地回来之前赢得他们的支持。为此,他不像威廉二世那样滥用权力,并向贵族们做出一些让步。在其加冕的"自由宪章"中,亨利接受了对王室权力以及国王对支配贵族财产和教会职位权力的限制。亨利的宪章为后来的《大宪章》等对王权过度膨胀的挑战奠定了基础。

撒克逊人和诺曼人

亨利是第一位出生在英格兰的诺曼国王,也是第一位说英语的诺曼国王。在其漫长的统治期间,英国和诺曼社会之间的巨大差异开始减弱。亨利通过与有撒克逊王室血统的苏格兰人伊迪丝结婚，将英格兰的新旧王朝合而为一。亨利意识到诺曼权贵们的权力和野心，在日益壮大的王室官僚机构中，他把地位较低的人提拔到权威位置。他经常外出访问其法国属地，出访时将权力交给其司法官或总督，后者负责确保国王不在时英格兰政府能够顺利运作。亨利还开始关注其王国的省级政府，派出官员裁决地方争端，从而遏制地方领主和治安官的过激行为。

大事年表

1100 年	威廉二世去世三天后，亨利一世在威斯敏斯特加冕
1100 年	亨利与有撒克逊王室血统的苏格兰人伊迪丝结婚
1106 年	亨利在诺曼底廷切布雷击败其兄弟罗伯特
1124 年	大卫一世成为苏格兰国王
1139 年	大卫为苏格兰赢得诺森伯兰郡
1153 年	大卫被安葬在邓弗姆林教堂

诺曼底归属问题

最早的诺曼君主对其法国家园的重视超过其英国财产。当威廉公爵将其土地分给儿子们时，最年长的罗伯特得到了诺曼底作为奖励。1101 年罗伯特试图入侵英国，且他对诺曼底的糟糕治理，为亨利干涉其公国提供了充分理由。1106 年，亨利大败罗伯特的军队，而罗伯特则作为亨利的俘虏度过其余生的 28 年。然而，通过将诺曼底遗产与自己的名字和血统重新结合，亨利将法国与英国王室联系在一起。在接下来的四个世纪中，其统治跨越英吉利海峡两岸的王室野心一直困扰着亨利的继任者们。

财政部

亨利的统治取决于他最亲近的大臣们的效率和忠诚。在其统治大部分时间里，索尔兹伯里主教罗杰（Roger）担任大法官这一重要职务，罗杰原本是卡恩教区的牧师，他的热情给国王留下了深刻印象。罗杰在每年的复活节和米迦勒节召开两次财政会议，会上治安官及其税务官员必须证明其行为的正当性，并平衡账目。最早的财务审计是在一张铺着格子布的长木桌上进行的，"财政部"一词就是从这张桌子上衍生的。

大卫大帝

与亨利一样，大卫一世也是一个受过良好教育的小儿子，在其兄弟们相对早逝后登上王位。作为亨廷顿伯爵和姐夫亨利一世的封臣，大卫已经在英国拥有土地。在许多方面，他是第一位完全诺曼化的苏格兰国王，并继续其父母马尔科姆·坎莫尔和圣玛格丽特的现代化工作。大卫向其王国最大的定居点授予堡垒特许权和其他特权，铸造银币，并鼓励举办集市，以吸引英国和欧洲的商人前来他的王国经商。与亨利一样，他利用王室职位和封建条款下的土地赠予来提升苏格兰王室的权力。他利用诺曼人和佛兰芒人的军队监视其王国边境的叛乱分子，即盖尔人和加洛韦人。1130年，独立的马里人起义被残酷镇压，马里的土地被授予如弗雷斯金·德·莫拉维亚这样的城堡骑士。大卫后来被那些担心他对教会的慷慨会使其继任者陷入贫困的人戏称为"圣人王"（a sair sanct for the Croun）。在亨利统治时期，英格兰和苏格兰两国边界是平静的。直至1135年亨利去世，大卫才开始向南扩张其苏格兰王国，获得诺森伯兰郡以及坎伯兰郡和威斯特摩兰郡的土地。1153年，他在卡莱尔城堡去世，这座来之不易的城堡是他最喜欢的一座，位于最南部的一块领地。

英格兰与法国

1154—1420 年

通过收回诺曼底，亨利一世将其继任者的注意力转移到欧洲大陆。当英格兰在法国的势力达到巅峰时，英格兰国王的地位超越法国国王，但最富有的领土最终从英格兰手中失落。军事远征的费用也对国内产生重要影响。

安茹"帝国"

亨利二世在法国出生和长大，在很大程度上来说，他是一位法国王子。1151 年，他在下卢瓦尔河谷得到了诺曼底和富饶的安茹。一年后，他与欧洲最符合条件的女继承人结婚。作为嫁妆，阿基坦的埃莉诺（Eleanor of Aquitaine）带来与其同名的土地，以及图兰、加斯科涅、缅因和普瓦图。后来一些精明的外交手段又将布列塔尼纳入这一引人注目的财产组合，它比亨利名义上的霸主法国国王的财产还要多。1154 年，斯蒂芬去世后，亨利继承了英格兰王位。东爱尔兰于 1171 年并入。为了管理从索尔韦湾到比利牛斯山脉的大片土地，亨利几乎总在四处巡游，在其统治 35 年间，他只在英格兰待了 13 年。

诺曼底战役的失败

亨利的儿子们最终没能保住留给他们的巨大遗产。"狮心王"

理查(Richard the Lionheart)统治的前半段时间在十字军东征中度过，后半段则为夺回因其缺席时被法国国王侵占的土地而努力奋斗。他的兄弟约翰则遭遇了更大的灾难。1204年3月，法国军队攻占了理查为保护诺曼底而修建的盖亚尔城堡。一年之内，诺曼底、安茹和其他许多地方都丢失了。1214年，约翰挽回这一灾难性局面的希望因其盟友在布文斯的失败而破灭。亨利三世在13世纪30年代和40年代对法国进行的代价高昂的远征，只是掏空了王室国库，并在国内引起怨恨。1259年《巴黎条约》签订后，安茹帝国只剩下加斯科涅和阿基坦的一部分。

大事年表

1154年	亨利二世将英格兰纳入其大陆领地
1259年	英格兰在法国的属地减少到加斯科涅和阿基坦地区
1360年	《布雷蒂尼条约》标志着英格兰在百年战争中达到巅峰
1415—1420年	亨利五世在阿金库尔战役后夺回诺曼底
1422—1453年	亨利六世时期，英格兰在法国的土地丧失

百年战争

尽管遭受了这些灾难性的领土损失，英格兰国王仍继续宣示其对法国王位的所有权。1337年，法国和苏格兰的阴谋以及关于阿基坦的法律纠纷给了爱德华三世一个发动战争的借口。对爱德华来说，战争开始时进行得很顺利。1340年，法国入侵舰队在佛兰德斯北部的斯勒伊斯(Sluis)附近被摧毁。1346年在克雷西及1356年在普瓦捷(Poitiers)，威尔士长弓手被证明对法国骑兵是足够致命的。到1360年《布雷蒂尼条约》签订时，爱德华似乎已经收回安茹帝国以前的大部分领土。爱德华承诺放弃其对法国王位的所有权，但他在阿基坦和加莱的领主身份得到确认。然而，在条约得到批准之前，战争再次爆发，这一次，风水轮流转，局势对英格兰不利。在征战一生后，爱德华被迫于1375年在布鲁日求和，最终他只占领了波尔多、加莱和巴约讷港口周围的三块沿海飞地而已。

阿让库尔战役

1415年，年轻的国王亨利五世决心夺回属于其祖先的法国土地。在前往加莱途中，熟练的长弓手被迫在阿让库尔作战，再次为英格兰国王赢得胜利。至1419年，在法国因内战而四分五裂的情况下，亨利夺回了诺曼底大部分地区，并与勃艮第公爵结成强大的盟友。1420年，亨利与法国国王的女儿订婚，并被确认为其继承人。然而，在两个王国即将统一时，亨利得了痢疾去世，其成果在其幼子的漫长统治岁月中被挥霍殆尽。至1453年，除加莱和英吉利海峡群岛之外，英格兰所拥有的其他法国土地全部丢失了。

战争的代价

海外冒险在国内是要付出代价的。约翰在法国的失败，是导致贵族们疏离的一个关键因素，而这导致了他们1215年的叛乱。约翰被迫接受《大宪章》对其权力的限制。后来的国王发现有必要经常召开会议，以确保男爵们的合作。为支付法国战争而增加的税收，导致了13世纪40年代对亨利三世以及一个世纪以后对爱德华三世的公开批评。事实上，在1376年选举第一任议长时，下议院首次发声批评战争费用。英格兰在法国的冒险也给了苏格兰人、威尔士人和爱尔兰人宝贵的喘息时间和收复失地的机会。

中世纪的爱尔兰

1171—1400 年

在 12 世纪和 13 世纪，爱尔兰似乎正成为一个诺曼模式的中央集权王国，隶属于英格兰王室。14 世纪的两个关键事件，即苏格兰人的入侵和瘟疫，激发了爱尔兰人的反抗，并带来该岛的本土恢复。

图阿斯

1100 年，爱尔兰被划分为由 80 多个图阿斯或小王国以及更多的地区领地组成的国家。这些土地的统治者通常是高尔 – 盖尔人（Gall-Gaels），或称作"外族盖尔人"。他们是北欧和爱尔兰的混合血统，这反映了整个 10 世纪和 11 世纪斯堪的纳维亚武士精英逐渐融入爱尔兰社会中。根据古代盖尔人的习俗，图阿斯的自由人选举他们的国王。然而，在 12 世纪 60 年代，大量盎格鲁 – 诺曼军队的到来威胁到传统的希伯尼社会和政府形式。

"强弓"

爱尔兰地方当权者之间的争端，为盎格鲁 – 诺曼人提供了机会。1166 年，伦斯特（Leinster）国王迪亚米特（Diarmit）被其竞争对手流放，并向英国国王亨利二世寻求支持。三年后，一支由彭布罗克伯爵理查德·德·克莱尔（Richard de Clare）召集的约 600 名骑士组成的盎格鲁－诺曼军队在韦克斯福德郡的班诺湾登陆，表面是为支持迪亚米特的事业。这支部队包括一支威尔士弓箭手分队——这可能解释了德·克莱尔的绰号"强弓"。至1171年，韦克斯福德、沃特福德和都柏林的古老北欧王国均落入迪亚米特和德·克莱尔之手。此时，亨利的介入，打消了德·克莱尔可能怀有的一大想法，即建立一个独立的爱尔兰－诺曼王国。

爱尔兰勋爵

亨利率领4000多名士兵前往爱尔兰行使主权。当他于1171年在沃特福德登陆时，他成为第一位踏上爱尔兰土地的英国国王。在这里，他接受了爱尔兰东部许多小国王的臣服，提醒盎格鲁－诺曼的骑士们和男爵们对自己的地位要有自知之明，并正式将伦斯特的土地赐予德·克莱尔。然而，爱尔兰勋爵（爱尔兰语为Dominus Hiberniae）的头衔被保留给亨利的小儿子约翰，即后来的英格兰国王。约翰两次访问其爱尔兰属地，为巩固盎格鲁－诺曼人在那里的控制权做了大量工作。

盎格鲁－诺曼爱尔兰

诺曼人迅速征服爱尔兰有几个方面原因。当地的爱尔兰精英们四分五裂，缺乏诺曼人那样的军事组织。像在其他属地上一样，诺曼人在卡里克弗格斯等城堡的基础上建立了权力基础设施，例如，在阿斯隆的香农河渡口建立道路和桥梁，促进了贸易以及诺曼人向西面的罗斯康芒和戈尔韦的扩张。12世纪80年代引入了银币，都柏林的王室官僚机构维护着法律。爱尔兰的教会也必须遵守英国的行政模式。到13世纪80年代，爱尔兰的大部分地区被那些支持或默许盎格鲁-诺曼帝国法令的家族控制。爱尔兰土著人的控制权仅限于西南部和北部乌伊尼尔（Ui Neill）的土地。

大事年表

1169 年	彭布罗克伯爵的军队抵达班诺湾
1170 年	彭布罗克结束都柏林古老的"北欧"王国统治
1171 年	亨利二世在沃特福德登陆
1180—1280 年	东部郡诺曼化
1350—1400 年	盖尔人和盎格鲁-爱尔兰贵族的崛起
1377 年	《基尔肯尼法规》阻止精英阶层盖尔化

布鲁斯的入侵

1280 年后，由于苏格兰人对爱尔兰事务的临时干预帮助了爱尔兰人，爱尔兰人对盎格鲁-诺曼入侵的抵抗有所加强。从 1315 年到 1318 年，罗伯特国王的兄弟爱德华·布鲁斯率领一支强大的军队对抗英格兰在爱尔兰的权力中心。对苏格兰人来说，这只是他们迫使爱德华二世坐到谈判桌前的长期斗争中的一个小插曲。许多爱尔兰贵族最初都站在苏格兰人一边，这场为期三年的战役在很大程度上松动了盎格鲁-诺曼人对爱尔兰的控制。盎格鲁-诺曼人在爱尔兰中部的主要定居点被摧毁。1315 年，英格兰的边境哨所阿斯隆遭到严重破坏，导致它从中世纪的记录中消失。

帕莱以外

在布鲁斯干预的混乱之后，英格兰王室努力保持其在爱尔兰原有的统治地位。黑死病似乎也削弱了城镇中的英格兰定居者，而不是乡村中分散的盖尔人。至 1400 年，一些王室要塞或丢失，或被追求自身利益的盎格鲁－爱尔兰贵族所占据，他们被当地的盖尔人同化，并采用爱尔兰语言和习俗。诸如 1367 年的《基尔肯尼法规》等保护统治精英独特的"英格兰化"的法律被忽略。至 1400 年，英格兰的有效控制仅限于都柏林周围戒备森严的土地——帕莱。在帕莱以外，盖尔贵族统治着爱尔兰，他们几乎不受都柏林王室官员的干扰，也不受来自英格兰的徒劳无功的远征军的干扰，例如，1399 年理查二世（Richard II）指挥的远征军。

中世纪的威尔士

1066—1350 年

英格兰人享有的丰富资源，意味着他们通常在威尔士事务中掌握主动权。经过两个世纪的斗争，威尔士人在 13 世纪 80 年代失去了政治独立，但他们的语言和独立的民族意识得到保障。

边境领主

威廉公爵并没有试图入侵威尔士，最初他很乐意与顺从的威尔士王子们合作，比如，他在 1081 年遇到的里斯·阿普·图德（Rhys ap Tewdwr）。诺曼人对威尔士的长期政策在于建立边境领地。在这里，如罗杰大帝、施鲁斯伯里伯爵这样的强人，几乎可以独立于英格兰王室进行统治。边境领主拥有特权，拥有其他地方保留给国王的权利。他们可以不经王室许可而包围城镇、建造城堡和发动战争。虽然边境领主与英格兰王室达成共识，避免与威尔士王子们的直接对抗，但他们所掌握的军事资源确保了 11 世纪和 12 世纪威尔士独立控制下的土地几乎一直处于压力之下。如同在爱尔兰一样，诺曼人对威尔士的渗透是通过广泛建造防御工事和新城镇来支撑的，这些城镇通常由佛兰芒移民驻守，例如在彭布罗克郡。

大事年表

11 世纪 70 年代	罗杰大帝成为施鲁斯伯里伯爵边境领主
1109 年	亨利一世将英格兰的影响力深入威尔士
1129 年	在格拉摩根的尼思建立西斯特会修道院
1260 年	《蒙哥马利条约》中承认卢埃林为威尔士亲王
1282 年	最后一位独立的威尔士亲王卢埃林败亡
13 世纪 80 年代	爱德华一世征服威尔士北部

威尔士教会的融入

诺曼人更广泛的文化影响，可以从威尔士传统的教会管理模式的命运中看出。在 8 世纪和 9 世纪，威尔士教士们已经逐渐习惯了罗马人的方式，但威尔士教会领导人仍然保留了高度的地方自治。随着诺曼人在英国南部树立起他们的文化权威，这种独立性也将结束。1100 年后，威尔士的教会基金会在主教控制下成立，主教希望坎特伯雷修道院发挥领导作用。然而，12 世纪初，威尔士受益于西多会的扩张，西多会的僧侣们在欧洲各地建立了修道院，以开发当地的农业和商业技能。诺曼和威尔士的领主们认识到这些精力充沛、务实的人的经济和精神价值，邀请他们在尼思、玛格姆和特雷加隆附近的斯特拉塔佛罗里达建立修道院。

最后的领袖——卢埃林

对威尔士事务有着浓厚兴趣的强大的英格兰国王有望实现他们的愿望，如 12 世纪的亨利一世。亨利在 1109 年占领了重要的威尔士中心，如卡马森，并在 1121 年迫使北方威尔士人暂时屈服。然而，与苏格兰人一样，威尔士王子们也能迅速发现英格兰的弱点。

威尔士人称之为"我们最后的领袖"的卢埃林·阿普·格鲁菲德（Llywelyn ap Gruffydd），据称其于1282年败亡后，首级曾在伦敦街道上示众。

在12世纪40年代,当英格兰被卷入内战时,许多据点获得解放。卢埃林大帝夷平了几个英格兰城堡和定居点,甚至在13世纪30年代勇猛地赢回格温特。"最后的领袖"卢埃林·阿普·格鲁菲德继续他的工作,夺回了许多被边境领主们占去的领土。13世纪60年代,卢埃林巧妙利用英格兰的分裂,在《蒙哥马利条约》中获得威尔士亲王的头衔,这表明英格兰王室承认其统治权无法远及威尔士。

一个被征服的民族

威尔士命运的这一巅峰时刻是短暂的。在13世纪70年代和80年代,作为威尔士抵抗罗马人、撒克逊人和诺曼人的中心地带,圭内斯被中世纪欧洲最大的城堡链(chain of castles)入侵并压制。与有着广阔北方腹地的苏格兰不同,除了斯诺登尼亚高地,威尔士人没有任何地方可以撤退和重新集结。后来威尔士人于1295年马多格及1316年卢埃林·布伦发起的起义中被轻松镇压。威尔士至此基本处于英格兰王室的统治下。英格兰刑法被引入,英格兰郡政府的管理形式被强加。然而,威尔士人的身份是安全的。威尔士的杰拉尔德(Gerald of Wales)已经描述了威尔士文化的要素,共同文化、语言和民族意识将威尔士人联系在一起。

> **文化繁荣**
>
> 在13世纪80年代,政治独立的丧失对威尔士语言构成严重威胁,威尔士语可能会被英、法强势语言所取代。事实上,随后几十年见证了威尔士文学的繁荣,并在欧洲中世纪伟大诗人之一的达菲德·阿普·格维林(Dafydd ap Gwilym, 1315—1350)的作品中达到巅峰。威尔士语在当时作为一种知识媒介所取得的

成功，反映了威尔士身份的复杂影响，这也是中世纪英国大部分地区生活的一个特征。就像在爱尔兰一样，盎格鲁-诺曼贵族被当地文化同化，并最终促进了当地文化的发展。与诺曼世界的接触也使威尔士诗人受到了大陆丰富的影响，例如，在达菲德的情爱和田园作品中就回荡着普罗旺斯歌曲。

中世纪的苏格兰

1100—1450 年

在整个中世纪，苏格兰有几个政治实体，因为苏格兰国王在中部和东部低地之外几乎没有权力。在西部和北部，盖尔文化和北欧文化各自产生了自己的文明和独特的身份。

诺曼化的苏格兰

1250 年时，一个法国人来到苏格兰王国会感到非常自在。以布鲁斯、孟席斯、海伊和斯图亚特等名字命名的骑士家族——这些名字暴露了其最近的盎格鲁-诺曼血统——掌握着大部分较好的土地。王室的治安官执行着国王的法律。贸易由王室特许状监管，并受银币刺激。国王和他的精英们使用拉丁语、法语并越来越常使用"英语"('Inglis')。本笃会和熙笃会等熟悉的教会组织正努力改善苏格兰的精神和环境。这个苏格兰已经彻底诺曼化，这一事实可能是它在面对来自其较大的南部邻国的持续压力下得以生存的原因。

贸易成功

诺曼化使苏格兰王国的生产力非常高。伯威克、阿伯丁和邓迪等港口对欧洲的木材、鱼类、皮革皮料和羊毛的出口贸易蓬勃发展。来自法夫和洛锡安的煤炭也被运往伦敦。在 14 世纪 70 年代，每年出口 200 多万条毛皮。德国和佛兰芒羊毛商人的公司入驻伯威克海港内他们自己"国家"有围墙的大厅里,每年向苏格兰国库贡献2000多英镑的巨额关税。在北海的另一边,与苏格兰王室有特殊关系的港口,如布鲁日以及后来的米德尔堡,因其对苏格兰商品的垄断贸易而繁荣起来。到1400年,苏格兰商人在北欧的汉萨城市和苏格兰的法国盟友集镇上随处可见。在法国、意大利和低地国家的学院里,像邓斯·司各脱和迈克尔·司各脱这样的学者同样常见。尽管资源有限,但苏格兰王国在经济上取得了相对意义上的成功,这是因为其统治者愿意欢迎来自国外的定居者并采纳他们的新思想。

盖尔人的苏格兰

另一个苏格兰存在于高地线之上以及北部和西部岛屿。这里讲盖尔语和诺恩语,而不是英语和苏格兰语。随着时间推移,高地人口中的凯尔特人和北欧人已经混合在一起,形成一个丰富的盖尔文明,它珍视音乐、诗歌和讲故事,武备也很受重视。由于中世纪盖尔高地人口众多,这给其苏格兰邻居带来了麻烦。远在邓弗姆林的苏格兰国王在这里几乎没有什么影响力。这里的权力掌握在如富有魅力的萨默雷德这样的大酋长手中,他在1154年率领盖尔人、北欧人和爱尔兰人组成的庞大军队深入克莱德河谷。苏格兰国王狮子威廉(William the Lion)多年来一直在努力征服罗斯、凯斯内斯和萨瑟兰。亚历山大二世和罗伯特一世等更成熟的君主意识到,必须在他们的宫廷中为有影响力的盖尔人的王公贵族找到和控制低地的诺曼领主们同样尊贵的位置。

群岛的领主

从1296年到1357年,苏格兰和英格兰之间的长期战争为高地酋长们提供了一个建立权力的机会。如麦克唐纳家族支持布鲁斯家族胜利的酋长们，得到了土地和影响力的奖赏。到 1400 年，麦克唐纳群岛的领主几乎控制了整个苏格兰西部。由于拥有强大的军队和迅捷的"大帆船"舰队，麦克唐纳领主几乎与苏格兰国王一样强大。一支麦克唐纳军队试图洗劫富饶的阿伯丁堡，但在 1411 年哈劳的血腥战役中被艰难阻止了。1462 年，约翰·麦克唐纳甚至与英格兰的爱德华四世结盟，并与其密谋将苏格兰低地王国一分为二。

北欧苏格兰的终结

直到 13 世纪 60 年代，苏格兰西部的大部分地区仍然效忠于卑尔根的挪威国王和特隆赫姆的主教。1263 年，哈肯四世在拉格斯的远征失败后，挪威放弃了赫布里底群岛，三年后以 4000 梅克的转让费和每年 100 梅克租金将其出售给苏格兰。这位穷困潦倒的丹麦基督教教徒于 1468 年至 1469 年将奥克尼和设得兰的权利典当出去。这标志着苏格兰斯堪的纳维亚时代的结束，尽管直到 18 世纪初，北部地区仍在使用北欧方言诺恩语。

大事年表

1154 年	萨默雷德的盖尔军队入侵苏格兰低地
12 世纪 70 年代	狮子威廉在北部各郡的战役
1249—1286 年	亚历山大三世时期的"黄金时代"
1266 年	马格努斯六世将赫布里底群岛和马恩岛割让给苏格兰
1295—1356 年	爱德华一世、爱德华二世和爱德华三世入侵苏格兰
1462 年	群岛领主与爱德华四世密谋瓜分苏格兰
1468—1469 年	苏格兰王室从丹麦获得奥克尼和设得兰

金雀花王朝的帝国梦

1277—1357 年

早期的诺曼国王将其土地视为个人财产。然而，在 13 世纪末，爱德华一世试图实现撒克逊人埃塞尔斯坦的梦想，即在英格兰建立一个统一的帝国。这位金雀花国王前所未有地好战，向苏格兰和威尔士发起了进攻。

长腿爱德华

爱德华于 1272 年登上英格兰王位。33 岁之前，他目睹了父亲亨利三世后期令人失望的统治，尤其是败于法国和西蒙·德·蒙特福特（Simon de Montfort）领导的第二次伯爵战争。登基后，爱德华就很想将其贵族们的精力转移到战争中去，但法国的局势没有给他带来任何现实的成功前景。无论如何，爱德华明白，在重新征服法国土地之前，威尔士和苏格兰的独立问题必须首先得到解决。

击溃威尔士人

1277 年，为了实现其帝国目标，爱德华对圭内斯发起规模空前的军事行动。获胜后，爱德华非常重视强制执行向他公开致敬的行为。此后，1282 年的叛乱者受到出乎意料的野蛮对待，他们被像对待叛徒那样公开折磨和处决。由爱德华的军事工程建筑师、圣乔治的詹姆斯大师修建的巨大的防御工事，在威尔士景观上投下了无法

145

回避的阴影。1282 年后,英格兰化的速度和程度表明,爱德华有意在更大的英格兰王国中让威尔士处于一个完全屈从的地位。1301 年,威尔士亲王的头衔被授予其英格兰继承人,这一头衔现在只是一种荣誉称号,凸显了这种有限的地位。

大事年表

1282 年	威尔士最后一名叛乱者大卫被处决
1283 年	爱德华一世开始建造哈莱克城堡、康维城堡和卡尔纳芬城堡
1284 年	威尔士被纳入英国法律框架
1297 年	威廉·华莱士在斯特灵桥击败英格兰人
1301 年	授予金雀花王子威尔士亲王头衔
1314 年	班诺克本战役的胜利确保了苏格兰的独立

苏格兰霸主

苏格兰王室在 13 世纪 80 年代的失败,使爱德华将注意力转向北方。爱德华对苏格兰问题的首选解决方案是外交手段。1289 年,他计划通过儿子和苏格兰王位继承人玛格丽特之间的婚姻来统一两个王国。这项计划因玛格丽特次年在奥克尼群岛的神秘死亡而受挫。由于众多竞争者争夺苏格兰王位,爱德华利用自己的优势迫使苏格兰贵族承认他为苏格兰的封建领主,然后迅速选定约翰·巴利奥尔(John Balliol)为国王。爱德华期望巴利奥尔能感激地接受自己作为傀儡国王的角色,并支持他在法国的军事行动,当巴利奥尔在 1295 年与法国菲利普四世进行独立谈判时,他感到非常愤怒。

苏格兰之锤

爱德华的报复是无情的。苏格兰将从一个主权王国沦为个人领地。富裕的贸易港口伯威克被洗劫一空，其居民无一例外地遭到屠杀，这一事件令欧洲震惊。1500多名苏格兰领袖被公开要求对爱德华宣誓效忠。苏格兰独立的法律象征——苏格兰大印（The Great Seal of Scotland）被打碎。苏格兰的记录和宪章被移至伦敦，苏格兰王室也被移至伦敦，包括苏格兰国王就职典礼上使用的命运之石。包括圣玛格丽特的黑头巾在内的苏格兰圣物散落于各处。在爱德华的书信中，苏格兰从此被称为一个单纯的领地，而不是王国。巴利奥尔被公开羞辱并被迫退位，成为苏格兰最后一位国王。从此，苏格兰将由一位英国总督统治。

苏格兰民族抵抗

爱德华的残忍无情，以及其在苏格兰的治安官的行为，引发了一场全国性的反抗，起初由莫里伯爵安德鲁（Andrew, Earl of Moray）和低地小地主威廉·华莱士（William Wallace）领导。由于爱德华远在佛兰德斯，起义者于1297年在斯特灵桥击败了一支英格兰军队，华莱士继续袭击英格兰北部。第二年夏天，爱德华击溃苏格兰人，代价是中止了在法国的行动。华莱士于1305年被俘，与爱德华的威尔士对手遭遇了同样的命运。在爱德华于1307年去世后，苏格兰男爵之间的权力斗争得到解决，这于布鲁斯家族有利，苏格兰人下一阶段的抵抗开始了。现在，经验丰富的国王罗伯特一世打着苏格兰的旗号。1307年至1314年间，一场成功的游击战使布鲁斯家族的罗伯特控制了苏格兰几乎所有的城堡。在其人民眼中，罗伯特在班诺克本击败爱德华二世的压倒性胜利，证明了他是真正的苏格兰国王。在14世纪30年代和40年代，爱德华三世继续执行其祖父袭扰苏格兰的政策，但只成功地增强了苏格兰人的民族认同感和集体决心。

黑死病

1348—1351 年

14 世纪早期英国经济增长，这在新城镇、贸易的增长和边境土地耕作中是显而易见的。这种繁荣于 1348 年随着鼠疫——"黑死病"的到来而结束，黑死病在短期内带来了可怕的痛苦，并对旧的社会和政治秩序带来长期的挑战。

"可怕瘟疫的起因"

沿着从黑海到西欧的贸易路线，黑死病于 1348 年 6 月从意大利到达英国。多塞特郡的梅尔科姆可能是英国第一个被感染的地方，起因是一名来自加斯科涅的商船船员染上了瘟疫。它从那里蔓延到英格兰西南部诸郡，在布里斯托尔造成了最严重的损失，该镇的地方志记录："活人几乎无法埋葬死者，繁华的商业街区都已长满了草。"如此多的牧师成为瘟疫的受害者，导致没有多少人能够埋葬死者，巴斯和威尔斯的主教被迫允许所有的基督徒，甚至是妇女，听取垂死者的忏悔。

"1349 年的巨大悲痛"

1349 年春末夏初，瘟疫在英格兰中部和南部蔓延。到 7 月，它已经蔓延到北部各郡。在牛津，地方志记录："学校大门紧闭，学院和礼堂被废弃，几乎没有一处能继续保留。"温切斯特的人口从8000下降到2000。伦敦狭窄的小巷和粪池为携带疾病的老鼠和跳蚤提供了特别受欢迎的环境。在史密斯菲尔德和斯皮特尔克罗夫特修建了新的公墓，但很快就"人满为患"。据估计，伦敦的7万人中有3万人丧生。富人逃离城镇，到乡下避难，但那也无济于事。在汉普郡的克劳利村，人口从400下降到150，直到19世纪50年代才恢复至瘟疫以前的水平。

"圣安德鲁，保佑我们吧"

1349年8月，阿尔玛大主教向教皇报告说，尽管瘟疫夺走了三分之二英格兰人的生命，苏格兰人却奇迹般地幸免于难。事实上，苏格兰人将1349年的事件视为其南部邻居因为伤害他们而遭受的神的报应。为了利用他们的豁免权，一支苏格兰军队在边境附近的塞尔扣克集结，打算让英格兰人雪上加霜。这支军队很快就染上了"英格兰人的恶臭"，受惊的军队迅速散去，导致疾病在整个苏格兰南部蔓延。尽管如此，苏格兰地方志一直记录着比欧洲其他地方更低的死亡率。1349年的寒冬可能遏制了老鼠和跳蚤，而且疾病可能不容易在有着距离甚远且数量寥寥无几的大型定居点的土地上传播。同样，在爱尔兰，生活在城镇的盎格鲁－爱尔兰人受到严重影响，而高地的土著爱尔兰人似乎并没有受到影响。

无根的幽灵

威尔士诗人琼·格钦本人也在1349年突然去世，他留下一份对瘟疫之年恐惧情绪笼罩英国的令人胆寒的记录：

> "我们看到死亡如黑烟般弥漫我们周围,瘟疫断送年轻人的生命,一个无根的幽灵,对年轻美丽的容颜毫无怜悯。不幸的是,我的腋下出现一个先令大小的肿块……逐渐增大……一个白色的肿块……一个无人能幸免的小疖子……像燃烧着的煤渣……讨厌的疹子,来得真不是时候。"

黑死病之后的生活

"黑死病"('great mortality')在1350年后几个月里逐渐消失,但在1361年再次出现,并在14世纪70年代和80年代又一次出现。它给英国社会和经济留下了深刻印记。瘟疫对城市贫民的打击最大,尽管幸存下来的工人和工匠发现对他们服务的需求大大增加,而且他们可以要求更多的报酬。议会通过法律来应对,试图控制工人工资的上涨。教会领袖哀叹犯罪率的上升,特别是在伦敦和较大的城镇,并哀叹那些决心及时行乐的幸存者道德观的改变。议会再次通过法律做出回应,这一次是试图限制新近富裕起来的下层阶级穿上曾经属于贵族的衣服。事实证明,往往是中产阶级足够灵活,能够从经济混乱中获益。传统的精英们现在不得不适应更富有的中产阶级,这些中产阶级迅速质疑权威,并对乔叟(Chaucer)在《坎特伯雷故事集》中对传统价值观的嘲弄感到欣喜。

尽管人们祈祷和自我鞭笞,瘟疫还是消灭了大部分人口,它导致了社会的深刻变化,特别是在遭受重创的城市工人中。

王朝纷争

1450—1499 年

英格兰和苏格兰的国王们经常不安地戴着他们的王冠。亨利二世和亨利三世不得不向他们的男爵们做出重大让步。爱德华二世和理查二世都在贵族对手面前输掉了王位和生命。然而,玫瑰战争是一场规模不同的危机,它扰乱了英格兰数十年的稳定。

根本原因

1450 年后,主导英格兰事件的内战并非独一无二。此时法国、西班牙和苏格兰也因派系阴谋而四分五裂。然而,约克家族和兰开斯特家族之间的斗争持续 30 多年,严重削弱了英格兰政府。这场战争源于 1399 年理查二世被废黜和谋杀,其表兄博林布罗克篡夺了王位,成为亨利四世。新国王通过镇压威尔士的欧文·格林杜尔(Owain Glyndwr)和北方的珀西权贵们的叛乱,巩固了他那还不稳固的王权。亨利五世的短暂统治非常成功,导致其统治合法性问题被忽略。只有在无能的亨利六世统治的灾难性岁月里,兰开斯特家族的统治权才受到严格审查。

战争的命运

在战争的第一阶段,约克家族的理查德对王位提出更多的要求,但其于1460年在威克菲尔德战败。第二年,理查德的儿子在汤顿为父亲复仇。在"造王者"沃里克伯爵的支持下,他以爱德华四世的身份统治9年。当沃里克在1470年转而支持兰开斯特家族时,爱德华发现自己被废黜并流放至勃艮第。亨利六世曾短暂恢复元气,直至第二年春天爱德华返回,在巴尼特击败了沃里克,并于1471年在蒂克斯伯里(Tewkesbury)击败亨利顽强的妻子玛格丽特。亨利在伦敦塔被谋杀,爱德华小心翼翼地统治,直至1483年早逝。他的弟弟理查三世是一名勇敢的战士,但却是个糟糕的政治家,未能建立起一个支持联盟。1485年,亨利·都铎在博斯沃思击败理查德,并试图统一王国,但直到15世纪末,约克家族的伪装者和阴谋都在断断续续地出现。

内战的代价

英格兰在这些年的冲突中受到严重破坏。这些战役所涉及的军队规模之大,在英格兰国土上是前所未见的。战争也特别残酷,约克的理查德的尸体被公开肢解就是证明,就连同时代的人也对流血事件感到震惊。政府陷入派系斗争,约克家族和博福特家族之间的血仇破坏了整个地区的面貌。随着战争从一个阶段发展到下一个阶段,法国和勃艮第的宫廷里不乏英国流亡者,他们在寻找军队和支持。现在轮到英国乡村首当其冲承受外国资助的雇佣军的冲击了。

1399—1485年的英国统治者

兰开斯特	亨利四世,1399—1413年
兰开斯特	亨利五世,1413—1422年
兰开斯特	亨利六世,1422—1453年(患病)

(续表)

约克	护国公约克公爵理查德，1453—1455 年
兰开斯特	亨利六世于 1455—1461 年重新掌权（被废黜）
约克	爱德华四世，1461—1470 年（被废黜）
兰开斯特	亨利六世于 1470—1471 年重新掌权（被谋杀）
约克	爱德华四世于 1471—1483 年重新掌权
约克	爱德华五世，1483 年 4—6 月（失踪）
约克	理查三世，1483—1485 年（战死）

道格拉斯的威胁

这一次，苏格兰人没能利用英格兰的混乱，因为斯图亚特国王也有自己的贵族困境。在西部，群岛领主约翰·麦克唐纳野心勃勃地想在英国舞台上扮演一个当权者。更持久的是来自强大的道格拉斯家族的挑战，该家族拥有夺取王国的工具。他们错综复杂的家族网络确保了王国每一个角落的义务和忠诚，像洛锡安坦塔隆这样巨大的堡垒的入口也不例外。1400 年，苏格兰最有权势的人不是君主，而是道格拉斯伯爵——冷酷的阿奇博尔德（Archibald），他可以在他的塞里夫堡中肆无忌惮地侮辱斯图亚特国王。为了应对这一威胁，斯图亚特家族不得不在军队和大炮方面投入巨资，并培养出新一代可靠的贵族，如坎贝尔伯爵。尽管道格拉斯家族在 15 世纪 50 年代被彻底击溃，但苏格兰国王们不得不对心怀不满的贵族保持警惕，以免自己遭遇与詹姆斯三世同样的命运，后者于 1488 年在绍奇本被其一支附庸国的军队击败并谋杀。

人口与经济

1100—1400 年

中世纪晚期曾被视为一个几乎不受社会或经济变化影响的时期，农奴们不停地耕种土地，而封建领主们则为战争进行训练。这种虚幻的情景让人们对中世纪时的经济活力以及它所服务的不断变化的社会有了更清晰的认识。

中世纪的英国人口

现存资料的零散性意味着很难精确计算出中世纪英国的人口。根据《末日审判书》的推断，居住在英格兰的人数从1086年约100万增加到1290年约400万。同一时期，苏格兰的人口被认为从50万左右增长到1296年英格兰入侵时的100万左右，而在13世纪80年代最后的卢埃林时代，可能有30万到40万人口生活在威尔士。因此，英格兰是中世纪英国人口最多的地方，在某种程度上也是最富的地方。然而，我们应该记住，在14世纪中叶的法国，大约有2000万人生活在那里，其中将近一半是英格兰国王的臣民。

城镇增加

在1315年前后的饥荒和1349年后的流行病之前，中世纪英格兰城镇的经济在1100年之后普遍稳定地增长。1300年，伦敦拥有

7万多人口，在英国城镇中是无与伦比的。下一个最大的"英国"城镇是加斯科涅的波尔多，有3万多人。约克有1.5万人，布里斯托尔和都柏林都有大约1万人，位列其后。苏格兰的城镇规模较小，这反映了苏格兰人口在整个王国的分散情况。苏格兰最大的自治市——伯威克、阿伯丁和快速崛起的爱丁堡，每一个自治市拥有不到5000名居民。随着1250年后朝圣交通的增加，林肯、坎特伯雷和法夫的圣安德鲁斯等大教堂中心的规模稳步增长，但最明显的增长是商业集镇的数量。至1290年，英国有600多个特许行政区和2400多个定居点拥有集市。然而，尽管这一时期城镇创造了越来越多的财富，但英国只有大约10%的人口生活在城镇环境中。我们大多数的中世纪祖先都是农民。

乡村生活

我们普遍认为中世纪的农村生活是静止不变的，这是不准确的，因为在1100年至1400年间，英国农村发生了巨大变化。耕作方式更加多样化，新技术对粮食生产产生了有益影响。在英格兰的许多地方，实行的是典型的露天条播耕作制度，而在整个中世纪的苏格兰，公共的垄沟系统也很普遍。然而，相比于历史学家们的想象，中世纪的地主和佃农往往更快地根据当时地理和市场条件调整其方法和做法。1350年之前，不断增长的人口为农产品创造了需求和强劲的价格，因此，管理土地——包括耕地和牧地——的面积，都在不断增长。这一时期农业发展的典型特征是在12世纪末引入风车。这些风车有很多用途，但在帮助英国东部平坦的土地排水方面有特别的价值。虽然在苏格兰受到抵制，但以马代牛的做法使农民能够更快地耕种更大范围的土地。1400年后，农奴制的衰落，以及农场劳动力的相对稀缺和高成本，促使许多土地所有者专注于畜牧业，这不需要多少人手。

不断发展的现金经济

在早期封建制度中，土地被授予以换取兵役或劳役服务。在英格兰，这些义务很快被折算成现金支付。到1150年，在许多较大的庄园里，租户定期向其地主支付现金租金。许多领主，包括王室，越来越喜欢用钱来支付，他们可以用钱来雇佣专业部队。王室官员也更喜欢以现金支付作为税收，而不是服务行为。为了推动日益发展的现金经济，王室铸币厂发行了越来越多的货币，可以用现金购买的服务范围也成倍增加。在城镇，职业变得更加专业化。

羊毛和贸易

羊毛以及1375年后的毛布出口，到1450年成为英格兰国库和苏格兰国库的最大贡献者。在羊毛贸易的支持下，与欧洲的贸易联系扩大了。来自英国南部港口的船只在与加斯科涅和葡萄牙的葡萄酒贸易中表现出色。东部港口，如波士顿，是羊毛航运贸易的主要中心，着眼于低地国家的纺织品市场，而苏格兰人，尽管与法国有政治联系，但他们与丹麦和波罗的海世界的贸易日益增加。

文化与认同

1350—1500 年

中世纪后期,在英法战争的刺激下,民族情绪高涨。早期更为封建的时期潜藏的国际可能性消失了。战争也有助于英国议会逐渐演变为一个国家机构。

特定国家的君王

在 12 世纪,英格兰的亨利一世和苏格兰的大卫一世可能已经交换了王位,并被他们的新臣民愉快地接受为国王。然而,到了 14 世纪,君主们已经与 1400 年后强化的特定国家认同更加紧密相连。亨利五世不可能在"邓弗姆林镇"的王位上舒适地坐很久。英格兰人统治整个英国的愿望在促进威尔士和苏格兰的民族主义方面发挥了作用。英国的民族主义也从与法国的战争中得到类似的推动。百年战争开始时是一场争夺土地和所有权的封建竞争,结束时却是一场雏形民族国家之间的斗争。由于输给了法国,1480 年的英格兰比 1180 年时更加孤立,但可以说更倾向于关注英国事务。

身份和自由

传统上,早期的历史学家过分简化了中世纪国王与其臣民之间不断变化的关系。然而,到了 1450 年,国王应在重要事务上与议会协商的想法有了稍微坚实的基础,虽然拥有现金储备、强大而有魅力的国王仍然可以随心所欲。在这一时期,议会从王室委员会演变为一个具有国家权限的机构,这一过程痛苦而缓慢,几乎无法察觉。在被迫承认《大宪章》和1258年至1259年的《牛津和威斯敏斯特法案》中所表达的王权限制时,王室失去了地位。议会逐渐获得一些特权和责任,如1362年议会有权商定羊毛的关税水平。议会逐渐成为错综复杂的英国宪法的一个焦点。理查二世下台的故事在一系列议会中上演,议会在这些故事中或批评或支持国王。同样,长期战争常常迫使经济窘迫的国王以相当尊重的语气对待议会。在1320年的《阿布鲁斯宣言》(*Declaration of Arbroath*)中,苏格兰王国的社会各界人士甚至表示,国王是"经我们所有人的适当同意和赞同"而立的,人民可以抛弃一个放弃王国法律和习俗的国王。

作家和身份

随着识字率的提高,书面文字在塑造民族意识方面发挥了更大作用。为了反驳古代英格兰人的霸权主张,一批苏格兰历史学家被鼓励证明苏格兰一直是一个独特的主权国家。史诗文学保留了华莱士和布鲁斯的荣耀,但缺乏诗意表现的英雄,如莫里的安德鲁,则陷入默默无闻的境地。游吟诗人因其宣传价值和艺术品质在卢埃林的宫廷中受到尊敬。在英格兰,方言对拉丁语和法语的胜利是至关重要的。乔叟的《坎特伯雷故事集》和威廉·朗格朗(William Langland)的《皮尔斯·普洛曼》对发展一种新兴文化自信起到了重要作用。这些作品中的反教会以及社会改革的情绪,与威克利夫和洛拉德的教义相呼应,标志着一个更加复杂、不那么顺从的社会在逐步发展。

1381年,农民起义

1379年,为资助对法国的战争而征收的人头税引发了席卷英格兰的骚乱,并在叛军向伦敦进军过程中达到高潮。庄园记录被烧毁,不受欢迎的官员被要求为他们大肆征收税赋付出代价。少年国王理查二世在史密斯菲尔德会见了叛军领袖,先假装满足他们的要求,之后围捕并处决了他们,危机才得以化解。

这场叛乱得到了英国社会更广泛的支持,比其名义上的要多。尽管这场起义主要是针对不公正的经济状况的抗议,但它由广泛的担忧和恐惧相互作用而引发。传统农业习俗的改变、黑死病后生活的不确定性以及对法国战争的失望和花费都促成了这场动乱。因此,农民起义让我们对中世纪英国普通民众心态有了难得的一瞥,他们的生活和担忧很少反映在现存的记录中。

大事年表

1215年	贵族通过《大宪章》限制国王约翰的权力
1320年	《阿布鲁斯宣言》宣布苏格兰独立
1337—1453年	百年战争加剧英国民族主义情绪
大约1370年	威廉·朗格朗撰写《皮尔斯·普洛曼》
1375年	苏格兰诗人约翰·巴伯写作史诗《布鲁斯》
14世纪80—90年代	杰弗里·乔叟写作《坎特伯雷故事集》

[第五章]
近代早期的英国

文艺复兴时期的三位国王

1485—1547 年

在边境两侧，都铎王朝和斯图亚特王朝的国王们都在努力实现文艺复兴君主的理想，他们坚定而明智地执政，并鼓励艺术和科学蓬勃发展。

亨利七世（1485—1509 年在位）

亨利·都铎继承了一个因 30 年的王朝争斗而疲惫不堪的王国。王室国库空虚，君主的频繁更迭使国王地位下降。尽管亨利在 1486 年与约克家族的伊丽莎白结婚，但他对王位没有很强的占有欲。他很快受到伪装者兰伯特·西姆内尔（the pretender Lambert Simnel）的挑战，此人有 8000 名爱尔兰和大陆雇佣军的支持，由约克派的林肯伯爵指挥。1487 年，亨利在斯托克战役中险胜，他的许多贵族敌人都在这场战役中轻易倒下，结束了玫瑰战争。

强势政府

亨利的首要任务是使王室的财政状况有一个良好的基础。他对财政官员的工作非常关心，到他统治结束时，王室的年收入几乎增加了两倍，超过 14 万英镑。为了确保英国繁荣所依赖的和平，亨利的女儿们都嫁入苏格兰和法国王室。与法国的良好关系是对他们在 1485 年支持他的入侵的回报，但也确保了巴黎不太可能支持未来的约克党的阴谋。

星室法庭

亨利决心将英国贵族的规模进行削减。只有最忠诚的家族才被允许保留他们的领地。治安官即从下层绅士中抽调出来的无偿地方官员，越来越多地在郡内维护国王的法律。这些"新人"热衷于与王室结盟，是可靠的、相对便宜的制衡力量，可与大权贵抗衡。法律禁止维持大家族的军人，限制了大领主的私人军队。亨利还利用星室法庭加快那些在地方法院受阻的案件的审理速度，因为在地方法院中，知名人士可以对法官和证人施加不适当的影响。担任星室法庭法官的枢密院议员们秘密开会，宣读以书面证词形式提交的案件，而不求助于证人或陪审团。对他们的决定不能提出上诉，即使是最尊贵的被告人。

詹姆斯四世（1488—1513年在位）

苏格兰的詹姆斯四世能说九种语言——拉丁语、苏格兰语、盖尔语、法语、德语、丹麦语、佛兰芒语、意大利语和西班牙语，是文艺复兴时期出类拔萃的君主。詹姆斯对学习的热衷体现在1496年法案中，该法案要求所有自由民在文法学校教育他们的儿子，直到他们能"完美运用拉丁文"。国王对科学的兴趣导致1505年皇家外科医生学院的成立，以及现代枪支铸造厂和船坞的建立。他的旗舰大迈克尔号于1511年下水，是当时欧洲最大的舰船，重达1000多吨，载有300门火炮。毫无悬念，1493年，詹姆斯率领海军远征队进入西部高地，征服了半独立的群岛领主后，詹姆斯在其王位上坐得十分稳当。

亨利的妻子们

亨利与西班牙的凯瑟琳的婚姻有一个女儿,他与博林的结合也是如此。因为生了一个儿子,亨利记住了简·西摩是他"唯一真正的妻子"。他的第二任和第五任妻子被处死,这既是亨利日益严重的专制表现,也是他对诞下男性继承人的绝望。她们的被害是暴君宫廷里的重大政治事件,因为博林和霍华德的许多亲朋好友都被牵涉进来。

在亨利的这些妻子中,只有克利夫斯的安妮(左下)和凯瑟琳·帕尔(右下)比他活得长。

亨利八世(1509—1547年在位)

这位年轻国王的统治有一个良好的开端,因为他似乎具有文艺复兴时期君主应有的所有美德。同时代的人对他的描述各不相同,有的说他是运动健将,有的说他很聪明,有的说他很虔诚,有的说他很博学，有的说他和蔼可亲。他对艺术，尤其是音乐和建筑，是慷慨的赞助人。此外，他继承了一个富裕的国库和一个与邻国和平相处的繁荣王国。然而，随着时间的推移，亨利对政府缺乏持续的兴趣，导致他过度依赖其重臣托马斯·沃尔西（Thomas Wolsey）和托马斯·克伦威尔（Thomas Cromwell）。在其统治期间，议会影响力显著增长，因为国王的宗教和王朝政策合法化需要国家认同的表象。亨利需要一个男性继承人，因此他的婚姻出现了麻烦，这使他与教皇和欧洲天主教势力发生冲突。宗教的紧张局势导致在1536年爆发了"求恩巡礼"事件（Pilgrimage of Grace），这是一场对与罗马决裂不满的北方天主教教徒的叛乱。16世纪40年代与苏格兰和法国的无利可图的战争使英国王室破产，并导致货币贬值和通货膨胀。亨利无法确保自己的血统（他仅有的后代是一个多病的儿子和两个女儿），这是他统治时期最大的失败，也导致了都铎王朝的灭亡。

英格兰宗教改革

1533—1553 年

尽管有早期的改革运动，但亨利八世的教会改革是出于王朝而非宗教的考虑。他与罗马的决裂对整个不列颠和爱尔兰群岛产生了重大影响，并重新界定了英格兰与欧洲天主教大国的关系。

1350—1450 年，威克利夫和罗拉德派

在整个中世纪后期，英格兰都有对教会改革的呼声。其中最响亮的声音是牛津大学的神学家约翰·威克利夫（John Wycliffe），他希望教会接受其使徒出身的贫穷。威克利夫特别批评了教皇和富有的修道会。为了传播对福音的理解，他还将《新约》翻译成英文。由于贸易的发展和"中产阶级"识字率的普及，威克利夫的思想在一个正在变化的社会中引起了共鸣。他强调个人的虔诚和经文是救赎的源泉，而不是服从教会等级制度，这激发了被称为"罗拉德"或被其诋毁者称为"喃喃自语"的流行运动。然而，民众起义领袖对罗拉德思想的拥护使当局相信，教会改革将导致社会动荡。结果，罗拉德派遭到迫害，其领导人被当作异端烧死。该运动转入地下，但它帮助英国人为 16 世纪 30 年代的重大事件做好准备。

虽然亨利八世有着冷酷的丈夫和暴君的恶名,但他是个博学多才的人,也是个慷慨的艺术赞助者。

信仰捍卫者

作为一个社会保守派和忠诚的天主教教徒,亨利八世本能地反对改革思想,这些思想在马丁·路德对教会最严重的滥用行为进行"抗议"后,在整个北欧遍地开花。亨利甚至宣布捍卫天主教传统和教皇至高无上,尽管这部作品可能是由天主教人文主义者托马斯·莫尔(Thomas More)撰写的。1521年,心怀感激的教皇利奥十世(Leo X)以信仰捍卫者(Fidei Defensor)的头衔奖励亨利的忠诚。

英国至上主义

十多年后,亨利又陷入与罗马的权力较量中。亨利迫切希望有一个男性继承人,因此他要求取消他与阿拉贡的凯瑟琳的婚姻。教皇克莱门特七世(Clement VII)拒绝了,因为他害怕查理五世(Charles V)——神圣罗马帝国皇帝、西班牙国王、意大利大部分地区的主人即凯瑟琳的叔叔。亨利越来越绝望,导致他被逐出教会,并拒绝接受教皇对英格兰圣公会的管辖权。1533年和1534年的一系列法案确定了英格兰的教权独立于罗马。主教将由君主提名。对英国教会法庭的上诉不能再向教皇提出。根据《至尊法案》(Act of Supremacy),君主成为英格兰圣公会的"唯一最高领袖"。值得注意的是,英格兰被宣布为"帝国",任何外国势力都不能对其拥有主权。从此以后,英格兰不仅与教皇,而且与欧洲的天主教国家相对立。

解散修道院

1534年的《叛国法案》(Treason Act)等法律确保了对亨利的新教教会秩序的服从。持不同政见者被处决,特别是国王的老朋友、大法官托马斯·莫尔爵士,他无法公开支持亨利的行动。1536年和

1539年的法规允许亨利解散英格兰各地的许多修道院基金会，并没收它们的丰富资产和大片土地。这让他的宫廷里日益壮大的改革派感到高兴，而且，如果不是与苏格兰和法国发生的代价高昂的战争迫使亨利向富有的贵族和商人出卖土地的话，国王金库里的钱就会堆积如山了。结果，英格兰的大片土地从教会控制转为非教会控制。

新教英格兰

亨利的宗教改革基本上是一场"自上而下的革命"，其性质是行政改革而非宗教改革，亨利基本上满足于取代教皇成为教会领袖。1537年出版了一本官方英文《圣经》，此举鼓励了新教改革者所青睐的《圣经》反思，但亨利在更深刻的教义变革面前退缩了。只有在爱德华六世短暂而混乱的统治时期（1547—1553年在位），英格兰才成为一个真正的新教国家。护国公萨默塞特于1549年强制要求使用《公祷书》（*Book of Common Prayer*），并在教堂礼拜中使用英语。在诺森伯兰统治时期，英国教会采取了更激进的新教形式。天主教习俗的外在装饰，如牧师法衣、教堂装饰和圣徒的节日都被改革或废除了。教会教义和礼拜仪式反映了来自欧洲的强硬派新教传教士日益增长的影响力，这些传教士现在聚集在伦敦和较大的英国港口城市。

大事年表

1380年	约翰·威克利夫把《圣经》翻译成英语
1534年	拒绝承认亨利为教会领袖的行为被定为叛国罪
1536年	较小的修道院由王室控制并解散
1539年	出版官方英文《大圣经》（*Great Bible*）
1549年	《公祷书》被引入英国教堂

英国宗教改革

1535—1570 年

新教在苏格兰和威尔士的成功，是它们最终融入英国的重要一步。在爱尔兰，宗教改革似乎取得了成功，但根基浅薄。

1534—1541 年，爱尔兰

亨利与罗马的决裂立即引发了爱尔兰天主教领主的反应。基尔代尔伯爵领导了叛乱，结果却让皇帝查理五世取代了异教徒亨利进而当上了爱尔兰领主。然而，只要英国的控制权得到重新确认，爱尔兰教会的改革就似乎进展顺利。1537 年，爱尔兰议会承认亨利作为爱尔兰教会领袖的地位，并同意解散修道院。土著领主们的顺从是用一部分利益收买的。四年后，都柏林议会默许亨利晋升为爱尔兰国王。然而，在都柏林之外，大部分爱尔兰人仍然是天主教教徒，未来伦敦的新教君主们会担心爱尔兰有可能成为外国入侵的跳板。

1534—1551 年，威尔士

亨利的宗教改革在威尔士被悄悄地接受。威尔士神职人员进行了必要的宣誓，对许多僧侣来说，被驱逐出修道院后，作为教区牧师的新职位带来了津贴和养老金，这让他们很高兴。与英格兰一样，当王室出售修道院土地时，威尔士贵族是主要受益者。1549 年和

1552年强制使用的英语祈祷书对威尔士语构成了严重威胁，但威廉·萨斯伯里对福音书和祈祷书的非官方翻译化解了语言问题。由于这些以及后来在1567年和1588年的官方翻译，威尔士实现了从口头文化到印刷文化的过渡。在1536年至1543年间，一系列将威尔士纳入英国行政体系的法案同样没有遇到什么阻力。许多人对废除独立的威尔士法律感到遗憾，但根据法律规定，威尔士王室臣民现在至少在各方面与英格兰人是平等的。

1528—1560年，苏格兰

苏格兰的宗教改革从一开始就更具意识形态性和政治色彩。广泛的识字率以及与英格兰和低地国家的联系，意味着新教思想在苏格兰中部和东部的城镇迅速传播。在16世纪30年代英格兰发生的事件之后，国际层面的阴影笼罩着苏格兰的宗教辩论。南部的危险邻国现在名义上是新教，而苏格兰的传统盟友法国则是坚定的天主教。改革者寻求伦敦支持，而红衣主教比顿（Beaton）等教会领袖则坚定地站在法国阵营中。

大事年表

1535—1542年	威尔士和英格兰在法律上合二为一
1537年	亨利八世在爱尔兰"复制"其教会改革
1544—1551年	亨利八世和护国公萨默塞特对苏格兰的"粗暴追求"
1560年	苏格兰议会通过法律废除旧教会
1567年	第一次将完整的《圣经》翻译成威尔士语

英国还是法国？

在 16 世纪 40 年代，亨利八世和护国公萨默塞特试图迫使苏格兰人接受与英格兰结盟，并放弃与法国的关系。屡次入侵带来丰厚的战利品，并在平克战役（Battle of Pinkie）中取得了军事成功，但这只加强了苏格兰的反英情绪。无奈之下，萨默塞特打出了新教英国牌，赞助发行一些小册子，鼓励苏格兰人摆脱"神父和青蛙"的枷锁。宣传和恐吓都没有奏效。相反，苏格兰年幼的玛丽女王被送到法国与王储结婚。她的母亲吉斯的玛丽在苏格兰掌权。一支由 5000 人组成的法国军队驻扎在重要的利斯港，法国官员在苏格兰担任要职。苏格兰作为法国天主教盟友的地位似乎很稳固。

1560 年，新教革命

苏格兰突然转向新教，而且和英格兰一样，这与权力政治和宗教理想有很大关系。许多苏格兰人在 16 世纪 50 年代就已经不再参加天主教弥撒，而宁愿参加私人祈祷会。1557 年的圣约在苏格兰得到了广泛支持，该圣约设想建立一个改革教会，许多苏格兰人对天主教当局将一名 83 岁的牧师作为异端烧死的决定感到震惊。然而，苏格兰宗教改革的关键事件是新教教徒伊丽莎白于 1558 年成为英格兰女王。她决心将苏格兰牢牢置于英格兰控制之下。

诸如加尔文派的约翰·诺克斯这样的新教煽动者很快就开始工作了。1559 年，诺克斯在珀斯的布道中反对偶像崇拜，激发了当年夏天许多新教暴徒的行动，他们打算"清洗"教堂里的天主教物品。同时，英国军队在吉斯的玛丽的垂死挣扎下将法国人赶出了利斯。随着与法国的老同盟（Auld Alliance）的结束，苏格兰三级会议（Three Estates of Scotland）于1560年举行会议，通过了一系列法案，将苏格兰变成了一个新教王国。教皇的权威被否定，天主教弥撒被禁止。次年，加尔文派的《教规》规定了新的改革派的严格教义和做法。

女性统治

1553—1603 年

在一个《圣经》和传统都强调男性主导地位的时代，有三位女性成为君主。她们面临着宗教改革事件所带来的宗教和王朝问题的复杂交织的局面。

"血腥玛丽"

玛丽是一位虔诚的天主教教徒，当她父亲与阿拉贡的凯瑟琳的婚姻被取消时，她被剥夺继承权并宣布为私生子。尽管她依附于旧有的教会，但她还是在1553年登基，让新教的简·格雷夫人（Lady Jane Grey）登上王位的阴谋很快就破灭了。玛丽的统治主要有两个目标：恢复天主教教会和生一个天主教继承人。新教的坎特伯雷大主教克兰默被处死，由她的顾问红衣主教波尔取代。近300名新教"异端"在玛丽的迫害中被烧死。1554年，当她与西班牙的菲利普结婚时，民众的不满情绪增加了，这段婚姻没有孩子，却引发了人们对英格兰可能成为庞大的哈布斯堡帝国的一个省的担忧。1558年，玛丽在西班牙与法国的战争中支持西班牙，导致英格兰在法国的最后一块领地加莱的丧失。在几次虚假怀孕后，玛丽去世，年仅42岁。新教的英格兰欢欣鼓舞。

双王共治

1561年，天主教公主玛丽·斯图亚特（Mary Stewart）从法国返回新教苏格兰时，面临着一项艰巨任务。然而，玛丽的统治有一个良好开端。玛丽很聪明，受过良好教育，了解自己不稳定的处境。她对自己的宗教信仰"淡然处之"，私下里举行天主教弥撒，但没有采取任何行动来干涉受欢迎的国家教会。1562年，她小心翼翼地站在她的新教同父异母兄弟詹姆斯·莫里一边，反对伟大的天主教巨头亨特利的戈登伯爵。巧妙的宣传提高了她的声望，化解了来自新教传教士的威胁。到1565年，苏格兰女王玛丽似乎安全了。她后来的垮台源于她需要一个继承人。她与她的天主教亲戚亨利·达恩利结婚，后者身上流着都铎王朝和斯图亚特王朝的血液，这让害怕天主教王朝的苏格兰新教教徒们感到担忧。这也让英格兰的伊丽莎白感到震惊，因为这种结合产生的任何后代都会强化对英国王位的要求。1565年后，对玛丽的支持逐渐消失。达恩利在一次爆炸中神秘死亡，而她在一次新教仪式上与可能是凶手的博思韦尔结婚，这让天主教和新教的贵族阶层都感到震惊。她的统治以被迫退位和被囚禁在岛上的洛赫勒文要塞而告终。在经历了一次戏剧性的逃亡和一次失败的政变后，玛丽逃到了英格兰，希望得到表妹伊丽莎白的保护和支持。在那里，她又忍受了19年的监禁，直至1587年，天主教教徒阴谋将她推上英格兰王位的传闻不绝于耳，这最终将玛丽带到了福瑟林格（Fotheringhay）的街区的刑场。

大事年表

1553年	天主教教徒玛丽一世继承英国王位
1555—1558年	追随玛丽的保皇派对英国著名的新教教徒进行迫害

(续表)

1558 年	新教教徒伊丽莎白在英格兰登基
1561 年	玛丽·斯图亚特继承苏格兰王位
1567 年	玛丽·斯图亚特失去对苏格兰的控制,被迫退位

伊丽莎白的妥协

伊丽莎白从她兄弟姐妹的统治所经历的激烈的宗教冲突中吸取教训。1554年,她本人也曾在针对玛丽的新教阴谋中被错误牵连,差点被害。她的解决办法是妥协。只要她的臣民表面上符合她温和的新教教会,她就不会"打开人们灵魂的窗户"。她本人在宗教问题上很务实,把秩序和稳定看得比教义的纯洁性更重要。在作为女王的44年中,她使英国教会有时间在国民的想象中安定下来,也有时间让新教成为英国民族主义的一个重要因素。所有复兴英国天主教的努力,例如1569年的北方起义(Northern Rising),都遭到了残酷的镇压。在她漫长的统治期结束时,只有她最年长的臣民还记得宗教改革前的天主教政权。她同样反对清教教徒采取任何行动,这些行动会以苏格兰模式的长老会形式取代她的教会的"公教"基调。

童贞女王

像所有都铎王朝的君主一样,伊丽莎白也被自己的继承权问题困扰。她的姐姐玛丽与西班牙结盟的例子提醒她,与外国王子结婚可能会打破欧洲的权力平衡,扰乱王国的内部安全。与英国贵族的婚姻也会引发派系争斗,并导致宫廷分裂。伊丽莎白更愿意鼓励人们对无私的君主的崇拜,这位君主把人民的需要放在她自己作为一个女人的幸福之前。她在她的王国里的漫长旅程或巡游是塑造荣光女王（Gloriana）形象的一个重要因素。建筑、音乐和戏剧在为国家服务的过程中蓬勃发展，同样蓬勃发展的还有为装饰和庆祝伊丽莎白统治而举行适当的仪式和游行所需的更为短暂的艺术。

君主联合

1503—1603 年

一个主权独立的苏格兰的存在，一直是英国王室面临的一个严重问题。1503 年后的王朝事件开始了将苏格兰纳入一个统一的英国的缓慢进程。

蓟与玫瑰

1503 年 8 月，苏格兰的詹姆斯四世与英格兰公主玛格丽特·都铎在爱丁堡郊外的荷里路德修道院结婚。与许多精明的祖先一样，玛格丽特的父亲亨利七世深知确保英格兰北部边境和平的重要性。相比之下，苏格兰国王经常通过与欧洲新娘的婚姻来彰显苏格兰的独立及其与大陆盟友的联系。亨利在世时，备受吹捧的"蓟与玫瑰的结合"巩固了两位国王之间的友谊，但在 1509 年亨利去世后，詹姆斯可以自由恢复"古老的联盟"。当亨利八世 1513 年入侵法国时，詹姆斯支持法国人，并率领一支 26000 多人的大军一起进军，在科尔德斯特里姆（Coldstream）附近的弗洛登身亡。尽管如此，他还是留下一个儿子——詹姆斯五世，他继承了斯图亚特和都铎的血统。詹姆斯及其后代对两个王国的王位都有着强烈的占有欲。

伊丽莎白一世统治英格兰44年，在这段相对稳定的时期，新教扎下了根。伊丽莎白被称为"童贞女王"，她将全副身心投入到国家的统治中。

大事年表

1503 年	詹姆斯四世与玛格丽特·都铎结婚
1513 年	詹姆斯四世死于科尔德斯特里姆附近的弗洛登战场
1543 年	亨利八世设法吞并苏格兰
1544 年	赫特福德的"粗暴的追求"(对苏格兰的突袭)
1567 年	玛丽·斯图亚特与达恩利的婚姻生下了继承人詹姆斯·斯图亚特
1586 年	《伯威克条约》使苏格兰和英国的外交政策保持一致
1587 年	苏格兰的玛丽在福瑟林格城堡被处决
1603 年	苏格兰的詹姆斯六世被加冕为英格兰国王
1604 年	詹姆斯自封为大不列颠国王

粗暴的追求

苏格兰和英格兰关系的低谷出现在 16 世纪 40 年代。1543 年,亨利八世设法让苏格兰贵族同意将苏格兰的婴儿玛丽嫁给威尔士亲王。婚后,玛丽将被留在英格兰,由亨利担任苏格兰的主宰。在亨利和他的英格兰驻军领导下,苏格兰可以维持平静,也许会像威尔士那样慢慢被英格兰王室吞并。然而,亨利的计划过于雄心勃勃,甚至对那些支持新教阵营的苏格兰人来说也是如此。苏格兰议会否决了婚姻条约,亨利的回应是入侵。1544 年,赫特福德伯爵领导的一支战争舰队洗劫了福斯河谷的许多城镇,同时英格兰军队摧毁了德莱堡、杰德堡、凯尔索和梅尔罗斯等富饶的边境修道院。甚至连詹姆斯四世为其英格兰妻子建造的荷里路德宫也被夷为平地。次年,入侵事件再次发生,但这种"粗暴的追求"适得其反。苏格兰人团结起来对抗共同的敌人,由于法国对苏格兰的支持,亨利强行统一王国的计划失败了。

詹姆斯六世，即英格兰詹姆斯一世

玛丽·斯图亚特并未成为英格兰女王，而是最终成为法国女王，尽管她与弗朗西斯二世的短暂婚姻没有孩子。她与达恩利勋爵的第二次婚姻确实生下了一位男性继承人，这位继承人对英格兰王位的要求是无可挑剔的。詹姆斯六世被其人文主义导师乔治·布坎南（George Buchanan）培养成了新教教徒。1586 年，詹姆斯签署了《伯威克条约》，承诺在天主教法国或西班牙发动进攻时支持伊丽莎白，从而向英格兰王位迈进一步。1587 年他的母亲被处决时，他只提出了最无力的抗议。两年后，詹姆斯与丹麦路德派的安妮结婚，巩固了其新教信仰。没有孩子的伊丽莎白没有公开宣布继承人，但在统治的最后 17 年里，她每年都向詹姆斯支付丰厚的养老金。在她于 1603 年 3 月去世后，登基会议将实力较弱的英格兰人排除在外，宣布詹姆斯为英格兰国王。他和安妮于 7 月加冕。值得注意的是，当詹姆斯获得了英格兰王位，就把福瑟林格城堡夷为平地，并将母亲的遗体转移到威斯敏斯特大教堂。

1605 年，火药阴谋（Gunpowder Plot）

1603 年后，英格兰天主教教徒非常恐惧他们来自苏格兰的狂热的新教君主。在著名的炸毁威斯敏斯特宫阴谋发生之前，当国王和新教贵族出席议会开幕式时，曾有几个天主教教徒阴谋刺杀詹姆斯。自宗教改革以来，天主教教徒一直被怀疑不忠，而在 1605 年之后，在新教教徒公众心目中，对刺杀阴谋失败的庆祝已经将天主教教徒与叛国联系在一起，牢不可分。

两大王国

1604 年，詹姆斯自封为大不列颠国王，两年后，他批准了将圣安德鲁和圣乔治的十字架结合起来的联盟旗的设计。两国间贸易货物的一些关税一度取消。然而，两国的议会和法律仍然是不同的。最重要的是，他们的教会在礼拜仪式和组织上有很大的不同。在苏格兰，人们经常提醒詹姆斯，他只是一个由地方委员会和牧师及长老大会管理的苏格兰教会的成员。在英格兰，他是一个由他管理的主教教会的首脑。詹姆斯非常享受他在伦敦的新地位所带来的权力和财富的增加，只在 1617 年回过一次苏格兰。

都铎王朝及斯图亚特王朝统治下的爱尔兰

1550—1640 年

英格兰人,以及后来的英格兰王室利用计划中的殖民地试图更好地控制爱尔兰,但早期的尝试是三心二意的,只激发了爱尔兰本土的抵抗。由于詹姆斯一世对这首次"英国式"冒险抱有个人兴趣,阿尔斯特的殖民更加持久。

第一批种植园

尽管都铎家族在 1541 年后成为爱尔兰的统治者,但岛上的大部分地区实际上由独立的领主统治,他们通常是爱尔兰人和天主教教徒。爱德华六世和他的妹妹玛丽发起了一项将英国殖民者安置在种植园的政策,以扩大都柏林皇家行政当局控制的区域。1556 年,苏塞克斯伯爵负责在莱伊什和奥法利建立英国殖民地,此后被称为国王郡和皇后郡。这些种植园将英国的统治延伸到爱尔兰中部地区,但在接下来的 20 年里,被剥夺土地的当地人进行了激烈的抵抗。定居者们被迫退回到防御区,甚至在 1578 年奥摩尔和奥康纳部族的人被引诱伏击并被屠杀后,他们仍然不安全。1570 年,伊丽莎白试图在爱尔兰盖尔人和苏格兰西部阿尔斯特之间设置英国殖民者屏障的努力也以暴行而告终。当 16 世纪 90 年代全面叛乱爆发时,芒斯特(Munster)的英国殖民者被迫放弃他们的农场,躲进设防的城镇中避难。

1594—1603 年，九年战争

后来，都铎王朝的政策深深地疏远了盖尔人和英裔爱尔兰人的旧贵族，他们现在因其天主教信仰而被排除在都柏林建制之外。当蒂龙郡伯爵休·奥尼尔（Hugh O'Neill）在 1594 年叛乱时，他的军队中有许多"富家子弟"，他们不再有资格担任政府职务。蒂龙郡的人也是装备精良、经验丰富的士兵，他们利用爱尔兰茂密的森林，取得了巨大的成果。1595 年英军在克隆提布雷特遭到伏击和屠杀，三年后在黄堡遭到伏击和屠杀，并于 1600 年在莫伊里山口再次被击败。蒂龙郡的成功鼓励西班牙的菲利普三世向爱尔兰投入资金和 4000 名士兵。这种外国干预刺激伦敦提高赌注，蒙特乔伊勋爵更为激进的政策在围攻金塞尔时扭转了事态的发展。西班牙人气馁了，奥尼尔家族在 1603 年投降了。奥尼尔被允许保留他的土地，但四年后，当英国法律强加于阿尔斯特时，他和他的支持者离开了爱尔兰。英国政府第一次可以宣称控制了整个希伯尼亚（Hibernia，即爱尔兰）。

大事年表

1556 年	英国种植园在爱尔兰中部莱伊什和奥法利建立
1570 年	伊丽莎白时期在阿尔斯特建立种植园
1603 年	爱尔兰和西班牙军队在围攻金塞尔后投降
1607 年	奥尼尔流亡到天主教欧洲
1630 年	新教教徒在阿尔斯特建立广泛的种植园

阿尔斯特种植园

1603 年，苏格兰的詹姆斯六世也成为爱尔兰国王。奥尼尔家族的离开将阿尔斯特近400万英亩的罚没土地移交给了王室。詹姆斯恢复了种植园政策，比之前规模更大，宗教和文化目标也更明确。曾由天主教教会持有的土地被分配给爱尔兰新教教会。新教的非宗教土地所有者被禁止将土地出租给爱尔兰租户或将土地卖给盖尔人。阿尔斯特的新农业人口将来自詹姆斯的不列颠王国，并将是新教教徒。曾为王室与奥尼尔家族作战的军队也获得了土地，但由于这些人中的许多人收入有限，他们从伦敦市获得补贴。伦敦德里、德雷普斯敦和库克斯顿等地名的存在，证明了伦敦市及其富有的行会在资助阿尔斯特项目中的影响力。

种植园的影响

至1630年，在阿尔斯特的6个郡有超过8万名英国新教教徒定居者。其他种植园紧随其后，特别是在韦克斯福德和芒斯特，它们不仅吸引了来自苏格兰和英格兰的移民，还吸引了来自威尔士、"胡格诺派"的法国和荷兰移民。移民们很快就开始了对爱尔兰经济和景观的改造。盖尔部族的传统牧业生存经济被更具商业化管理的耕种农业所取代。森林被用于建筑和航运，而大部分沼泽地被排干。旧的部落乡镇让位于英国模式的更大的规划城镇。尽管有人试图改变信仰，但当地居民仍然信奉天主教。许多人违反种植园合同条款，继续当佃农，这仅仅是因为熟练劳动力仍然稀缺。

国王和议会

1530—1640 年

1530 年后,议会成为英国政府的关键部分以及王室的有力伙伴。都铎王朝的议会与政府行政部门紧密合作,但这一共识在斯图亚特王朝时期开始面临越来越大的压力。

英国议会的中世纪起源

贤人会议(Witenagemot)是盎格鲁-撒克逊国王们获取谏言的一个来源。1066 年后,诺曼国王们以君权神赐的名义成为最高的封建统治者,但如果他们想确保自己的政策得到接受,就要征求其他贵族和主教的意见。1265 年,西蒙·德·蒙特福特为了将自己对抗亨利三世的行动合法化,召开了第一届由选举产生的议会。他在自治城市和各个郡中增加议会成员的原则被后来的爱德华一世及其继任者广泛接受。爱德华三世迫于对法战争的资金压力,不得不承认所有征税行为都需要征求议会的意见。然而,议会的发展在 1450 年后的危机中陷入停滞,约克王朝的国王们和亨利七世更喜欢通过小型枢密院来执政。

都铎王朝的议会

16 世纪 30 年代,在亨利八世与罗马教廷决裂后,议会重新成为一个国家机构。亨利八世迫切需要使他的宗教改革和国家主权概念合法化。他需要用新的权威来源取代教皇和皇帝的旧观念。因此议会法案或国王、上议院和下议院一致制定的法令成为亨利八世的完美工具。亨利作为君主和教会领袖的至高地位也许来自上帝，却需要国家议会的支持。之后的爱德华六世和玛丽同样利用了议会来推行他们的宗教政策。从1529年起，议会就成为政府和被统治者之间的重要联系点，尤其是在下议院的规模和影响力不断扩大的情况下。伊丽莎白女王和下议院之间因为一些问题产生了摩擦，其中最为人所知的一个问题是她不愿指定继承人。一些激进的议员出现了，例如，直言不讳的彼得·温特沃思（Peter Wentworth），他在违反了都铎王朝对言论自由的限制后死在一所皇家监狱之内。不过，议会在英格兰政府中的地位依然没有明确下来。议会不会每年定期开会，并且在伊丽莎白女王统治的44年中有26年完全没有开过会。

议会与斯图亚特王朝

詹姆斯一世从一开始就不喜欢他的英格兰议会。因为议会控制他的收入，并且反对他在苏格兰和英格兰之间开展自由贸易的计划。就议会而言，詹姆斯一世的铺张浪费、秉信国王的神圣统治权，以及公然出售贵族身份以快速筹集金钱的行为同样令其厌恶。1611年和1612年召集的议会因为对国王抱有敌意而不得不解散。1621年，第三次召集起来的议会以腐败的罪名弹劾了国王的大法官弗朗西斯·培根（Francis Bacon）。国王和议会之间的摩擦在查理一世的统治下愈演愈烈。查理一世有着与他父亲一样的信仰，而且相信君权神授，人们怀疑他有天主教倾向，并企图获取绝对的专制权力。查理一世对议会失望不已，因为议会不愿意投票批准给他在欧洲的战争提供所需的资金。1629年，查理一世外交政策及其日益武断统治所引发的愤怒使下议院陷入了混乱。在解散前，这次的议会起草了一份权利请愿书，声明了英国人在法律下享有的自由，并试图遏制王室滥用权力的行径，如强迫贷款、侵犯臣民财产和货物，以及非法逮捕。对此，查理一世的回应是在接下来的11年中再也没召集过议会。这种行为在过去很常见，但到了17世纪中叶，许多人将查理一世的个人统治视为暴政。他征收的古老封建税，例如船税（ship money），只会加剧英国各地日益增长的不满情绪。

苏格兰议会

与英格兰一样，苏格兰三级会议是从中世纪的皇家议会演变而来。三级会议是三个阶层（教士、贵族和城镇代表）开会以商议征税问题，但这种会议同样能够影响大量的政府活动，如司法、外交，甚至教育——因为苏格兰中世纪大学的代表也坐在会议厅里。早在14世纪，三级会议就阻止了大卫二世同意英格兰的继承权，而反对国王的议会任命导致了1488年詹姆斯三世的垮台。就算是詹姆斯四世这样实力更强的君主，也会尽可能避免召开三级会议。17世纪30年代，根据查理一世的命令，爱丁堡修建了一座新的议会大厅，但这座宏伟新建筑的主要受益者是1638年控制了苏格兰的盟约派政权。

大事年表

16世纪30年代	亨利三世利用议会来合法化他的宗教改革
1611—1612年	詹姆斯一世因王室债务问题与英国议会发生冲突

(续表)

17世纪20年代	下议院的权力越来越大，开始讨论外交政策问题
1628年	下议院试图明确并限制王室的权力
1629—1640年	查理一世在没有召集议会的情况下进行统治
17世纪30年代	爱丁堡修建了苏格兰议会大厅

三国之战

1637—1649 年

17 世纪，王室对苏格兰教会的无情政策引发了全国性的叛乱和一场蔓延到英国和爱尔兰各地的战争。它最后以议会的胜利和国王被处决而告终。

苏格兰的起义

1637 年，查理一世决心让苏格兰教会变得更像英格兰圣公会。他在宗教仪式上的创新让加尔文主义的苏格兰人极为反感，并且在爱丁堡引发了骚乱。苏格兰人起草了一份国民公约，苏格兰教会的全体大会否决了查理一世和他父亲实施的"英格兰化"改革。对此，查理一世没有妥协，他试图以武力强迫苏格兰人，却被击败了，因此他不得不向苏格兰人支付 30 万英镑的赔偿。为了筹集这笔钱，查理被迫在 1640 年重新召集英格兰议会。

长期议会

议会现在成为对国王发泄不满情绪的渠道，这些情绪已经积攒了很多年。为了恢复伊丽莎白时代更为协商一致的政府，议会通过了一些法案，限制王室在未经议会同意的情况下筹集资金，并废除了查理在个人统治时期滥用的星室法庭等机构。议会还制订法案，禁止在未经议会本身同意的情况下解散议会，并规定至少每三年举行一次会议。就查理一世而言，斯特拉福德大臣被处决，劳德大主教被监禁，他感到愤怒不已。爱尔兰的天主教起义和对英国定居者的大屠杀让危机达到了顶点。约翰·皮姆（John Pym）等议会激进分子不相信国王会派出军队重新征服爱尔兰，而对查理一世来说，控制军队是他的基本权利。1642年1月，查理一世率领武装人员进入议会，试图逮捕对他最直言不讳的对手，但并未成功。这场未遂的政变让更温和的人也不再支持查理一世，英格兰开始走向内战。

英格兰内战

1642年，大多数英国人仍然希望国王和议会之间的分歧能够和平解决。战争在踌躇中开始，因为许多人发现他们很难与上帝赐予自己的国王战斗。查理一世希望能迅速赢得胜利，打击对手的士气。保皇党人在埃奇山（Edgehill）的第一次大规模战斗中取得了战略优势，却未能利用这个优势进军伦敦。1643年，查理一世取得了进一步的胜利，但这些胜利发生在边缘地区，如威尔士和英国西部。通过与叛乱分子进行和平谈判，爱尔兰的皇家军队腾出了手来，但议会与苏格兰长老会达成了《神圣盟约》（*Solemn League and Covenant*），使其可以利用纪律严明的苏格兰部队，1644年，议会在马斯顿荒原（Marston Moor）战役中取得了胜利。查理一世的基地在牛津，他没有海军，也无法进入主要港口，随着战争的进行，他的资源逐渐枯竭。国王最有力的支持通常来自传统社会的边缘地区，例如，英格兰西部、威尔士和苏格兰高地等。它们可以提供人力，但在战争物资方面则较为贫乏。相比之下，议会可以动用英格兰人口较多的地区，例如，城镇和工业非常集中的南部和东部地区。议

查理一世的强硬政策和过度开支在议会激起了不满和愤怒。1642年,他试图用武力镇压议会的对手,从而导致内战爆发。

会不仅在费尔法克斯（Fairfax）的领导下建立和训练了专业的新模范军（New Model Army），并且由于有安全的补给线和固定的工资，这支军队能够持续作战。在 1645 年的内兹比（Naseby）战役中，查理一世只能召集 7000 名士兵，而他对面的"圆颅党"（'roundhead'）军队则有其两倍的规模。1646 年 5 月，在领地缩小到几个孤立的据点后，查理一世在纽瓦克（Newark）向苏格兰人投降。

大事年表

1638 年	苏格兰人签订《民族圣约》以保卫他们的自由
1640 年	长期议会与国王及其大臣发生冲突
1641 年	因为担心国王的暴政，爱尔兰爆发天主教起义
1642 年	国王的军队与英国议会的军队在埃奇山爆发了第一次战斗
1645 年	查理一世在北安普敦郡的内兹比战役中遭遇决定性的失败
1649 年	查理一世因叛国罪在白厅被处以死刑

走向断头台

查理一世与他臣民之间的战争震撼了英国和爱尔兰的所有地区。爱尔兰军队在英格兰、威尔士和苏格兰作战，而苏格兰军队则干预爱尔兰事务，直到 1646 年在本伯布（Benburb）战败。苏格兰人在英国的各类事件中发挥了重要作用。爱尔兰的战事一直没有减弱，直到 1649 年克伦威尔入侵后，战争才进入了新的阶段。尽管经历了漫长而血腥的冲突，三个国家中的许多人仍然残留着一种对国王的忠诚感。查理一世本人帮助消除了这种感情。原本为了获得苏格兰人的支持，他已经承诺将容忍由长老会控制的苏格兰教会，1648 年 7 月，他却煽动他的支持者再次发动起义，但这次起义没有取得成功。对查理一世的敌人来说，他们此时可以更容易地把国王描绘成一个完全不值得信任并且阻碍和平的人。查理一世因"叛国罪和其他重罪"而受审，并于1649年1月在白厅被处决。大约四分之一的英国男性参加了战争，约有20万英国人死于战争或疾病。在苏格兰和爱尔兰，战争更为激烈，像阿伯丁这样的富裕城市惨遭洗劫。

克伦威尔时代

1645—1658 年

在军队的支持下,克伦威尔掌握了英格兰的权力。通过征服苏格兰和爱尔兰,他比之前的任何一位国王都更接近于统一不列颠和爱尔兰群岛。

天选英国人

奥利弗·克伦威尔(Oliver Cromwell)原本是一位小地主,他在 1628 年的议会中担任议员,表现平平无奇。1642 年,他征募了一支骑兵部队并参与了埃奇山战役。由于在东盎格利亚和马斯顿荒原战役中取得巨大的成功,克伦威尔于 1645 年晋升为新模范军的高级指挥官。在查理一世战败后英国陷入混乱的时期,他成为一位重要的政治人物。

当时有三个关键的问题让议会和国家产生了分裂:第一,英格兰圣公会是否应该变为长老制;第二,应该如何处理军队;第三,应该如何处理国王。尽管受到清教教徒道德观的影响,克伦威尔还是容忍了新教的各种形式。1647 年年初,他是与查理一世会面的军官之一,试图通过谈判达成和解。同年晚些时候,克伦威尔还在帕特尼(Putney)会见了士兵与平等主义者(政治鼓动者),他们主张制定一部激进的宪法,其基础理念是成年选举权、两年一次的议会、下议院至高无上的地位,以及让英格兰"最穷的人……也能有自己的生活"。

天选"工具人"

1648年,查理一世策划了一场武装起义,这让克伦威尔在政治上崭露头角。克伦威尔在彭布罗克郡击败了保皇党军队,然后向北进军,于普雷斯顿(Preston)迎战此时支持查理一世的苏格兰军队,在那里他赢得了无可置疑的胜利。普雷斯顿战役之后,克伦威尔对议会的争吵和国王的阴谋越来越失望。他拒绝与查理一世继续谈判,并开始认为国王应该受到审判。克伦威尔加入了审判查理一世的法院,并签署了他的死刑令。1649年5月,一个联邦(共和国)宣布成立。

大事年表

1647年	克伦威尔升为议会骑兵中将
1648年	在彭布罗克和普雷斯顿击败保皇党起义
1649—1650年	在爱尔兰指挥议会军队
1649年	签署查理一世的死刑令
1650—1652年	入侵苏格兰,使其与英格兰合并
1653年	12月15日宣誓就任护国主

1649—1650年,克伦威尔征服爱尔兰

两个月后,克伦威尔来到了爱尔兰。在为期9个月的战役中,他征服了爱尔兰东部的大部分地区,而且占领了关键港口韦克斯福德和德罗赫达(Drogheda)以便于通信和补给。由于克伦威尔的军

队在数量和经验上更有优势，因此这次重新征服爱尔兰的战争格外残酷。相比大多数人而言，一支正义的新教军队有更正当的理由憎恨本地的天主教教徒，因为新教的小册子早已对1641年当地针对新教教徒的种种暴行进行了大肆宣扬。按照17世纪欧洲的标准，韦克斯福德和德罗赫达的大屠杀是罕见的，这不是指屠杀的规模，而是指反抗者被杀死或者被卖到西印度群岛当奴隶的效率。

1650—1652年，入侵苏格兰

苏格兰贵族对1649年的弑君事件感到震惊，他们与承诺尊重苏格兰教会的查理二世达成了协议。克伦威尔向北进军，以强迫苏格兰人重新考虑他们的选择。在经过最初的僵局后，克伦威尔迫使苏格兰人在邓巴（Dunbar）投降，然后率军进入爱丁堡。尽管如此，1651年初，查理二世依然在斯科恩（Scone）加冕为苏格兰国王，将希望寄托在支持苏格兰入侵的英格兰保皇党身上。然而，支持新国王的人很少，人数日益缩减的苏格兰军队于9月在伍斯特投降。克伦威尔现在是两个王国的主人，他开始着手将它们统一为一个国家。苏格兰的低地驻扎了大量军队，高地则被一系列堡垒封锁。1653年和1654年的保皇党起义也被粉碎。苏格兰处于伦敦的控制之下，但苏格兰教会没有受到影响，因此克伦威尔的政权虽然不受欢迎，但没有遭到大范围的反对。

护国主时期

在克伦威尔外出指挥战争的时候，经过清洗的长期议会因内讧而陷于瘫痪。这个残缺议会（Rump Parliament）对克伦威尔统一三个王国的计划不冷不热，因此已经大权在握的克伦威尔解散了它。

后续的圣徒议会（Parliament of Saints）同样未能制定出可接受的宪法和宗教解决方案。1653年12月，克伦威尔获得行政的权力，并宣誓就任护国主。克伦威尔曾把全国划分为15个由"虔诚总督"（godly governor）治理的军区，但这种实验性管理并不受欢迎。当地的长官（主要是清教教徒）也没有热情，他们利用自己的权力在民众中实施严格的道德纪律。其他的改革，如引入世俗结婚和重新接纳犹太人到英国，触犯了保守社会的核心利益。在1658年，克伦威尔突然衰弱和死亡前，英格兰已经厌倦了共和政体的实验。

君主复辟

1660—1685 年

原本被护国主掌握的权力回到了查理二世手中,几乎没有人抗议,也没有人喝彩。查理二世提供了宽容和稳定的环境,尽管经历了战争和共和时期的痛苦,但很少有人相互指责。

共和国的衰落

1659 年,由于军队和议会内部的派系纷争,第二任护国主理查德·克伦威尔(Richard Cromwell)的短命政府分崩离析。英格兰似乎处于无政府状态的边缘,但在克伦威尔派的苏格兰驻军司令蒙克将军(General Monck)抵达伦敦后,秩序得到了维持,他纪律严明的部队清除了不同政见者。在蒙克的支持下,一个共和派占少数的温和议会建立起来。流亡中的查理二世被正式邀请回国。支持神圣共和国的示威活动很少。派系斗争、严格的宗教信仰、高昂的税收、对欧洲的战争——所有这些都加深了人们对政治实验的厌倦。到 1660 年,动乱的起因,即查理一世在 17 世纪 20 年代的暴政早已被人遗忘,但专横军队和狂热清教教徒带来的负担一直存在。

宽容的结果

查理二世与他的父亲不同,他是一位灵活的政治家,并且明白和解的重要性。考虑到过去几十年的痛苦，1660年时几乎没有出现什么相互指责的情况。克伦威尔的尸体被挖出来斩首，但大多数克伦威尔派别的人都得到了赦免。只有1649年签署查理一世死刑令的那些"弑君者"被排除在外。查理二世明确表示愿意同议会一起执政，而且在过去那些有争议的王室司法权和税收权（如星室法庭和船税）没有得到恢复时，他并未提出太多抗议。议会小心地保证君主享有合理的收入，但不允许他过于独立地行事。许多传统统治阶级在上议院、教会和伦敦城重新掌权。王室和教会自1642年以来失去的土地被没收回来，但原先的主人无须做出赔偿。然而，对保皇党小地主来说，他们中的许多人在17世纪40年代和50年代失去或不得不出售了他们的地产，但这次的复辟协议没有给他们提供有用的帮助。许多人永久地失去了土地，或在旷日持久的追偿诉讼中花光了剩余的财产。

大事年表

1659年	护国主理查德·克伦威尔倒台
1660年	5月，议会恢复了查理二世统治下的君主制
1662年	骑士议会通过了严格的《信仰划一法案》
1665年	大约8万伦敦人死于黑死病
1666年	9月2日至5日，伦敦发生大规模火灾
17世纪70年代	天主教教徒被《宣誓法》（Test Acts）排除在公职之外

爱尔兰和苏格兰的王政复辟

在被克伦威尔征服后，爱尔兰的大量土地最终落入新教教徒地主手中，其中的大部分是从17世纪50年代中期反抗护国主的爱尔兰地主那里没收的。由于他们是土生土长的天主教教徒，因此这些人在1660年后为夺回自己的土地而不断进行着努力。复辟确定了新教贵族在爱尔兰大部分地区的统治地位。在苏格兰，查理二世原先支持长老会的承诺在他重新掌权后就烟消云散了。他计划在1662年推行主教的行为激怒了苏格兰教会的牧师们，他们离开讲坛，在被称为集会场的户外仪式上布道。而政府对这些非法集会的镇压只会增加人们对国王宗教政策的抵制。

英格兰的宗教压迫

英格兰的宗教和解同样没有达成妥协。查理二世希望在信仰上采取宽容的措施，但这仅仅是出于他对天主教的个人倾向，以及他希望天主教教徒能够获得某种程度的宗教自由。1661年的"骑士议会"粉碎了这些希望。它强烈的保皇党色彩使其试图严格地执行英国国教的教义和惯例。1662年的《信仰划一法案》（*Act of Uniformity*）迫使忠诚、温和的长老会教徒要么遵奉国教，要么退出教会。2000名教士因此失去了生计，这些人常常建立起非法的清教教徒教派。17世纪70年代的《宣誓法》则将天主教教徒和"不合规"的新教教徒排除在政府公职之外，信奉英国国教成为在自治城市任职的一项要求。

快活王？

1665年的大瘟疫和次年的伦敦大火让查理二世初期的统治变得一团糟。与荷兰的战争，以及苏格兰持续的宗教冲突进一步加剧了查理二世的痛苦。当时欧洲笼罩在法王路易十四的天主教专制主义的阴影之下，天主教教徒和清教教徒都在策划阴谋的流言，让英格兰的气氛也变得凝重起来。连续几届内阁和议会都相继垮台和解散。尽管如此，复辟后的国王作为"议会规定的君主"，在这个新角色的限定范围内，总体上是"从轻"进行统治。

1666 年，伦敦大火

　　1666 年 9 月，持续了 4 天的大火吞噬了中世纪的伦敦城。圣保罗大教堂和 87 座教区教堂以及 1.3 万多所房屋被摧毁。尽管记录的死亡人数很少，但该市 8 万名居民中的大多数人无家可归。

王位继承危机

1678—1688 年

查理二世统治的最后几年，局势很紧张，因为英格兰、苏格兰和爱尔兰王位的继承人是一位公开的罗马天主教教徒和娴熟的军事领袖。新教教徒们开始担心他们在一位强大而专制的天主教王子的统治下会有怎样的未来。

天主教继承人

尽管查理二世有几十个或者更多的私生子，但他与葡萄牙公主布拉干萨的凯瑟琳（Catherine of Braganza）的婚姻没有产生合法的继承人，他的兄弟约克公爵詹姆斯排在继承人的第二位。詹姆斯是一名经验丰富的士兵，曾在法国和西班牙的军队中担任指挥官，并且在17世纪70年代与荷兰的海战中通过英勇的表现获得了海军事务大臣（Lord High Admiral）的荣誉职衔。同时他在17世纪80年代担任国王在苏格兰的代表时，证明了自己是一位卓有成效又毫不妥协的行政官。詹姆斯在1669年公开皈依了天主教，但为了安抚议会和国民的情绪，他的女儿及继承人玛丽和安妮都是作为新教教徒长大的。

天主教阴谋案

在查理二世统治的最后时期，关于他秘密信奉天主教的传闻制造了一种猜疑氛围。局势的爆发点出现在1678年,当时一个名叫泰特斯·奥茨(Titus Oates)的人声称掌握了耶稣会会士阴谋暗杀查理二世并让詹姆斯登上王位的情报。泰特斯·奥茨是一位粗俗无礼的浸信会出身的投机分子,因酗酒和鸡奸而多次失去牧师的职位。1605年针对新教建制派的火药阴谋案对英国人来说依然历历在目,奥茨的话引发了新一轮的反天主教狂热活动。天主教教徒被禁止进入距离首都16千米(10英里)以内的地方,有传言称,在下议院附近听到了可疑的挖掘声。调查该阴谋的地方法官失踪,后被发现死于伦敦郊区,是被勒死的,并被自己的剑刺穿了身体。随后一系列的审判表演开始了。15名嫌疑犯被处决,其中包括詹姆斯的私人秘书,他唯一的罪行就是与法国耶稣会的一名熟人通信。危机逐步蔓延到政府,国王的首席大臣丹比因为与天主教太阳王路易十四的交易遭到揭露而下台。

辉格与托利

在天主教阴谋案后,英国政界在继承问题上出现了两极分化。两个派系(或政党)逐渐形成,每个派系都为敌人给他们起的恶毒绰号而得意扬扬。反对宫廷的人被称为辉格(Whig),这个词最初是苏格兰盟约派反叛者的绰号,而王室的忠诚者则被称为托利(Tory),来自爱尔兰盖尔语中的"亡命徒"一词。沙夫茨伯里伯爵(Earl of Shaftesbury)领导下的辉格派试图将詹姆斯排除在继承权之外,并且提出了几项议会法案来支持自己的目标,对此,查理二世、詹姆斯和他们的托利派支持者深感愤怒。1681年的继承危机后,查理二世不再召集议会,他宁愿依靠从法国获得的补贴生活。1683年,一群所谓的共和派人士密谋在查理二世和詹姆斯从纽马克特赛马场（Newmarket races）返回时暗杀他们，这为国王逮捕辉格党领导人物提供了借口。一些人被处决，其他人流亡国外。辉格党人被赶出了公职队伍，而他们的权力中心，例如伦敦城，则受到了王室更大程度的控制。

大事年表

1681 年	辉格党试图把詹姆斯排除在继承权之外
1685 年	新教教徒蒙茅思公爵的起义在塞奇高沼战役中被击败
1685 年	詹姆斯二世无限期中止议会
1687—1688 年	詹姆斯二世试图让英格兰重新信仰天主教
1688 年	詹姆斯二世的天主教男性继承人詹姆斯·爱德华·斯图亚特出生

最后的天主教国王

在 1685 年，继位为英格兰国王詹姆斯二世和苏格兰国王詹姆斯七世后，这位新的天主教国王轻松处理了英格兰西部和苏格兰的起义。起义的两位领导人——阿盖尔公爵（Duke of Argyll）和前国王的私生子蒙茅思公爵（Duke of Monmouth）都被处决了。蒙茅思的支持者在塞奇高沼战役惨败后遭到了残酷的对待，法官杰弗里斯用"血腥审判"（Bloody Assizes）来强调王室"消灭所有叛军"的决心。在英格兰，议会对詹姆斯二世扩张常备军和任命天主教军官的行动感到不安，因为这违反了《宣誓法》，但在詹姆斯二世的统治期间，议会被解散，而且没有再次召开。天主教教徒在国王的恩赐下担任公职。詹姆斯二世还推动了包括天主教教徒在内的全体宗教平等计划，并关押了七名敢于煽动抗议的国教主教。在爱丁堡，詹姆斯二世做得更极端，他开设了天主教的教堂、学校和印刷厂。压倒局势的最后一根稻草是，1688年6月，摩德纳的玛丽（Mary of Modena）为詹姆斯二世生下了一位男性继承人，之后新教的小册子公开讽刺她为"教皇的母马"。这位男性继承人将被抚养成天主教教徒，他取代了王室中原先的新教继承人玛丽和安妮。新教教徒对天主教国王专制统治的恐惧似乎正在变成现实，他们只需把目光投向海峡对面的法国，看看路易十四是如何极力迫害他的新教胡格诺派臣民，就能知道自己会面临什么样的未来。

光荣革命

1688—1691 年

废黜詹姆斯二世的行动在英格兰进行得很顺利,但在苏格兰和爱尔兰,许多人仍然忠于"真正的国王"。这些地方对斯图亚特王朝的支持意味着这些年必须有流血牺牲。

英格兰遭遇的最后一次入侵

自 1685 年蒙茅思被处决以来,辉格党的希望一直集中在荷兰的执政官——奥兰治的威廉(William of Orange)身上。威廉是一位坚定的新教教徒,也是新教教徒玛丽·斯图亚特的丈夫。此外,他还是新教欧洲对抗法王路易十四的中流砥柱。逃亡至威廉宫廷的辉格党人鼓励他入侵英国。然而,他不确定英国民众对外国入侵的反应,因此他一直按兵不动,直至收到英国主要贵族们的正式邀请。1688 年 11 月,一股"新教风"('Protestant wind')把詹姆斯二世的舰队困在泰晤士河中,让威廉得以迅速穿越英吉利海峡。威廉在德文郡登陆时受到了热烈欢迎,这打消了他对入侵是否明智的疑虑。威廉在向伦敦进军时,挥舞着支持"英国自由和新教"的旗帜,从而聚集了更多的英国军队。

"不流血的革命"

发生在温坎顿(Wincanton)和雷丁(Reading)的小规模冲

突证实詹姆斯的英国军团完全没有斗志。威廉在营地里收到了北方贵族宣布支持他的消息，同时新教暴乱者在伦敦、布里斯托尔和多佛起义，打击詹姆斯二世的天主教官员。当权派人物，包括詹姆斯二世的亲生女儿安妮，也宣布支持威廉，詹姆斯二世解散了他不可靠的军队，随后流亡法国。威廉似乎默许了詹姆斯二世的逃亡，因此1649年的情况不会重演。议会裁定，逃离王国的詹姆斯二世已经退位。威廉和玛丽应邀在英格兰进行共同统治，并于1689年4月加冕。议会通过的一项《宽容法案》保障了大多数不合规新教教徒的宗教自由，确保了新政权得到广泛的支持，同时没有挑战英国国教的地位。《权利法案》（*Bill of Rights*）削弱了君主的权力，确认了议会在英国政体中的核心地位。从此以后，英国君主将与议会合作执政。继承人的问题也解决了。威廉三世和玛丽二世去世后，信奉新教的安妮和她的子女将成为统治者。包括詹姆斯·斯图亚特王子在内的所有天主教教徒都被禁止登上英国王位。在短短几个月内，自1603年以来一直折磨着英国的诸多政治和宗教问题得到了解决。

苏格兰内战

苏格兰的革命就谈不上不流血了。斯图亚特王朝君主的退位让长老会控制的低地与天主教和圣公会控制的高地间的分歧急剧扩大。许多苏格兰人无法轻易放弃对斯图亚特王朝的忠诚。他们对詹姆斯二世宣过誓，因为他不但是上帝任命的国王，也是统治苏格兰近400年的王室血脉。1689年4月，当苏格兰三级会议在爱丁堡举行会议时，城市里到处都是间谍，以及斯图亚特王朝和奥兰治方面的武装支持者。然而，苏格兰长老会选择了威廉和玛丽作为他们的新君主。威廉在苏格兰被加冕为威廉二世，人们相信他会保护苏格兰教会的长老会，但如果继续承认詹姆斯二世为王，则会使苏格兰陷入与英格兰的战争。威廉将大量的权力让渡给苏格兰议会，正如他在英格兰所做的一样。旧王室的支持者抗议这场奥兰治政变，他们离开爱丁堡以集结自己的军队。那年夏天晚些时候，这些詹姆斯党（Jacobites）在珀斯郡（Perthshire）的基利克兰基（Killiecrankie）屠杀了一支政府军，但他们的领袖约翰·格雷厄姆（"邦尼·邓迪"）在胜利时刻被一枚步枪子弹击倒。由狂热的盟约派教徒组成的卡迈农派在邓凯尔德（Dunkeld）阻止了高地人的攻势，但詹姆斯党的威胁日后在苏格兰持续了数十年。

博因河战役

詹姆斯二世最有力的支持来自与他信奉相同宗教的爱尔兰天主教势力。蒂尔康奈伯爵（The Earl of Tyrconnell）为詹姆斯二世坚守着爱尔兰，而且1689年詹姆斯率领6000名法国军队在都柏林登陆时，当地居民热烈欢迎了他。1690年，在德罗赫达附近的博因河爆发了詹姆斯党爱尔兰战争（Williamite War）中规模最大的战役。在战斗中，荷兰的天主教教徒为威廉而战，而德国的新教教徒则站在詹姆斯一边，这一事实凸显了这个时代政治的复杂性。这场战斗并没有产生决定性的结果，但气馁的詹姆斯返回了法国，被他遗弃的爱尔兰盟友此后将他称为"狗屎詹姆斯"（Seamus a'chaca）。爱尔兰人继续战斗，直到第二年才在奥赫里姆（Aughrim）被歼灭。

大事年表

1688年11月5日	威廉在德文郡托基附近的布里克瑟姆登陆
1688年12月10日	在雷丁战败后,王室军队瓦解
1688年12月23日	詹姆斯二世被允许流亡法国
1689年2月	威廉和玛丽继承英格兰王位
1689年4月	苏格兰议会选择威廉为其君主
1690年7月	威廉在德罗赫达附近的博因河击败了詹姆斯

探索与贸易

1500—1700 年

1500年后，英格兰参与了欧洲贸易的扩张，不过苏格兰的参与程度要小得多。到1700年，"英国"定居点已经遍布北美，同时在利润丰厚的东部贸易路线上，东印度公司（East India Company）成为主要参与者。

北方探险家

1497年，热那亚航海家乔万尼·卡伯特（Giovanni Caboto）成为第一位登陆北美大陆的现代欧洲人。在亨利七世的赞助下，卡伯特乘坐布里斯托尔马修号帆船出发，返航后他汇报了一片盛产鳕鱼的海岸"新发现之地"（如今的纽芬兰）。此后其他布里斯托尔船只每年都会沿着他的航线探索美洲东海岸，直到1510年亨利八世因担心激怒西班牙人而停止了他们的夏季航行。16世纪50年代，布里斯托尔人理查德·钱塞勒（Richard Chancellor）两次前往俄罗斯公国，到达了遥远北方的阿尔汉格尔（Archangel）。后来的北方探险家们试图寻找一条绕过北美洲、通向太平洋和东方香料的西北通道。16世纪70年代，马丁·弗罗比舍（Martin Frobisher）曾三次远征因纽特人的领地，尽管弗罗比舍希望找到黄金，但他的这些昂贵而危险的旅程只带回了一些毫无价值的矿石。亨利·哈德逊（Henry

Hudson）在为荷兰人建立新阿姆斯特丹（New Amsterdam）之后，于1610年为英格兰继续向北航行。哈德逊发现了一个巨大的海湾，他相信自己找到了一条通向太平洋的航道。但哈德逊还没来得及验证自己的理论，他的船就被冰封了一整个冬天。次年春天，哈德逊被叛变的船员们扔在一艘敞篷船上流放。

英属美洲

16世纪80年代，沃尔特·雷利（Walter Raleigh）组织了三次探险，并且在北美建立了英国殖民地。由于缺乏人力和安全的补给，位于北卡罗来纳（North Carolina）罗阿诺克岛（Roanoke Island）上的定居点陷入困境，德雷克（Drake）不得不在1586年撤走了饥饿的殖民者。1607年，弗吉尼亚（Virginia）的詹姆斯敦（Jamestown）在一片蚊子滋生的沼泽地上建立，但它的优势是远离曾经蹂躏了其他英国早期殖民地的波瓦坦部落（Powhatan）。詹姆斯敦主要出口的甜味烟草在伦敦很受欢迎，这个殖民地最终繁荣起来。17世纪20和30年代，清教教徒殖民地在马萨诸塞（Massachusetts）建立起来，而英国的天主教教徒于1634年在马里兰（Maryland）建立了他们的新世界。1674年，荷兰人被迫将其战略要地新尼德兰及其繁华的首府新阿姆斯特丹割让给英国。到1700年，已有12个英国殖民地跨立在大西洋海岸。1732年佐治亚也加入其中。在17世纪，超过20万名来自英国和爱尔兰的定居者移民到北美。不过，英格兰最富有的财产在西印度群岛（West Indies），那里在17世纪30年代引进了产糖农业和劳动必需的奴隶。1672年，另一个詹姆斯敦在西非的阿克拉（Accra）附近建立，使英国人在大西洋奴隶贸易中占据了重要的地位。

大事年表

1497 年	乔万尼·卡伯特从布里斯托尔航行至纽芬兰
1576—1578 年	马丁·弗罗比舍探索了加拿大北部的海岸
1584 年	英国在北卡罗来纳沿海的罗阿诺克岛建立了殖民地
1600 年	东印度公司获得特许状
1607 年	詹姆斯敦殖民地在弗吉尼亚建立
1620 年	英国殖民者在马萨诸塞的普利茅斯登陆
1627 年	苏格兰殖民地在新斯科舍（Nova Scotia）建立
1630 年	英国清教教徒建立了马萨诸塞湾殖民地
1670 年	查理二世授予东印度公司准王室权力

东印度公司

东印度公司于 1600 年在伊丽莎白女王的特许下成立，面对葡萄牙的激烈竞争，它起初很难在利润丰厚的印度贸易中赢得一席之地。虽然 1612 年英国舰队在苏瓦里（Suvali）海战中击败了葡萄牙的大帆船，但事实证明，与莫卧儿皇帝贾汉吉尔（Jahangir）合作才能在印度开展更成功的贸易。以位于苏拉特（Surat）的工厂为基础，东印度公司于 1639 年扩展到马德拉斯（Madras），1660 年扩展到加尔各答（Calcutta），1668 年扩展到孟买（Bombay）。到那个世纪末，印度已经出现了 30 多个经营丝绸、染料和茶叶的英国贸易站。东印度公司强大的海军使其可以插手东方的香料贸易。1670 年，查理二世授予该公司在其势力范围内组建军队、铸造货币、订立盟约以及组建法庭的准王室权力。到 18 世纪初，东印度公司已经成为在日渐衰落的莫卧儿帝国中一个几乎自治的王国，为其股东和员工赢得了大量财富。

苏格兰人的扩张

苏格兰人和其他欧洲人一样，渴望从美洲分一杯羹。1621 年，威廉·亚历山大爵士（Sir William Alexander）被授予在北美建立苏格兰殖民地的特许权。在经过最初的困难后，新斯科舍殖民地于 1627 年建立，但在 17 世纪 30 年代，这里因为查理一世将殖民地交给法国而被放弃。苏格兰扩张的真正推动力是向东进入欧洲。1541 年，坎普里（Campveere）成为苏格兰在荷兰所有贸易的入境港。其他苏格兰商人进一步向东进入波罗的海，到 1600 年，苏格兰在但泽（Danzig）、克拉科夫（Cracow）和科尼斯堡（Konigsberg）都建立了贸易区。

文化与社会

1500—1700年

16世纪和17世纪的标志性事件不仅有政治和宗教危机，还有重大的社会、经济和知识变革。到1700年，英格兰以前所未有的程度主宰了不列颠和爱尔兰群岛。

人口

关于早期现代英国的人口统计，在缺乏可靠数据的情况下，只有一个事实是无可争辩的，那就是1700年岛上居住的人比1500年时多得多。这些新增人口中的大多数是英格兰人。到1650年，威尔士的人口可能已经艰难地回到瘟疫前的35万左右。同一时期，苏格兰的人口还不到150万，但许多人口居住在盖尔语地区的腹地，远离苏格兰政府的管辖范围。复辟时期的英格兰人口约为500万。其中超过50万人挤在新兴的首都之中，伦敦的人口比都铎王朝早期时多了10倍。英格兰的人口不仅增加了，而且增长幅度远远超过"凯尔特人"。

权威

在1500年至1700年间的大部分时间里，英国和爱尔兰的各个社会都非常恭顺。大多数人的生活都局限在本地范围内，因此少数在经济、军事或精神层面拥有力量的人，通过他们所有的土地，或者在政府或教会中的职位而变得鹤立鸡群。社会仍然非常保守，而且对变化持怀疑态度。在1640年和1688年，斯图亚特王朝的反对者仍然在捍卫古代自由方面表达了他们对变革的要求。1642年，英格兰的许多人在与查理一世交锋之前，都要先与自己的良知搏斗，苏格兰的许多人在1689年与詹姆斯二世战斗时，其内心也面临着同样的斗争。女性的地位和职能变化不大，即使伊丽莎白这样成功的女王也没有带来多少改变。普通妇女仍然受到丈夫和父亲的控制，包办婚姻是常态。在宗教改革中，妇女在个人良知方面获得了更大的权利，但新教教堂和教派中的权威职位只留给虔诚的男性。事实上，由于宗教改革废除了修道院，妇女在社会中得到提升的机会反而减少了。下层妇女的命运就是努力工作。如果她们变成违反了社会期望的罪犯、妓女或女巫，那么会面临更严厉的处罚。

科学革命与知识革命

在人们生活的一个特定领域，传统的权威被推翻了，这就是科学和哲学。古典和基督教的权威让位给了观察、实验和理性思考。在17世纪的后半期，自然科学兴盛起来，1660年11月创立的皇家学会（Royal Society）在很大程度上推动了这种趋势。威廉·哈维（William Harvey）发现了血液循环，约翰·弗拉姆斯蒂德（John Flamsted）制作了星表，还有艾萨克·牛顿（Isaac Newton）和罗伯特·胡克（Robert Hooke）对科学研究的贡献——这些都只是人类对物质世界不断加深的好奇心在知识领域涌现的亮点。这些研究成果也没有局限在学术兴趣之中。托马斯·萨弗里（Thomas Savery）利用爱尔兰化学家玻意耳（Boyle）在气体方面的研究，建造了一台水泵，用于排放康沃尔锡矿的废水。17世纪80年代，机械纺织机在英国出现。在经过17世纪中期的宗教暴行之后，英国社会对宗教的热情在多个层面上都出现了明显的减弱，许多人都乐于以越来越温和的方式进行因循守旧的宗教仪式。气候的变化帮助托马斯·霍布斯（Thomas Hobbes）和约翰·洛克（John Locke）等政治哲学家构建了一种清晰的人际关系物质观，这种观念几乎不依赖古典先例，也与《圣经》毫无关系。

身份认同和读写能力

1700年能阅读的布立吞人远远多于1500年，尤其是在威尔士和苏格兰等地区，因为在这些地区，许多人只能靠自己阅读圣言来实现个人救赎。那个时代的人知道印刷术具有激进化的力量，因此这个时期的政府一直试图控制印刷品的制作和分发。当时最重要的书是福克斯写的《殉道者之书》（*Book of Martyrs*），书中对玛丽女王统治下的迫害进行了耸人听闻、让人难以忘却的描述，这本书可能比其他任何一本书都更能将英国人的思想与新教联系起来。在苏格兰，将《圣经》翻译成英语而不是苏格兰语至关重要，因为1560年以后，上帝似乎开始用南部的强力语言说话。其结果就是，苏格兰低地的权力集团在花言巧语的鼓动下与南部的邻国建立起了对英国和新教的共同认同感，并为1707年更全面的联合铺平了道路。

走向联合

1695—1706 年

1700 年后,苏格兰和英格兰的关系有恶化至战争的危险。伦敦政府迫切希望建立一个更全面的联盟,以确保和平和新教教徒继承王位。

经济灾难

1603 年的君主联合严重损害了苏格兰的经济。爱丁堡的服务贸易因为国王和王室人员的离开而损失惨重,苏格兰商人也失去了在法国的贸易特权。英格兰在欧洲的战争打乱了苏格兰与低地国家的贸易,但苏格兰人又被禁止在英国的海外殖民地进行贸易。到了1690 年,曾经等值于英格兰镑的苏格兰镑,其价值已缩水至原先的十二分之一。

达里恩计划

1695 年,苏格兰公司(Company of Scotland)成立,其目的是"鼓励非洲和印度的贸易"。当伦敦明确表示不会容忍苏格兰在重合的领域与自己进行竞争时,苏格兰人计划在巴拿马的达里恩(Darien)半岛设立一个贸易站,以便在美洲最狭窄的地区控制货物交易。这个计划失败的原因有很多,包括新爱丁堡从一开始就被疟疾横行的沼泽包围,定居者缺乏经验,殖民地受到当地人和西班牙军队的袭击,等等。然而,在 1700 年损失了对该公司投资的苏格兰人记得,伦敦的议会阻挠了苏格兰公司的发展，威廉更愿意安抚他的西班牙盟友，而不是帮助他的苏格兰臣民。1692年的格伦科（Glencoe）大屠杀后，许多苏格兰人开始不信任威廉，并且希望结束君主联合。

《王位继承法》

英格兰、苏格兰和爱尔兰的王位继承问题一直很棘手，这个问题没有在1689年得到解决。玛丽于1694年去世，然后威廉独自统治，直到1702年他因为马被鼹鼠洞绊倒而摔倒身亡。欧洲各处的詹姆斯党流亡者都为"黑天鹅绒背心的小绅士"的健康而举杯庆祝。威廉和玛丽没有孩子，王位由玛丽的妹妹安妮继承。她登基时37岁，尽管她生了17个孩子，但没有一个孩子活到成年。安妮是斯图亚特王朝最后一位新教君主。1701年，詹姆斯二世在法国去世，他的儿子詹姆斯·弗朗西斯·爱德华·斯图亚特对王位拥有最优先的继承权。然而，作为一名天主教教徒，他是不可能被接受的。在1701年的《王位继承法》中，英国议会裁定，如果安妮去世时没有继承人，英国王位将转交给德国汉诺威公国的新教统治者。

议会间的斗争

就在达里恩计划破灭后不久，《王位继承法》出台了，这深深激怒了苏格兰人。苏格兰议会以一系列法案作为回应，以捍卫苏格兰相对于英格兰的独立。苏格兰只会根据自己的条件来接受汉诺威的君主，苏格兰将奉行自己的外交政策，而且不管英格兰与法国的战争进行得如何，苏格兰都将继续与法国开展贸易。让安妮女王的首席大臣戈多尔芬勋爵（Lord Godolphin）感到恐怖的是，这造成了一个让天主教斯图亚特家族成员登上苏格兰王位和法国从"后门"入侵英国的潜在危险局面。对此,伦敦以《让渡法案》(*Aliens Act*)作为回应,该法案是一份最后通牒,规定除非苏格兰人在1705年圣诞节前与英格兰进行全面联合的谈判,否则苏格兰人及其货物将被视为外国人和外国货物。英格兰的军队从欧洲转移到纽卡斯尔(Newcastle),边境两边都传出了战争的流言。面对与英格兰贸易破坏的威胁和马尔伯勒公爵率军入侵的可能,苏格兰议会同意派遣谈判专员前往伦敦。

大事年表

1701 年	英格兰的《王位继承法》保证了新教教徒继承王位
1703—1704 年	苏格兰议会主张脱离英国独立
1705 年	英格兰议会用《让渡法案》的贸易惩罚来威胁苏格兰
1706 年	英格兰和苏格兰议会的代表在白厅会面
1707 年	苏格兰和英格兰的《联合条约》(*Treaty of Union*)得到批准
1707 年	联合王国成立

全面联合

1706年4月,两个王国各自派出31名代表秘密聚集在白厅。苏格兰人和英格兰人在不同的房间会面,只以书面形式相互交流。女王已经认可了全部62名代表,因此《联合条约》的主要原则在10天内就制定完成了。苏格兰人主张建立一个联邦式的联盟,为爱丁堡保留一些权力,但英国人要求建立一个完全合并的联盟,废除苏格兰议会。一项补充法案确保了苏格兰教会将以长老会形式存在,从而使其对条约的辩论失去了兴趣。尽管苏格兰境内存在强烈的反对意见,但苏格兰议会还是于1707年1月批准了这份条约,并于3月解散。

大不列颠王国

1707—1714 年

大不列颠王国于 1707 年 5 月 1 日成立。《联合条约》是一次旨在联合两个王国的真正尝试，这两个国家有着漫长的敌对历史，但也有许多共同点。然而，在几年之内，联合就近乎破裂了。

条约条款

联合王国的象征是由圣安德鲁和圣乔治的十字组成的新国旗。两个国家中违反《联合条约》的现行法律将变为无效，但英格兰和苏格兰会保留各自不同的法律体系和法院。苏格兰人接受了新教汉诺威王朝的继承权。从理论上说，苏格兰和英格兰议会都被废除了，但新的不列颠议会位于威斯敏斯特，并遵循英格兰的程序。苏格兰人在下议院获得 45 个席位，在上议院获得 16 个席位。相较于 513 名英格兰下议院议员和 196 名英格兰上议院议员，这个数量显得微不足道，但这已经被认为是对苏格兰人的慷慨了，因为他们最初只需支付英格兰税收负担的 40%。大不列颠将成为一个共同的自由贸易区，使用英格兰的货币和度量衡。苏格兰人将以平等的条件进入英格兰的港口和殖民地。

补偿金

苏格兰现在成为新的不列颠税收体系的一部分。这给苏格兰带来了冲击，因为 1707 年以前苏格兰人几乎没有公共债务，而且税收也很低。然而，英格兰拥有超过 1800 万英镑的巨额国债，主要是因为它在欧洲打仗。苏格兰现在对这笔债务负有共同责任。为了减少不满，苏格兰在盐和酿造啤酒所用的麦芽等基础货物上获得了几项临时的税收优惠。此外，英格兰国库同意向苏格兰支付一笔金额为 389085 英镑 10 先令的补偿金。苏格兰公司将停止经营，但在达里恩计划中受损的股东们得到了补偿。

大事年表

1707 年 5 月	大不列颠王国正式成立
1707 年 8 月	补偿金运抵爱丁堡
1708 年 5 月	苏格兰枢密院彻底解散
1709 年	英格兰《叛国法》适用于苏格兰
1711 年	宗教宽容的范围扩大至圣公会教徒
1713 年	解除联合的法案以 4 票之差落败
1715—1760 年	苏格兰经济衰退

英格兰的庆祝

伦敦塔（Tower of London）和圣詹姆斯公园（St James' Park）鸣放了礼炮来庆祝大不列颠王国的诞生。安妮女王在成为新王国君主的第一天早晨前往圣保罗大教堂（St Paul's Cathedral）感恩。

来自北方的古老威胁以及詹姆斯党复辟的机会，似乎最终都被消除了。在昆斯伯里公爵（Duke of Queensberry）的主导下，条约在苏格兰议会获得通过。当他来到英格兰，在威斯敏斯特的议会担任议员时，他就像 1603 年的詹姆斯六世一样受到了人群的款待，并在英格兰的豪宅中接受了宴请。一个政府大臣代表团在巴尼特会见了这位"联合公爵",并亲自护送他进入伦敦。

被破坏的条约

一些苏格兰贵族很快就对联合感到后悔。苏格兰枢密院于1707年年底开始解散,而1709年,根据现行英格兰法律而为苏格兰制定的新《叛国法》明显违反了条约。一些在苏格兰最高法院(Court of Session)败诉的案件被上诉到了上议院,这再次违反了条约。1711年,一名英国国教牧师因为在爱丁堡使用英语祈祷书而被判有罪,但根据上议院的命令,他被释放出狱。伦敦的托利党政府授予苏格兰圣公会教徒做礼拜的自由,并在圣诞节强制实行公共假日,这一节日长期以来被长老会视为起源于天主教的节日。1707年,长老会认为他们的苏格兰教会是安全的,因此不情愿地同意了联合,但到1715年,许多人在看到伦敦对苏格兰的干涉后深感担忧。

苏格兰人的失望

1707年8月,由龙骑兵护送的12辆马车载着补偿金抵达爱丁堡。但令苏格兰人惊恐的是,承诺的赔偿金中只有四分之一是贵金属(金银锭),其余则以纸币的形式出现,这是一种大多数苏格兰人都不信任的新奇事物。1707年后,苏格兰人与法国的贸易有所下滑,但他们对法国白兰地和丝绸的需求没有下降,再加上英国关税的提高,导致了走私活动的增加。到1713年,苏格兰社会的关键阶层——贵族、商人、教士、律师对联合深感不满。当政府提议对麦芽征收新税时,一场危机出现了,因为这种行为再次违反了条约。一项废除联合的法案在上议院仅以4票之差被否决。至少对苏格兰人来说,联合的开局并不好。

詹姆斯党叛乱

1708—1746 年

对詹姆斯党来说，《联合条约》是篡位者和叛徒议会签署的非法条约。只有击败詹姆斯党并摧毁其支持来源，才能确保1707[①]年的《王位继承法》得到延续。

大事年表

1708 年	法国派出入侵舰队以支持旧的王位觊觎者
1714 年	汉诺威的乔治继承了安妮女王的王位
1715 年	马尔伯爵因谢里夫穆伊尔战役的失败而无法冲出高地
1719 年	西班牙试图恢复斯图亚特王朝的统治，但未成功
1745 年	9 月，政府军在苏格兰击败了王位觊觎者
1746 年	4 月，詹姆斯党在因弗内斯附近的卡洛登遭遇惨败

1708 年入侵

苏格兰对联合的不满极大地鼓励了"觊觎者"詹姆斯。1708 年 3 月，一支由 20 艘军舰组成的庞大的法国舰队在苏格兰东海岸外游荡，但这次远征被恶劣的天气和犹豫的决定困扰着。当他们在法夫登陆时，本地的士绅对詹姆斯党的事业几乎毫无热情。詹姆斯病倒了，他的法国军官们只能掉头回家。

[①] 原文如此。疑应为 1701 年。——编者注

1715年叛乱

第二次的叛乱更为严重，因为它得到了英国国内强大势力的支持。1714年，新国王乔治一世从汉诺威抵达，解散了安妮的托利党内阁，并招募了自己的辉格党人。失望的托利党人不可避免地把目光投向了法国的詹姆斯党，期待他们取得某种进展。1715年，马尔伯爵（Earl of Mar）在东部高地的布雷马（Braemar）举起了詹姆斯八世的旗帜。他迅速召集了一支12000人的军队，并得到了阿伯丁、邓迪、珀斯和因弗内斯等重要自治城市的支持。然而，政府军在谢里夫穆伊尔（Sheriffmuir）的一场不具决定性的战役中击败了马尔伯爵。由于无法冲出高地，马尔伯爵无法与英国北部詹姆斯党取得联系，导致这些詹姆斯党被迫在普雷斯顿投降。12月，当觊觎者到达彼得黑德（Peterhead）时，起义已经结束，他只能返回法国。

1719年入侵

西班牙再一次试图恢复斯图亚特王朝，他们派出了一支小部队去煽动高地的部族，并派遣一支更大的舰队入侵英格兰。与1588年一样，这支舰队因天气恶劣而解体。两艘载有300名西班牙士兵的护卫舰抵达了西部的高地，但未能激起当地人的热情，随后被汉诺威军队围捕。

1745年叛乱

1744年，法国入侵舰队被"新教飓风"（'Protestant gales'）驱散。1745年7月，小王位觊觎者查理·爱德华·斯图亚特（Charles Edward Stewart，也被称为英俊王子查理）坚定不移地驶向苏格兰，他仅与七名同伴在赫布里底群岛的埃里斯凯（Eriskay）登陆。自从他的祖父被废黜以来,已经过去了57年,但宗族们并没有忘记1715年的失望。失败的风险很高,一些宗族不愿意参与叛乱。不管怎样,到9月底,这位小王位觊觎者已经集结了一支军队,占领了珀斯,在苏格兰的普雷斯顿潘斯(Prestonpans)击败了政府军,并在他祖先的荷里路德宫建立了自己的宫廷。他的地位并不稳,因为低地很少有人愿意穿上詹姆斯党的白色斗篷,而且重要的堡垒仍然掌握在政府手中。随着冬天的临近,查理向南进军,于12月初到达距离伦敦仅208千米(129英里)的德比。伦敦出现了恐慌,汉诺威王室的成员把财物搬到泰晤士河的驳船上,准备逃离这座城市。然而,令查理十分厌恶的是,精疲力竭的詹姆斯党人转头回家了。在他们家乡的土地上,詹姆斯党于1月的福尔柯克赢得了进一步的胜利,但由于兵力更强的汉诺威军队逐步逼近,他们向北撤退。最终,在因弗内斯附近的卡洛登(Culloden)荒原,由于平坦的地形不适合高地人冲锋,政府军队使用霰弹赢得了胜利。

卡洛登战役之后

这场在英国领土上的激战标志着自16世纪30年代以来困扰着英国的政治-宗教冲突落下帷幕。詹姆斯党的威胁已经结束,但那个时代的人并不清楚这一点,政府采取了苛刻的行动来镇压高地。宗族被解除武装,首领们失去了他们古老的司法权。自1689年以来,历届政府一直在苏格兰各地修建堡垒和道路网络。1748年,汉诺威政府开始建设其最终解决高地问题的方案。位于因弗内斯附近的乔治堡(Fort George)花了20多年时间才建成,耗资20万英镑,按现代标准计算,这笔钱的价值远远超过10亿英镑。它能容纳2000多名士兵并储存3000桶火药,是18世纪欧洲建造的最大、最坚固的防御工事。它是一个象征,标志着在英国南北方长达几个世纪的控制权斗争中,南方取得了胜利。

在1746年的卡洛登战役中，詹姆斯党在人数和枪支数量上都远远不及英国政府军。

[第六章]
乔治王朝统治时期的英国

政党政治兴起

1700—1750 年

到 1700 年,复辟时代的宫廷和乡村派系正演变为议会政党。随着英国政治的变化,这些团体因赞助和选举管理而团结在一起。

辉格党和托利党

到 1715 年,辉格党和托利党不仅有了名字,而且有了基于信仰的集体认同感。辉格党接受了 1688 年的革命变革,主张新教教徒继承王位、有限君主制、议会权利以及对所有新教教徒(包括非英国国教的不同政见者)的宽容。托利党则因对王室和英国国教的忠诚而团结在一起。在 18 世纪早期,托利党一直无法摆脱与斯图亚特王朝"旧事业"的联系。因此对托利党投身詹姆斯党活动的指控,尽管远远谈不上正义,依然导致他们在 1714 年到 1760 年间被排除在政府之外。这是辉格党时代,不过尽管辉格党控制了中央政府,但许多诸如治安法官(Justices of the Peace)等无薪但有影响力的职位都由托利党地主担任,因此双方的权力得到了平衡。

王室与议会

汉诺威王朝前两位君主对英国政府的发展发挥了至关重要的作用。乔治一世不会说英语,他在汉诺威比在伦敦更快乐,所以他基本满足于让大臣们代替他进行统治。然而,他清楚地明白是辉格党在1714年让他登上了王位，而一些托利党人也确实卷入了召回王位觊觎者的阴谋。乔治二世憎恨他的父亲，原本他在1727年登基时可能会解散他父亲的辉格党内阁。然而，辉格党领袖罗伯特·沃波尔（Robert Walpole）与他的妻子成为朋友，而乔治相信他妻子的判断。此外，沃波尔还提议将新国王的王室年俸增加10万英镑，谨慎行事，以表忠诚。乔治一世和二世都没兴趣参加内阁会议，因此皇室的行政权力事实上逐渐移交给首席大臣或首相。两位国王都满足于让沃波尔处理事件的细节，并管理复杂的保护人关系网以维持辉格党在议会中的多数席位。尽管国王仍然可以罢免他的首相，不论其是否获得议会的信任，行政的权力却不可避免地从君主转移到了内阁领导人手中。虽然沃波尔从未获得过首相头衔，但他在1721年到1742年的长期执政对首相职位的发展至关重要。

大事年表

17世纪80年代	英国国教的"官廷党"得到了"托利"的绰号
17世纪80年代	新教的"乡村党"得到了"辉格"的绰号
1714年	新国王乔治一世更喜欢辉格党而不是托利党
1714—1760年	托利党因"同情詹姆斯党"而下台
1721—1742年	罗伯特·沃波尔爵士因经济危机而上台
1727年	乔治二世继续让沃波尔掌权

保护人

辉格党控制了王室意味着辉格党控制了武装部队、教会、司法和发展中的公务员队伍。只有可靠的辉格党人才能在这些职位上获得成功。辉格党对议会的控制权建立在他们的"获赠官位"（'placemen'）

人员的方阵上。大约四分之一的下院议员在政府中担任轻松的次要职位，而且薪水丰厚。

选举"腐败"

政党管理者还能够控制大量选区中诸多议员的选举。腐败的自治城市比比皆是，那里的选民人数很少，可以被贿赂。最臭名昭著的例子包括汉普郡的旧萨鲁姆（Old Sarum）和萨福克郡（Suffolk）的邓威奇（Dunwich），前者是一座废弃的中世纪土垒，后者曾经是一个繁荣的羊毛港口，但大部分已沉入大海。其他袖珍选区的代表通常是当地的大地主，他们的影响力大到足以提名这些议员。上议院的同僚通常会选择他们的亲属坐在下议院，让他们获得议会经验。纽卡斯尔的佩勒姆公爵（Pelham Duke）控制了14个下议院席位。在苏格兰，县选举通常由"羊皮纸大王"（parchment barons）决定——律师们携带着他们有权势的客户控制的虚构选民名单，在各个选举间穿梭。《1716年七年届期法》（The Septennial Act of 1716）也为辉格党的管理者提供了帮助，因为它确保了昂贵的大选每7年才举行一次，而不是3年。

稳定的政府

这一体系的产物并不都是腐败的地方人物，例如，精明能干的威廉·皮特（William Pitt）"当选"为旧萨鲁姆的议员。这一体系造就了稳定的政府，甚至培养出了强有力的托利党反对派。这种稳定促使18世纪的英国政治发生变化。1712年，托利党把年轻的辉格党人沃波尔送进了伦敦塔关押。1714年，托利党人博林布鲁克（Bolingbroke）下台后不得不逃往法国。然而，到了1750年，一位名誉扫地的议员受到的惩罚更有可能是被排除在保护人的"食槽"之外，不得不回到自己的庄园。

英国与欧洲

1700—1763 年

1713 年，西班牙王位继承战争（War of Spanish Succession）结束时，英国以胜利者的姿态登上欧洲舞台。在 1756 年至 1763 年的七年战争（Seven Years War）中，英国彻底击败了与其争夺全球霸主位置的对手法国。

马尔伯勒的战争

1702 年，安妮女王接手了威廉与路易十四的战争。幸运的是，她还获得了一位当时英杰——马尔伯勒公爵（Duke of Marlborough）约翰·丘吉尔（John Churchill），他的部队称他为"约翰下士"。1694 年英格兰银行（Bank of England）的成立也使英国有了筹集更多战争资金的金融工具，增强了英国建立联盟和保持盟友持续战斗的能力。1704 年，马尔伯勒指挥一支来自七个国家的欧洲军队，在多瑙河畔的布林德海姆（Blinheim）让法国人尝到了 40 多年来的第一次重大失败，拯救了维也纳。在西班牙属地荷兰，马尔伯勒在拉米伊（Ramillies）、乌德纳尔德（Oudenarde）和马尔普拉凯（Malplaquet）赢得了更多的胜利。尽管马尔伯勒在 1711 年失去了王室的喜爱，但他的胜利确保了新的大不列颠王国的第一次外交胜利。根据 1713 年的《乌得勒支条约》（Treaty of Utrecht），英国获得了阿卡迪亚（Acadie）的大部分土地，阿卡迪亚是从魁北克（Quebec）延伸到新英格兰（New England）的法属北美的大片土地。直布罗陀（Gibraltar）和梅诺卡（Minorca）也被英国征服。根据另一项条约，英国获准插足利润丰厚的西班牙奴隶贸易。更重要的是，所有欧洲国家都默许了英国作为一流国家的崛起，以及法国实力的衰落。

詹金斯耳朵之战

罗伯特·沃波尔爵士在掌权的大部分时间都奉行与法国和平相处的政策，他更喜欢繁荣和稳定，而不是战争。他以避免在欧洲发生军事冲突而自豪，据说他吹嘘"今年欧洲有5万人被杀，但没有一个英国人"。然而，英国参与的西班牙奴隶贸易在1739年引发了麻烦。西班牙美洲当局抓捕了一艘英国私掠船，据称还割掉了船长的耳朵。之后，詹金斯船长在恰当的时机把存放着腌制耳朵的瓶子拿到下议院进行了展示。国民的愤怒迫使沃波尔在不情愿的情况下卷入了一场战争，战争的开头进展不错，英国占领了西班牙在中美洲的波托贝罗（Portobello）的银厂，但最终，这场战争以沃波尔的辞职告终。

大事年表

1704 年	马尔伯勒在布林德海姆的第一场伟大胜利
1713 年	英国在《乌得勒支条约》中获得了法国在北美的大部分领土
1739 年	打击西班牙的詹金斯耳朵之战爆发
1740 年	奥地利的继承战争导致了法英冲突
1756 年	奥地利和普鲁士之间的冲突演变为七年战争

（续表）

1757 年	罗伯特·克莱武（Robert Clive）在普拉西击败孟加拉的纳瓦布
1759 年	英国在加拿大、西印度群岛和印度取得了一系列的胜利
1763 年	《巴黎条约》确定了英国在北美和印度的霸权

乔治的战争

1740 年，奥地利和普鲁士在中欧爆发战争。当法国介入后，英国及其荷兰盟友也纷纷加入战争。1743 年，乔治二世亲自率领一支由英国和汉诺威部队组成的联军驻扎在德廷根（Dettingen），他是最后一位亲自指挥战斗的英国君主。

为争夺世界而战

1748 年，辉格党首相亨利·佩勒姆（Henry Pelham）维持了欧洲不稳定的和平。在他死后的 1756 年，普鲁士和奥地利爆发了第二次战争，真正的战争对手英国和法国很快卷入了战争。这两个国家都积累了大量的海外资产，双方在印度和北美的贸易、影响力和领土上都处于竞争关系。因此，对这些新生帝国来说，战争真正的奖赏就是统治世界。这场战争的开局对英国并不利。1756 年，英国丢失了梅诺卡和马德拉斯，法国的蒙卡尔姆侯爵（Marquis de Montcalm）率军挺进加拿大。第二年，坎伯兰军事能力上的不足在德国的战斗中展现出来，但这也是战争的转折点。1757 年，英国成立了一个以威廉·皮特和纽卡斯尔勋爵为中心的新政府，随后罗伯特·克莱武在孟加拉的普拉西取得惊人胜利的消息传来，在那场战斗中，一支 3000 人的英国部队和当地士兵组成的军队击溃了 15 倍规模的敌军。

1759年——胜利之年

皮特向欧洲的战争投入了大量的人力和金钱，他希望把法国继续困在欧洲战场，然后"在易北河沿岸赢得加拿大"。这个政策在1759年8月的明登战役（Battle of Minden）中取得了成果。皇家海军的制海权在西印度群岛和西非为英国赢得了一些小胜利，同时确保了法国很难加强它在北美的部队。沃尔夫（Wolfe）的大胆行动让英国在9月占领了魁北克。胜利的一年以法国舰队在布列塔尼附近的基伯龙湾（Quiberon Bay）被摧毁而结束。1760年，法国在印度和加勒比海的剩余属地遭到了扫荡。1763年的《巴黎条约》确认，大不列颠已经赢得了一个从加拿大延伸至东方的帝国。

失去北美

1763—1783 年

英国在北美的问题始于1763年的胜利时刻。在20年内，13个殖民地成功地击败了世界上最强大的国家并赢得了独立。

胜利的代价

在许多美洲殖民者眼中，法国人的离开消除了接受英国保护的必要性。许多殖民者可能仍然觉得自己是英国人，却越来越不愿意为这个特权买单。1764年，大湖区土著民族的庞蒂亚克（Pontiac）起义表明，防御是必要的，伦敦希望殖民者支付理所应当的费用。然而，从1764年到1767年，殖民者对英国对糖浆、玻璃、茶、法律文书和报纸等一系列物品征收的税和关税表示不满。针对每一项新负担的具体抗议演化出了"无代表，不纳税"的口号。

渐行渐远

北美骚动的时候正是乔治三世试图夺回其祖父和父亲失去的一些皇室权力的时期，这引起了人们对君主再次试图独裁的担忧。不管怎样，许多殖民者对王室几乎没有什么感情，他们是来自英国圣公会正统派或苏格兰人和爱尔兰叛军的宗教难民的后代。4800千米（3000英里）宽的大西洋确保了殖民地迅速脱离英国，并在自信中逐步成长。英国当局采取的笨拙有时甚至野蛮的应对措施加剧了这种分离身份的认同感。1770年的波士顿惨案（Boston Massacre）永久地疏远了马萨诸塞州和许多其他北方殖民者与英国的感情。1774年的《魁北克法案》（*Quebec Act*）将加拿大边境延伸至俄亥俄河（Ohio River），从而威胁到北美向西扩张的希望。英国对法裔加拿大天主教教徒的容忍深深地冒犯了新英格兰的清教教徒。汤姆·潘恩（Tom Paine）等激进分子敦促北美殖民者采取行动捍卫他们的自由。

独立战争

1775年，列克星敦（Lexington）和康科德（Concord）的战斗打响了，殖民地民兵开始与英国正规军交战。很少有人料到，拥有专业的军队、经验丰富的军官和完整制海权的英国会在镇压叛军志愿民兵方面遇到严重困难。不同的殖民地之间几乎没有合作的传统，初出茅庐的国会部队完全不正规，而且装备简陋。尽管英国于1775年在波士顿附近的邦克山（Bunker Hill）赢得了第一场战斗的胜利，但北美反抗的深度表明，这场冲突不会很快得到解决。1777年，来自加拿大的救援部队由于不断遭到游击队的袭击，在纽约（New York）的萨拉托加（Saratoga）投降，英国将中部殖民地从更激进的新英格兰分裂出去的希望破灭了。事实证明，华盛顿将军很善于让他那些吃不饱的士兵留在战场上，随着战争的发展，北美殖民者对他们事业的信念也在增强。1778年法国加入了这场战争，一年后西班牙也加入，英国的海军优势被削弱。英国此时一边与殖民者作战，一边盯着它在印度、加勒比海和地中海的领地。1781年，北美的英军主力部队在弗吉尼亚的约克镇被一支规模更大的法美联军包围，最终英军选择投降，战争也随之结束。

大事年表

1763 年	《巴黎条约》解除了北美殖民地面临的法国威胁
1770 年	五名殖民地民众在波士顿惨案中被英国军队杀死
1775 年	英国人在波士顿的布雷德山和邦克山取得代价高昂的胜利
1777 年	英国的增援部队在纽约的萨拉托加投降
1778 年	法国加入独立战争,支持北美殖民者
1783 年	英国在《凡尔赛和约》中承认美国的独立

第一帝国的结束

1783 年,英国在凡尔赛接受了美利坚合众国的独立。五大湖以东的加拿大边界被固定在如今的边界线上,因此美国人向西部扩张的大门重新打开了。多亏了盖伊·卡尔顿爵士（Sir Guy Carleton）,英国人保留了在加拿大的利益,他在整个战争期间巧妙地守住了魁北克。1783 年后,估计有 5 万名效忠于英国的人从美国移居加拿大,他们在加拿大建立了新的家园,帮助建立了新不伦瑞克（New Brunswick）和安大略省。他们的到来,以及他们对"无政府主义"美国的敌意,提供了加拿大作为英国领土所必要的人力和决心。美洲殖民地的丢失也对英国的国内政治产生了影响。国王和他的托利党大臣们基本上名誉扫地,"农夫乔治"打算对国内事务发挥更直接影响的希望破灭了。18 世纪 80 年代以后,他把更多的时间花在了改良农业和收藏书籍的个人兴趣上。紧随对法七年战争而爆发的对美的长期战争,进一步刺激了经济的变化,随着对原料的需求继续发展,这种变化席卷了整个英国。

英国与法国大革命

1789—1792 年

法国大革命起初受到英国许多人的欢迎,特别是那些希望进行某种程度改革的人。然而,随着法国陷入政治恐怖和战争,英国对革命的看法变得两极分化,政府开始压制自由主义思想。

幸福的黎明

100 多年来,英国宣传家一直在比较君主立宪制的优点和法国波旁专制主义的缺点。因此可想而知的是,各种阶层和政治背景的布立吞人最初都欢迎 1789 年从法国传来的重大消息。宿敌陷入不安,英国宪法的优越性被进一步证明,这些让托利党人兴奋不已。辉格党人则为旧体制的终结而欢欣鼓舞,他们仔细观察着巴黎,看看能从法国议会政府的实验中学到什么。威廉·华兹华斯(William Wordsworth)等持有激进观点的英国人甚至亲自前往法国观察新世界的创建——"能活在黎明时光是何等幸福"。共和派诗人罗伯特·伯恩斯(Robert Burns)也在法国的革命中找到了许多推动力,他独特地把反教士主义和对阶级不平等的反思融合起来。在短短的几个月里,大多数布立吞人至少短暂地同意过著名辉格党人查尔斯·詹姆斯·福克斯(Charles James Fox)的观点,即巴士底狱的倒塌是世界历史中最好、最伟大的事件。

埃德蒙·伯克

但在最初的时候，也出现了不赞同法国大革命的声音，那就是盎格鲁-爱尔兰辉格党人埃德蒙·柏克（Edmund Burke）。柏克一直同情美国革命者对乔治三世的不满，并对1781年丢失殖民地的托利党政府提出了强有力的批评。然而，柏克对法国发生的事件感到不安，在他1790年的著作《法国革命论》（*Reflections on the Revolution in France*）中，他准确预测了革命将陷入暴力无政府状态和军事独裁之中。柏克是法国大革命最早的批评者之一，而且从长期来看，他并不是唯一的批评者，因为英国各地的有产者越来越担心，英国可能会出现效仿滥杀的雅各宾派（Jacobin）的例子。

托马斯·潘恩

柏克的《法国革命论》引起了激进派小册子作家托马斯·潘恩的书面回应。1776年，潘恩的《常识》（*Common Sense*）鼓励美国殖民者起义。后来在1791年，潘恩出版了《人的权利》（*The Rights of Man*），驳斥了保守主义的柏克对法国大革命的否定。在柏克呼吁传统和权威的领域，潘恩借鉴了当代美国和欧洲天赋人权的思想。其中之一是人民有权在自己愿意的情况下改变他们的政府。潘恩的思想在英国北部新兴制造业城市的中下阶级中引起了共鸣。1792年，激进俱乐部及"通讯社团"在英国各地蓬勃发展，作为与法国人民团结一致的行动，人们种下了自由之树（Trees of Liberty）。英国政府对潘恩书中的观点及其受欢迎程度感到震惊，尽管潘恩当时身在法国，但仍因煽动叛乱而受到审判。

战争与镇压

1793年1月,路易十四被送上断头台,法国和英国在当月就开始了战争。这场战争从开始就是意识形态的战争,正如乔治三世所观察到的,法国革命政府的存在威胁着"每个文明国家的秩序基础"。现在,雅各宾派的支持者不仅在政治上有嫌疑,而且已经被认为是潜在的叛徒了。整个英国的统治阶级都被革命的幽灵吓坏了。在苏格兰,反动法官布拉克斯菲尔德爵士(Lord Braxfield)仅仅因为鼓吹议会改革,就判处年轻的激进派人士托马斯·缪尔(Thomas Muir)14年监禁,在新南威尔士(New South Wales)的刑事殖民地服刑。紧张不安的政府暂停了《人身保护法》(*Habeas Corpus*)并逮捕了已知的激进分子。托马斯·哈迪(Thomas Hardy)是一名鞋匠,也是伦敦通讯社(London Corresponding Society)的秘书,他被逮捕并被控叛国罪。不过他很幸运地接受了英格兰法律的审判,然后被无罪释放,但他的合作者——苏格兰人罗伯特·瓦特(Robert Watt)被判有罪并被处决。

《结社法》

政府敏锐地意识到,在不断发展的工业城镇中,工厂工人特别容易接受激进的想法并按呼吁行动起来。政治头脑发热的人可能会因奸细的煽动而公然走上街头,但冗长的工作时间和低工资意味着许多工人也开始结社以追求更高的工资和更好的待遇。政府对雅各宾主义的恐惧导致了1799年和1800年出台了两部《结社法》(Combination Acts),该法案规定工人加入工会是非法的。

反抗拿破仑的战争

1793—1815 年

英国希望通过建立联盟和保持对海洋的控制来击败法国。1805年，法国入侵英国的希望在特拉法尔加（Trafalgar）破灭，但直到又过了10年，法国的人力损失和英国的经济封锁才最终解决了这个问题。

战争起因

法国发生的屠杀和大规模处决让英国公众感到震惊，但英国发动战争是出于战略原因。法国在1792年颁布的《博爱法令》（*Edict of Fraternity*）承诺支持所有国家进行反压迫斗争，这似乎是针对动荡的爱尔兰。法国占领比利时违背了英国外交政策的首要目标——维持低地国家的中立。法国计划恢复安特卫普作为贸易中心的地位，这同样威胁到了伦敦的地位。因此，英国开始了持续20多年的敌对行动。

大事年表

1798 年	拿破仑在埃及的成功威胁到了英国在地中海的势力
1801 年	英国在哥本哈根的胜利确保它能够获得斯堪的纳维亚的供给
1805 年	纳尔逊在特拉法加击败法国－西班牙舰队
1807 年	议会用命令来封锁拿破仑统治下的欧洲
1813 年	被削弱的法国军队在莱比锡遭遇决定性的失败
1815 年	拿破仑最终在比利时的滑铁卢被击败

243

第一次反法联盟

战争的第一阶段对英国不利。小威廉·皮特希望建立一个反对法国的欧洲联盟，利用英国的财政实力为盟国的军队提供资金。到1797年，这一政策似乎已经崩溃。法国的革命军热情高涨，大举进军荷兰，迫使荷兰人放弃与英国的同盟关系。普鲁士退出了战争，而西班牙则投靠了法国。1796年，位于意大利的法军在年轻而富有魅力的指挥官拿破仑·波拿巴（Napoleon Bonaparte）的带领下横扫阿尔卑斯山。法国在陆地上似乎势不可当，而英国皇家海军在执行封锁任务时受到严重兵变的阻碍。到1797年，英国最后一个盟友奥地利提出和平提议时，英国已经孤立无援了。

1798—1801年，地中海的斗争

在意大利北部的指挥官和西班牙盟友的帮助下，法国控制了地中海的西部。1798年8月，纳尔逊（Nelson）在尼罗河口摧毁了拿破仑的舰队，这粉碎了法国向地中海东部扩张的计划。1799年，英国海军让土耳其和那不勒斯王国（Kingdom of Naples）一直陷在战斗之中，第二个反法联盟也组建了起来。但是在拿破仑的领导下，法国于热那亚附近的马伦戈（Marengo）取得了胜利，这个联盟也随之崩溃。拿破仑现在是法国的第一执政官（First Consul），也是柏克10年前预言的法国专制统治者。英国海军又取得了两次胜利——1801年的哥本哈根海战以及1800年占领了战略要地马耳他（Malta）。

1804—1805年，入侵年代

新加冕为皇帝的拿破仑意识到，尽管他可以控制欧洲大陆的大部分地区，但若想维持长期的霸权，他必须消灭那些"岛民"。在

1804年至1805年间，他在布洛涅准备了一支庞大的驳船入侵舰队。然而，在皇家海军前往英吉利海峡清理法国舰队前，拿破仑的入侵军队就不得不转移到奥斯特利茨（Austerlitz），迎战奥地利和俄国的联军。1805年12月，拿破仑在那里取得了辉煌的胜利，摧毁了皮特组建的第三个反法联盟，并将这位灰心丧气的首相早早送进了坟墓。然而，10月，英国皇家舰队在西班牙海岸的特拉法加摧毁了法国舰队，使英国完全掌握了制海权，进而确保英国不会遭遇任何入侵。正如海军上将约翰·杰维斯爵士（Sir John Jervis）向上议院解释的："我并不是说法国人不能来。我只是说他们不能坐船来。"

经济战争

1806年，拿破仑开始了一场反对英国制造业的经济战争，他禁止自己的同盟国与英国开展任何贸易。1807年，英国人对他的"大陆体系"（Continental System）做出了回应，英国枢密院命令实施反封锁，停止了与拿破仑阵营和欧洲其余中立国之间的所有贸易。两年后，英国在伊比利亚半岛（Iberian peninsula）开辟了一条新的战线，威灵顿的辉煌胜利牵制了法国军队，让他们无法去支援其他地方，特别是1812年拿破仑在俄国的军事冒险失败之后。拿破仑进军莫斯科是为了迫使俄国人留在大陆体系内。但入侵俄国的战争变成了一场灾难，拿破仑损失了大约50万人，其中许多人死于寒冷和疾病。从这一刻开始，资源的计算就对科西嘉的天才不利了。1813年，第四次反法联盟在莱比锡取得了压倒性的胜利，尽管两年后的滑铁卢，英国军队才是最终战胜拿破仑的最大功臣。

18 世纪的爱尔兰

1695—1800 年

1775 年后，爱尔兰要求变革的呼声日益高涨，这威胁到英国对爱尔兰政治和经济生活的控制。出于对爱尔兰民族情绪复苏和 1798 年起义的忧虑，伦敦政府于 1800 年将爱尔兰与大不列颠联合起来。

对天主教教徒的歧视

1691 年后，英国和爱尔兰议会通过了一些法案，旨在限制爱尔兰天主教人口的权利，并确保占主导地位的新教盎格鲁 – 爱尔兰人（属于已建立的爱尔兰教会）的统治地位。刑事法律明显是为了鼓励天主教教徒服从爱尔兰教会而设计的。如果受益人皈依已建立的教会，那么他们有权获得更大份额的遗产，一些天主教的领主以这种方式保存了他们的财产。总的来说，到 18 世纪 70 年代，这些法律的效果让天主教教徒拥有的土地数量减少至不到 10%。然而，没有出现大规模抛弃旧信仰的情况，旧的生活方式也靠着秘密的罗马神职人员和非法的"篱笆学校"（hedge school）维持着。

惩罚性法律

根据惩罚性法律，天主教教徒被排除在都柏林议会、法律界和司法机构之外。天主教教徒购买、租赁或继承土地受到法律的限制，他们被禁止拥有用于军事目的的枪支或马匹。天主教教徒也被禁止教书和出国留学。天主教的牧师职位受到严格控制，一些刑事立法也专门针对持不同政见的阿尔斯特长老会（Ulster Presbyterian）。

商业法律

除了这些民事上的障碍外，法律还被用来限制和控制爱尔兰的经济。由于担心竞争，查理二世的议会已经限制了爱尔兰对英国的牲畜贸易。1699年，爱尔兰羊毛商人被迫将全部产品出口到英格兰，并且要承受高额的关税。商业法律保证了林业和农业成为18世纪爱尔兰的主要产业。对木材和木炭的需求导致了过度砍伐，进而使林业的规模迅速下降。对于越来越漫不经心的盎格鲁-爱尔兰地主来说，农业具有更好的可持续性和盈利能力。到了18世纪60年代，爱尔兰成为腌制牛肉和黄油的主要出口国，也是英国军队和殖民地定居者的供应商。作家兼政治活动家斯威夫特（Swift）认为，对天主教爱尔兰人的法律和商业歧视使他们的处境"比法国农民更糟"。所以可想而知，许多人移民到了美洲殖民地。

大事年表

1699年	爱尔兰商人被迫把货物出售至英国市场
1778年	为保卫爱尔兰免受法国入侵而组建了志愿爱国民兵
1792年	在法国大革命的启发下，沃尔夫·唐恩建立了爱尔兰人联合会
1796年	爱尔兰发生起义但并未成功
1800年	爱尔兰议会被废除
1801年	大不列颠及爱尔兰联合王国成立

格拉顿和爱尔兰志愿者

尽管亨利·格拉顿（Henry Grattan）是一名新教教徒，但他也是主张所有爱尔兰同胞都应当享有立法自由的爱国者。格拉顿是爱尔兰议会的一名出色的议员，他利用美国革命的危机迫使伦敦做出让步。1778年，原先驻扎在爱尔兰的大部分英国军队被派往殖民地，人们担心法国可能会在这时进行入侵。因此各种宗教背景的爱国爱尔兰人组成了志愿民兵以保卫该岛，法国因此受到了威慑。然而，这些志愿者同样表达出了强烈的爱尔兰民族情感。他们越来越激进，呼吁爱尔兰和英国之间进行自由和公平的贸易。格拉顿利用爱尔兰的民族情感浪潮和伦敦的忧虑实现了这一目标。1780年，《商法典》被废除，两年后，都柏林议会有权在没有英国议会及政府审查的情况下颁布法律。

爱尔兰与法国大革命

法国革命者的理想在爱尔兰找到了生根发芽的肥沃土壤。1792年，共和派的沃尔夫·唐恩（Wolfe Tone）和一些贝尔法斯特（Belfast）的亚麻布商人成立了爱尔兰人联合会（United Irishmen），以确保改革后的宪法能够保障所有爱尔兰人的权利。爱尔兰人联合会很好地争取了所有阶层的新教和天主教爱尔兰人加入他们的事业。他们还获得了法国的支持，1796年，法国试图派遣部队入侵爱尔兰西部。随着局势的恶化，爱尔兰政府鼓励新教志愿兵（yeomanry）对天主教民众进行教派攻击。1798年，一场起义爆发了，但很快就被镇压下去，沃尔夫·唐恩也在这场起义中死去。不过，伦敦决定对爱尔兰的事务保持密切的关注，并将爱尔兰和英国议会联合起来。英国以解除天主教的限制来说服天主教支持《联合法案》（*Union Bill*）。

而赢得都柏林议员的支持只需要贿赂和贵族身份就够了。从1801年1月起,爱尔兰议会被废除,100名爱尔兰议员、28名贵族和4名主教加入了大不列颠及爱尔兰联合王国的议会。

养活国民

1660—1800 年

在从传统公共耕作转为资本化科学耕作的过程中,英国农村社会和陆地景色发生了彻底的改变。农业现在成了一门生意,为不断发展的工厂城镇提供财富。

走向资本主义农业

从复辟时期到拿破仑战争期间,英国的面貌发生了前所未有的变化。不断增长的人口和不断上涨的价格激励着 17 世纪的土地所有者采用新的耕作方式,这些创新通常是模仿自荷兰。到了 1650 年,许多英国农民,特别是东盎格利亚的农民,已经改良了他们的草地,开始种植三叶草和芜菁等饲料作物,并因此饲养了更强壮的牲畜。在靠近伦敦的英格兰南部,现代农业技术的投资可以得到更好的回报,在都铎和斯图亚特时代,大部分土地已经被篱笆或栅栏围了起来。到 1700 年,富裕的佃农和自由农形成了新的阶层,他们从管理良好的集中性土地及为市场生产食品中获利丰厚。

变革的需要

尽管如此,在英格兰南部和中部的大部分地区,村民们仍然以非常浪费的敞田制(open-field system)进行耕种,他们只不过是自给自足的农民。将土地划分成分散的小块地带，几乎没有改变或试验的动机。创新型农民无法管控周围邻居，因此他们无法防止杂草和病虫害从一块田地蔓延到另一块田地，而且动物们可以不受阻碍地从牧场游荡到耕地上。传统的土地耕作方式意味着大部分可耕地要长期休耕，因此可耕地将变成普通草地或林地而无法得到充分利用。饲料作物很少种植，因此大多数牲畜不得不被屠宰和腌制以供冬季食用。苏格兰的农业也是类似的自给自足体系，即用犁耕或马铃薯培植床进行耕作，这种农业可以为中世纪的人口提供足够的食物，但无法满足不断增长的人口的需求，17世纪90年代艰难的饥荒时期已经证明了这一点。

圈地

将土地重新分配为紧凑且易于管理的地块，引发了一场农业和社会革命。圈地需要议会批准，土地调查、法定所有权的准备，以及排水系统、篱笆和道路建设等改进农场的基础设施也需要议会批准。圈地从一开始就是昂贵的，受益者几乎总是最富有的农民和土地所有者，他们可以借入必要的资金来改善他们的新土地。一旦教区教堂的门上张贴了圈地通知，许多贫困的村民很快就会被挤出他们的耕地和公共牧场。议会敦促圈地专员确保所有村民的合法权利都得到考虑，但土地重组的过程和成本意味着许多农民（农场工人）在新的土地上只能得到很少的土地或根本得不到土地。整个小农阶层要么因为无力改善土地而不得不将其出售，要么将自己的劳动力卖给更幸运的邻居。许多人完全离开了土地，搬到不断发展的工业城镇寻找工作。

资本主义农业的胜利

18 世纪资本化、科学化的农业成功激发了英国公众的想象力，从温莎庄园的"农夫乔治"一直到下面的臣民均是如此。更长的租约成为激励佃农的手段，让他们在知道自己将获得红利的情况下，将时间和精力投入到自己的土地上。农业先驱托马斯·科克（Thomas Coke）将一位把沼泽变成草地的富有进取心的佃户的租期延长了一倍。杰斯洛·图尔（Jethro Tull）的播种机、斯莫尔（Small）的铁质摆杆犁和后来安德鲁·米克尔（Andrew Meikle）的脱粒机等机器帮助提高了农业的产量和利润。清洁和滋养土壤的科学轮作得到广泛采用，增加了任意时间高产农田的可用面积。数千亩的湿地通过挖掘地下沟渠的方式排干，并在沟渠中还填充了碎石以防泥土回埋。选择性育种和为牲畜提供丰富的饲料使牲畜体重增加了 1—3 倍。创新性的育种学家，如罗伯特·贝克威尔（Robert Bakewell）和后来阿伯丁安格斯牛品种创始人休·托马斯（Hugh Thomas），都是当时小有名气的人物。艺术家们接受委托，在画布上画下获奖的牲畜的形象。英国各地的农业协会都是通过展览、竞赛、讲座和出版物来促进农业的发展。

煤炭、钢铁、蒸汽与棉花

1750—1830 年

18世纪，英国的工业生产速度被许多评论家称为"革命性"的。新的机器和工作方法，以及不断增长的需求，使英国成为一个工业强国。

在"家内制"①之外

1700 年以前，有许多相关行业的工匠长期聚集的中心。谢菲尔德钢铁工人公会，也称为哈拉姆郡（Hallamshire）的卡特勒公司（Company of Cutlers），成立于 1624 年詹姆斯一世统治时期。然而，在 1740 年之前，工业生产往往是小规模的，各个流程就分散在专业的工作间周围。大多数工人希望为自己工作，以自己的速度成为独立的主人。然而，这些工作间规模太小，没有足够的资金去适应不断增长的需求并利用技术变革的成果。在自己后屋工作的熟练手工织布工让位于工厂时代的"棉花棚"。后来的评论员将旧手工艺产业的消亡浪漫化并发出了悲叹。然而，在"家内制"的工人往往工资过低，因为 18 世纪的贸易者与 19 世纪的任何工厂老板一

---

①指分散的手工工场。——译者注

样热衷于降低成本。此时已经出现了一些更大的生产单位，如约翰和托马斯·隆贝（Thomas Lombe）在德比郡的德温特河（Derwent）上建造的丝绸厂，到 1717 年，这家工厂雇用了 300 多名工人。

水和蒸汽

　　水力机械长期以来一直用于工业，不仅用于磨粉，还用于为缩绒机和金属车间的风箱和锤子提供动力。快速流动的河水在 18 世纪工业革命的第一阶段发挥了重要作用。第一家水力纺织厂于 1771 年开工，随后还有许多其他水力工厂陆续建立，如柴郡的斯泰尔（Styal）的库里班克纺纱厂（Quarry Bank Mill）和拉纳克郡（Lanarkshire）克莱德瀑布（Falls of Clyde）上的新拉纳克纺织厂（New Lanark Mill）。然而，变化的速度实在太快，9 年后，第一座蒸汽驱动的磨坊就建成了。蒸汽动力的发展是为了应对挖得越来越深的煤矿和锡矿的排水问题。萨弗里在 1698 年发明的水泵和纽科门（Newcomen）在 1712 年发明的发动机都使用蒸汽，这两种机器都使用大气压力来抬高水，不但效率低，而且很笨重。詹姆斯·瓦特（James Watt）改进的蒸汽机，与马修·博尔顿（Matthew Boulton）精确加工的汽缸，以及威廉·默多克（William Murdock）的"太阳行星齿轮系"，创造出一种几乎可以在任何地方使用的机器。到 1870 年，全英国有超过 10 万台蒸汽机在工作。工业越来越集中在煤田上方，由于动力织机的发明，奔宁山坡上的早期纺纱厂大多已被废弃。尽管如此，水力在蒸汽时代仍被很好地使用。马恩岛的拉克西矿坑（Laxey pit）的大水车建于 1854 年，而达勒姆县的基洛普（Kilhope）铅矿则于 1866 年安装了一架水车来粉碎矿石。

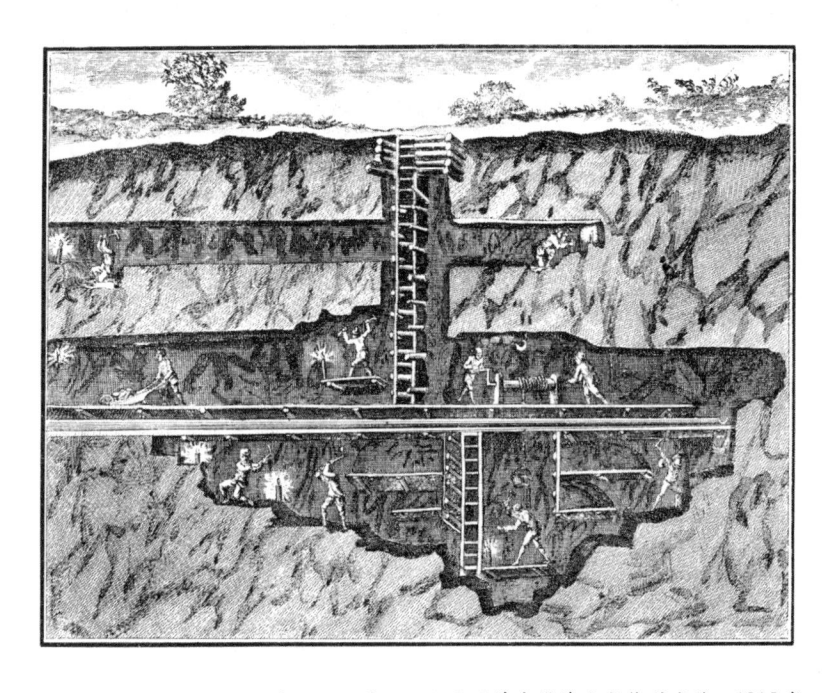

早期的矿工使用烛光在地下工作，因此要冒着点燃渗出气体的危险。1815年以后，安全灯的发明大大改善了这一情况。

> **"大资本家"**
>
> 棉花产业的发展得益于纺纱和织造技术的几项突破。理查德·阿克赖特（Richard Arkwright）在德比郡的克罗姆福德（Cromford）纺织厂将这些技术结合起来，生产出更结实的多用途纱线。阿克赖特很快就看到了蒸汽动力的潜力，并于1780年在他位于沃克斯沃斯（Wirksworth）的新工厂安装了博尔顿－瓦特机器。为了有效地使用这些机器，他安排工人们每12小时进行轮班。阿克赖特的创新为他赢得了财富和爵位。

大事年表

1733 年	约翰·凯发明的飞梭加快了织布的过程
1769 年	阿克赖特发明了水利纺纱机，提高了棉线的产量
1776 年	博尔顿－瓦特蒸汽机首次成功地得到商业应用
1785 年	埃德蒙·卡特赖特制造了第一台机械化动力织机
1815 年	汉弗莱·戴维爵士发明了矿工安全灯

煤炭和钢铁

1700 年，煤炭是富人家庭的生活燃料。到 1850 年，它已成为英国工业力量的支柱，煤炭的年开采量从 400 万吨增至 1200 万吨，增长了 3 倍。在 1700 年，钟形坑和横坑（水平）矿山的旧开采方法已达到极限，但在深井里作业难度很大。汉弗莱·戴维（Humphrey Davey）在 1815 年发明的安全灯使矿工们能够在光线充足的环境下工作，同时不会点燃矿井深处出现的空气和甲烷的爆炸性混合物——沼气。1795 年后，约翰·巴德尔（John Buddle）的排气泵开始取代矿井风门开关管理员，这些管理员整天蹲着打开和关闭活门，将空气推到下面。到了1830年,蒸汽驱动的风扇使矿工能够在更深的地方挖掘"黑钻石"。一旦达比[①]王朝的铁匠大师们在什罗普郡(Shropshire)的煤溪谷(Coalbrookdale)完善了用焦炭冶炼铁矿石的方法,英国对煤炭的需求就变得更大了。以前的铁匠们使用木炭炼铁,他们甚至将一船船的铁矿石运往苏格兰高地,因为那里的熔炉有着丰富的木材供应,例如,阿盖尔郡的博诺(Bonawe)。使用焦炭,以及"精炼法"或搅拌熔融矿石以释放杂质的方法,使得优质铁的制造成本变得更低。大型工业企业出现在英国各地,如梅瑟·蒂德菲尔(Merthyr Tydfil)的斯法尔夫法工厂(Cyfarthfa Works)和福尔柯克的卡隆钢铁厂(Carron Iron Works)。

---

① 指亚伯拉罕·达比(Abraham Darby),英国炼铁大师,首次成功用焦炭冶炼铁矿石。——编者注

交通革命

1700—1820 年

都铎王朝和斯图尔特王朝时代，在英国和爱尔兰的大部分地区，驮马仍然是最有效的交通工具。然而到 1820 年，一个由运河和收费公路组成的庞大的交通网络彻底改变了货物运输的规模和成本。

古老的道路

18 世纪初，旅行和货物运输是两大难题。生产出来的商品需要用长长的驮马队运往市场，这些驮马队由 40 匹或更多匹驮马连接而成。对于个人来说，最快的旅行方式仍然是骑马。1603 年，蒙茅斯伯爵骑着马风驰电掣般地把伊丽莎白的死讯传递给了爱丁堡的詹姆斯六世，用时还不到 60 小时。他的这一纪录直到 19 世纪初才被打破。英格兰议会和苏格兰议会都通过法令，授权地方官员调集人力、物力修路，但这些法令大多成为一纸空文。石桥寥寥无几，在英国大部分地区，即使到了 18 世纪，摆渡人也还在靠着在渡口背旅客过河为生。

收费公路的出现

1660 年后，随着第一条收费公路投入使用，英国的道路状况得到了改善。收费公路的成功令英国各地的商人和地主备受鼓舞，他们纷纷成立了收费公路信托基金,他们有权从收取的通行费中拨出款项来改善道路。这些新修的道路更加笔直,不但设有收费闸口,还配备了警察;很多当地人对在他们常走的道路上通行却要付费而愤愤不平,由此引发了布里斯托尔和约克郡的严重骚乱,闸口和收费站遭到破坏。尽管如此,在收费公路上通行还是要快很多,特别是18世纪80年代以后修建的那些柏油马路。这些马路用碎石和沙砾铺成,路面中间略微拱起,从而最大限度地减少了雨水和霜冻对道路造成的破坏。到1810年,英国建成的收费公路总里程将近1.6万千米(1万英里),每天进出伦敦的公共马车有1500多辆。全国有数百家客栈,这些客栈逐渐形成了一个庞大的产业。客栈不仅为旅客提供茶点,还为旅客提供马匹、马车夫及随行护卫的更换服务。1784年,英国皇家邮政开设了特快邮政马车服务。自此,伦敦及其他区域性大城市的报刊便有了自己的产品分销系统。收费公路把首都和其他各地连接起来,即使是在最僻静的山谷里生活的村民,也能了解到国家大事。

"工业动脉"

英国建设的第一条航道是沿自然河流开发的很短的河道船闸系统。1564年,英国开凿了一条连通大海和埃克塞特内陆港的人工运河,但这条运河的长度还不到3千米(2英里),深度也只有1米(3英尺)。由于造价昂贵而经济价值又微乎其微,埃克塞特运河建成后,运河建设进入了停滞状态。不过这种状况在18世纪得到了改观。当时,工业模式和人口模式正处于发展变化之中,运河带来的经济效益更加可观。纽里运河(Newry Canal)就是这样一个日进斗金的项目。这条运河连接波塔当(Portadown)和爱尔兰海,长达30千米

(20英里)。煤矿开采出来的煤通过它可以更加便捷地运往都柏林和英格兰的市场。

大事年表

1555年	《公路法》规定教区负责英格兰公路的养护
17世纪60年代	英格兰南部出现了第一条收费公路
1757年	位于兰开夏郡的桑基运河（Sankey Navigation）开通，主要用来运煤
18世纪60年代	约翰·麦克亚当（John McAdam）开发出了利于排水、路面中间略微拱起的柏油碎石马路系统
1784年	皇家邮政特快马车投入运营
1780—1840年	收费公路系统的公共马车迎来黄金时期
1780—1840年	运河系统进入发展高潮期

运河开凿热潮

利物浦的商人看到纽里运河利润可观，便纷纷出资开凿连通默西河的桑基运河。1757年，桑基运河全面投入运营，煤炭的运价定为每吨10便士。1759年，运河工程师詹姆斯·布林德利（James Brindley）想在英格兰建设一张纵横交错的水路交通网；1766年开始向南开凿大干流运河（Grand Trunk canal）。哪里有需要用到煤炭、铁矿石、黏土等重质资源的工厂，哪里就会开凿运河，因而运河数量激增。到1820年，水路交通网已初具雏形。然而到18世纪90年代，英国批准了很多过于雄心勃勃的运河项目，有些运河并非商业需要，而有些运河则由于施工难度大而导致成本成倍增加。截至1830年，英国内陆水道的通航里程达到6450千米（4000英里），英格兰和威尔士的中部城市都离可通航的河流或运河很近。

运煤运河

　　1761年后，布里奇沃特公爵（Duke of Bridgewater's）为了将沃斯利（Worsley）煤矿开采出来的煤炭运往曼彻斯特，特意开凿了长达11千米（7英里）的布里奇沃特运河。游客们骑着自行车，看着运煤驳船从横跨在艾威尔河（river Irwell）上的高高的渡槽驶过，惊叹不已，但布里奇沃特运河真正的奇迹在于曼彻斯特地区的煤炭价格受其影响暴跌了50%以上。布里奇沃特公爵因此跻身英国首富行列。

人口激增

1750—1850 年

1750 年后,虽然很多英国人和爱尔兰人选择移民去新殖民地,但是两国的人口仍在急剧增长。虽然脏乱城区的人口死亡率居高不下,但人口整体上呈迅速增长趋势。

数字游戏

虽然人口统计数据只是从 1791 年的《苏格兰统计报告》和 1801 年的人口普查开始才变得足够准确,但有一点是肯定的:在整个乔治王朝时期和维多利亚时代早期,英国的人口持续增长。1751 年,英国和爱尔兰的人口大约有 1000 万,而一个世纪后就超过了 2700 万。此外,城镇人口越来越多。1700 年,大约 20% 的英格兰人居住在城镇。到 1821 年,这一比例已经翻了一番。工业中心的人口增长率令那个时代的人们感到震惊,也引起了他们的担忧。在他们有生之年,曼彻斯特这座集市城镇成为拥有 30 多万居民的"棉都"。小小的大学城格拉斯哥(Glasgow)靠着发展烟草贸易及后来的重工业一跃成为"大英帝国第二大城市"。从 1750 年至 1837 年维多利亚女王即位,伦敦人口从 65 万左右增长到将近 250 万。约克、埃克塞特、布里斯托尔等老牌中心城市的人口也在增长,但增长速度较慢,很快就被那些新兴的大型工业中心赶超。

城镇问题

人口迅速拥入市中心，这让当局措手不及。突如其来的大规模的过度拥挤让现有的城市基础设施不堪重负。明渠和暗沟根本无法处理大城市每天所产生的大量排泄物，而且很少有地区能够供应优质可靠的淡水。在较贫困的地区，公共卫生状况糟糕，加上贫民窟过于拥挤而且通风差，这些都为霍乱传播提供了最佳条件。1831年，霍乱首先传入港口城市桑德兰。

马尔萨斯人口论

大多数评论家认为，人口增长导致消费者和工人的数量增加，从而有利于经济发展。英国第一位政治经济学教授托马斯·罗伯特·马尔萨斯（Thomas Robert Malthus）对此持悲观态度。他在1798年曾经预言：人口不断增长，很快就会造成粮食供不应求，到1850年，大面积的饥荒就会爆发。马尔萨斯主张通过道德约束将人口维持在一个可持续的水平，下层社会尤其如此。以后的政府受他这些观点的影响，改变了处理穷人问题的方式，政府不再给子女多的家庭发放"院外"救济金，而是设立了纪律严明、男女分开的济贫院。

大事年表

1751年	英国和爱尔兰的人口约为1000万
1796年	爱德华·詹纳（Edward Jenner）测试了他的疫苗接种理论
1798年	托马斯·罗伯特·马尔萨斯预言人口过剩将导致灾难
1801年	英国官方开展第一次人口普查
1831年	霍乱传入英格兰港口城市桑德兰
1851年	英国和爱尔兰的人口约为2700万

自由与生育

1750年后,在工业国家英国,大批农民离开农村到城里新开的磨坊、煤矿和铁匠铺找工作。这些城市移民中有很多人年龄都在15岁至25岁之间,他们发现自己几乎马上就能领到比较高的现金工资。很少有年轻人需长期做学徒并满足行业标准,才能挣到足够的钱来养家糊口。他们在城里找到未来结婚对象的机会也多,而且很多来自农村那个小圈子里的年轻人早已将传统社会和宗教的限制抛在脑后。结果,很多人都早婚早育。1770年后,兰开夏郡和约克郡那些工业城镇的出生率远远高于东南英格兰(South and East Anglia)那些更为保守的集市城镇的出生率。

肥皂与科学

随着运河及后来铁路的开通,廉价的煤炭被源源不断地运到城里,用热水洗澡、洗衣服、擦洗屋子也就变得方便多了。改革家弗朗西斯·普莱斯(Francis Place,1771—1854)指出,由于有大量的热水、肥皂和棉花,在他有生之年,下层社会的清洁标准有了很大提高。1770年后,棉布衣服价格低廉,清洗也方便,不像以前穿的厚重的毛料衣物那样很少清洗。随着化学工业的发展,肥皂从奢侈品变成了日常用品。1789年,安德鲁·皮尔斯(Andrew Pears)开始生产一种半透明的肥皂,而位于格拉斯哥的大型化工厂圣罗洛克斯化工厂(St. Rollox chemical works)则生产了一系列工业和家用漂白剂。家里变得更干净、更温暖了,这更有利于婴幼儿的健康成长。新生儿越来越多,不仅如此,他们活到成年的概率也比以前高很多。1830年,5岁的婴幼儿数量是一个世纪前的2倍。这得益于科学上的新发现,特别是格洛斯特郡的爱德华·詹纳医生在疫苗接种方面所做的研究。由于他的研究,1810年,天花死亡率已有所下降。

自然神论者和循道宗教徒

1700—1800 年

18 世纪，很多英国圣公会的神职人员并不欢迎宗教狂热，他们担心这会引起社会动荡。循道宗教徒和一些早期的福音派圣公会教徒把福音传给了生活在这片土地上的穷苦大众，而处于观望之中的地方执法官们显得惴惴不安。

精神上的平静

在 18 世纪的英国，国教是最主要的赞助来源之一。正因如此，很多人纷纷加入圣公会成为神职人员。他们所追求的并不是像耶稣基督那样过虔诚信教的生活，而是能够拥有稳定的社会地位。对很多圣公会的教区牧师来说，周日的弥撒难免会干扰他们的社交活动、业余爱好或者所谓的学术兴趣，不过并非所有人都如此。很多人深刻认识到，由于清教教徒的过度狂热，英国社会在 17 世纪的大半个世纪里一直动荡不安。这些人注重稳定，因而更愿意接受自然神论神学家的思想，那些思想理性而温和，例如，约翰·托兰德（John Toland）创作的《基督教并不神秘》（*Christianity not Mysterious*）就摒弃了宗教信仰中诸如预言和神迹这些超自然元素。对这些信徒来说，自然神论是一种合乎情理的信条，它与科学研究所揭示的对世界的新理解非常吻合。

格里菲斯·琼斯

并非所有圣公会教区牧师都只顾潜心研究而不顾自己的信众。很多牧师非常关注社会现实，他们关注当地的校舍，对教区里的穷人也照顾有加。那些大城市里的牧师则大力开展运动，减少酗酒和不学无术这些困扰下层社会的恶习。

格里菲斯·琼斯（Griffith Jones）是这些福音派圣公会教徒中最早也是最积极的一位，他认为救世的关键在于教育。琼斯是卡马森郡的兰德沃（Llanddowror）教区的教区长，他通过布道和开办巡回学校让更多人学会了读书识字。这些学校在一个地方待上几个月，再转移或巡回到下一个村镇。仅1737年一年，他就开办了37所巡回学校。琼斯在他的学校使用威尔士语授课，虽然他的学生说的也是威尔士语，他本人却因此受到了一些人的猛烈抨击。

循道宗教徒

18世纪30年代初，在牛津大学求学的约翰·卫斯理（John Wesley）和查尔斯·卫斯理（Charles Wesley）兄弟二人以及他们在牛津大学"圣社"（Holy Club）的那些朋友名噪一时。他们研读《圣经》治学严谨，严格遵守斋戒戒律，不喜欢参加大众娱乐活动。因为他们做事喜欢循规蹈矩，所以得了"循道之人"（Methodists）这么个绰号。18世纪30年代末，他们开始打着"循道宗教徒"的名义进行传教活动。1739年，蒙受神恩的传教士乔治·怀特菲尔德（George Whitefield）率先在布里斯托尔附近的金斯伍德（Kingswood）为矿工们进行露天布道。约翰·卫斯理最初还担心野外布道是有罪的，但他很快也开始效仿怀特菲尔德。当时，几乎所有像样点的圣公会教堂都将他拒之门外，他别无选择。于是，约翰·卫斯理便开始了他的传教生涯。他每年长途跋涉数百英里，在英国各地巡回布道，把福音传给千千万万的会众。卫斯理马不停蹄地四处奔波，直到年逾八旬，他还深入到英格兰北方煤矿和康沃尔锡矿的矿工中间，跟这些生活在水深火热之中的劳苦大众一起做礼拜。

圣公会的反应

其他的圣公会神职人员并不接受循道宗教徒。他们讨厌循道宗教徒那慷慨激昂的讲道方式，尤其对循道宗使用未经任命的在俗传教士来传教和履行牧灵职责极为不满。循道宗传教士在城外讲道时，都会聚集大量赶来聆听的劳动人民，地方执法官们对此恐慌不已。会众规模经常会超过2万人。对每一个参加集会的信徒来说，这很可能是他当时见过或者能想象到的最大规模的集会。卫斯理和他的同事成为众矢之的，理由是他们煽动社会动乱，助长宗教狂热，干扰宗教活动秩序。圣公会暗示这些巡回传教士是教皇或詹姆斯党派出的密探。起先，民众轻信了这话，很快就被煽动起来。他们袭击循道宗传教士，袭击知名支持者的住宅。然而由于循道宗教徒在穷人中布施恩德，广行善事，而且他们严格恪守道德准则，循道宗教徒最终得到了认可和赞赏，他们所遭受的迫害也逐渐平息。除了巡回布道，卫斯理还经营慈善机构，开办小教堂，管理孤儿院和学校。卫斯理自己过的这些敬虔生活完全没有脱离英格兰圣公会，这是无可非议的。卫斯理去世时享年88岁，他一生行善，在他的激励下，年轻的圣公会信徒和循道宗信徒更加关注改善穷人和弱势群体的生活状况。

大事年表

1696年	约翰·托兰德出版其著作《基督教并不神秘》
1731年	格里菲斯·琼斯开始发起巡回学校运动
1738年	乔治·怀特菲尔德开始他的公开传道生涯
1739年	约翰·卫斯理效仿怀特菲尔德,在布里斯托尔进行露天布道
1740年	卫斯理成立其第一个循道公会
1743年	循道宗不断发展壮大,卫斯理为此编写了纲领性文件《一般总纲》(General Rules)
1791年	卫斯理去世,循道宗拥有信徒超过13.5万

英国的激进主义运动

1815—1820 年

1815 年后，英国迎来和平年代，而此前的战时经济却遭受重创。严重的失业和社会贫困引发了工人阶级的激进主义运动，但遭到了政府的残酷镇压。

社会贫困

反法战争久拖不决，这对英国广大工人阶级来说喜忧参半。战争刺激了对各种产品的需求，各个工厂到处是一派繁忙的景象，这为劳动人民提供了更多的就业机会。然而，政府要偿还的战争债务越来越多，导致很多日常必需品的价格上涨，而且赋税也增加了。1793 年至 1815 年，面包价格几乎涨到了原来的 3 倍，大多数工人的工资却增长甚微。在有些行业，工人的工资长期处于下降状态，那些使用手摇织布机与蒸汽织布机竞争的织布工更是如此。1815 年，随着和平的到来，工厂与政府签订的供应合同终止，结果造成大批工人失业，同时，将近 20 万名退伍军人拥入就业市场。在战争年代，由于粮食和肉类价格上涨，那些贫瘠的土地也被农场主开垦出来耕种，而现在他们削减了开支，很多农业劳动者变成了无业游民。战后，英国经济出现了短暂的繁荣，之后便进入了物价不稳定和经济衰退时期。

《谷物法》

　　1815年，利物浦勋爵领导下的托利党内阁面临着9亿英镑的国债，每年光利息就需要支付3000多万英镑。为了平衡预算，他们通过了《进口法案》（*Importation Act*），又称《谷物法》（*Corn Law*）。法案规定，除非英国本国的农作物价格超过规定价格，否则禁止从国外进口高价谷物。《谷物法》旨在保护英国的农业和货币储备，却导致了面包及其他食品的价格空前上涨。投机商哄抬粮价，大发横财，而英国各地的失业民众却食不果腹。1816年，政府取消了对富人征收的战时所得税，全国各地民众的不满情绪愈演愈烈。为了偿还国债，政府开始对糖、茶、啤酒、烟草、蜡烛和肥皂等日用品征收高额关税。这种从直接税到间接税的转变自然对社会中的贫困阶层打击最大。激进的演说家们呼吁议会应该进行改革，不能只保护富人利益，而要服务于国家利益。此言一出，拥护者众多。

大事年表

1815年	拿破仑战争结束后，工人阶层陷入经济困境
1815年	旨在保护英国农民和地主的《谷物法》获得通过
1816年	激进主义者在斯帕·菲尔兹（Spa Fields）集会，从而引发伦敦暴乱
1817年	曼彻斯特的毛毯纺织工向伦敦进发进行示威，但遭到当局袭扰
1819年	改革集会在曼彻斯特圣彼得广场（St. Peter's Fields）举行，集会人群遭遇骑兵队袭击
1819年	托利党政府通过了高压的《六项法令》（*Six Acts*）

(续表)

1820 年	极端激进分子密谋在卡托街（Cato Street）举行的晚宴上刺杀内阁成员
1820 年	苏格兰爆发持续一周的罢工和抗议活动，又被称为"激进派的斗争"（Radical War）

骚乱

尽管《结社法》禁止工人参加工会组织（也许就是因为这个原因），但在战争期间，工人们为了生活还是采取了一些行动。诺丁汉郡的纺织工人戴着虚构出来的草莽英雄、来自舍伍德森林（Sherwood Forest）的内德·卢德（Ned Ludd）的面具，趁着夜色突袭纺织厂，捣毁了新的织布机。在兰开夏郡和柴郡，一群穷困潦倒的纺织工人试图摧毁使用动力织布机的纺织厂。当局迅速而强有力地镇压了这些小规模的骚乱，但威胁仍然接踵而来。1816 年，激进主义者在伊斯灵顿（Islington）的斯帕·菲尔兹集会，最终引发暴乱，武装暴民们冲上伦敦街头。1817 年，曼彻斯特的失业工人举行大规模示威游行，他们前往伦敦向摄政王请愿，要求得到救济、实行议会改革，史称"毛毯纺织工游行"。政府为了尽快抓到激进派领导人和煽动者，对每起案件都暂停实施《人身保护法》。

"彼得卢"

1819 年，由于经济形势持续恶化，示威者在曼彻斯特的圣彼得广场组织大型集会，呼吁进行改革。惶恐不安的地方执法官命令义勇骑兵队逮捕了激进主义演说家亨利·亨特（Henry Hunt）。在随后的混乱中，11 名示威者被杀，还有 400 多人受伤，他们大多是被骑兵用马刀砍伤的。这次袭击针对的是手无寸铁的抗议人群，其中还有妇女和儿童,因而人们讽刺地称之为"彼得卢"(Peterloo)。彼得卢事件发生后,举国震惊,政府却通过了一系列的高压法案,禁止激进主义者举行公共集会和发表言论。1820年,一起在晚宴上刺杀内阁成员的阴谋被曝光后,民众对这些高压法案所产生的不安情绪逐渐平息。密谋者们当场被捕,他们似乎是受了政府间谍的怂恿才策划了这起阴谋。同年,苏格兰激进主义者发动暴动。参加暴动的矿工们试图占领福尔柯克附近的一家兵工厂,结果,11名示威者被军队击毙。危机过去了,部分原因在于经济逐渐适应了和平时期的需求,社会形势好转。

在曼彻斯特圣彼得广场举行的示威集会最终导致流血冲突,手无寸铁的抗议者被骑兵部队杀害。

清洗运动与大饥荒

1750—1850 年

1745 年后,很多苏格兰高地人移民到了北美。有些人是出于自愿,而有些人则是在"清洗运动"中强制被驱逐出去的。19 世纪 40 年代,爱尔兰爆发大饥荒,随后便引发了大规模的移民潮。

人口过多?

18 世纪末,虽然苏格兰北部曾发生过 1745 年的那场灾难,但那里的人口仍在不断增长。然而,移民正在成为高地社会的一个恒定因素。1763 年至 1815 年,数以万计的苏格兰高地人被征召入伍,他们组成新的高地兵团参加英法战争。还有一些高地人则是在 18 世纪 60 年代初庄稼歉收后,被殖民地的千里沃野所吸引而自愿移民的。1775 年后,加拿大成为许多苏格兰高地人移民的首选目的地,这是因为据说他们信仰的天主教在新英格兰不受欢迎。

绵羊的到来

由于南方养羊农场主的到来,许多高地小农户被赶出了他们世代耕种的农田。在卡洛登战役结束的那段和平时期,宗族首领不再需要宗族勇士以服兵役或者实物形式来缴纳地租。高地的地主们现在渴望能够跻身爱丁堡或者伦敦的上层统治集团,为此他们需要现金地租。南方的养羊的农场主愿意给现金,而且他们给的现金之多,没有哪一个小块土地占有制(run-rigs)下的农民出得起。1785年,位于希尔峡谷(Glen Shiel)的一处牧场以310英镑的天价租给养羊人。这块土地在以前只能从佃农那里赚到10英镑。1826年,拉姆岛上的所有居民都被赶出了他们的家园,取而代之的是一个饲养了8000多只绵羊的农场主。

1814年,纳弗河谷事件

最臭名昭著的强行迫迁发生在萨瑟兰,那里的斯塔福德侯爵(Marquis of Stafford)驱逐了1.5万名小农户,腾出土地放牧绵羊。斯塔福德侯爵把海边的土地租给佃农,他们可以靠经营小农场和捕鱼为生。然而在纳弗河谷(Strathnaver),斯塔福德侯爵的代理人对那里的农民进行了野蛮驱逐。他们放火烧毁农民的房屋,致使一名妇女被活活烧死。随后的审判引起了全国人民对强行迫迁问题的广泛关注,那些流离失所的高地人也赢得了公众的同情。尽管如此,清洗运动在整个19世纪都在如火如荼地进行着。1850年后,清洗运动开始愈演愈烈。一些腰缠万贯的南方人移居苏格兰高地,他们买下大片私有土地,驱逐那里的高地人,然后在此猎捕鹿和松鸡。

大事年表

18世纪60年代	越来越多的苏格兰高地人移居北美和苏格兰中部
1780—1840年	养羊业在苏格兰北部遍地开花
1814年	在萨瑟兰的纳弗河谷发生了臭名昭著的"强制"驱逐事件

(续表)

1845—1846年	爱尔兰和苏格兰高地爆发马铃薯晚疫病
1846—1849年	爱尔兰和苏格兰高地爆发严重饥荒
19世纪50年代	大批爱尔兰人移居美国

农作物之王——马铃薯

1800年至1841年,爱尔兰人口从450万增加到850万。然而除了阿尔斯特省,爱尔兰其他地区并不盛产煤和铁,所以不断增加的人口不得不靠种地为生。天主教教徒对土地的所有权受到限制,这就意味着农田转租制度已经形成。因此,很多爱尔兰农村人不得不在小农场务农。1840年,爱尔兰有将近一半的农场占地都不到3英亩(1.2公顷),而占地超过15英亩(6公顷)的农场几乎没有。马铃薯的亩产量是谷物的两倍,因而成为农民种植的首选作物。农作物之王马铃薯是大约400万爱尔兰农村人的主食,不过很多家庭只能靠着在苏格兰和英格兰西部的农场里打打零工来勉强维持生计。

"腐烂的马铃薯臭气熏天"

1845年,单一种植的危害开始凸显。爱尔兰种植的马铃薯作物普遍遭遇晚疫病侵袭。这是一种通过空气传播的疫霉菌,会导致植株枯萎、块茎腐烂、散发恶臭。在随后一年,晚疫病再次来袭,马铃薯减产四分之三,数百万人因此陷入饥饿和贫困。政府的救济措施是临时的、不充分的、缓慢的。从美国进口的廉价玉米不经过费用昂贵的加工,就根本不好消化。修路等公共救济项目虽说提供了工作,但由于连月来的营养不良,男男女女早已疲惫不堪。1846年至1847年的冬天特别寒冷,这对虚弱无力的人们来说更是雪上加霜。在1845年至1849年期间,估计有100万爱尔兰人死亡;另有200万人移民，这些人大多去了利物浦、格拉斯哥和南威尔士，而稍微有点钱、胆子又大一点的人则铤而走险，他们搭乘"棺材船"（'coffin ships'），横渡大西洋去了美国或者加拿大。在爱尔兰大部分农村地区，人口锐减，全村十室九空。不过，虽然这场发生于1845年至1849年的大饥荒造成了灾难性的人员伤亡，但它为19世纪60年代进行的农业用地整治提供了新的基础，也为高效提高粮食生产提供了机会。然而英国政府为自己的无能和拖延付出了政治代价——在大饥荒结束后，英爱关系长期受到困扰。

[第七章]
维多利亚时代的英国

世界工厂

1830—1875 年

19世纪，英国技压群雄，一跃成为世界头号工业强国。1851年，英国举办万国工业博览会，全面展示了英国所取得的辉煌成就，也充分彰显了英国人对这些成就的民族自豪感，但到1875年，英国的经济霸主地位已经受到严重威胁。

经济霸主

得益于技术革新、丰富的煤炭供应、廉价的生铁，以及国内市场和殖民地市场日益增长的需求，英国技压群雄，赶超欧洲竞争对手。19世纪20年代，英国的煤炭开采量是法国、德国、俄国和比利时总开采量的9倍。1851年，英国城市人口有史以来首次超过农村人口，很多城镇居民住的地方就紧挨着煤矿的皮带输送机或者工厂高耸的烟囱。辉格党政府和托利党政府不愿插手工业问题，普遍奉行"自由放任"政策，这也推动了工业的发展。结果，英国产品在世界市场上占据了统治地位。

1851年，万国工业博览会

公务员亨利·科尔（Henry Cole）在参观完巴黎商品交易会之后，第一次萌生了要在伦敦举办工业博览会的想法。1851年夏，他说服阿尔伯特亲王（Prince Albert）提供赞助，在海德公园举办了万国工业博览会。展品陈列在一栋别出心裁的建筑内。这栋建筑由约瑟夫·帕克斯顿（Joseph Paxton）设计，用玻璃和钢铁这些预制构件组装而成。英国的讽刺杂志《笨拙》（Punch）给它取名为"水晶宫"。在建成后5个月多一点的时间里，水晶宫内就摆满了来自世界各地的1.3万多件展品。高耸的玻璃大厅牢牢吸引了英国公众的眼球。成千上万的人通过新建成的铁路网拥向伦敦。大多数人都是第一次坐火车、第一次去伦敦。万国工业博览会仅仅持续了6个月就闭幕了。随后，水晶宫被拆除，然后在西德纳姆山（Sydenham Hill）重新矗立起来。不过在这短短的6个月里，博览会就吸引了600多万名游客前来买票参观。英国用赚取的门票收益建设了一系列的公共工程，例如，阿尔伯特音乐厅、维多利亚与阿尔伯特博物馆等。万国工业博览会也是英国人民族自豪感的一次集中体现，此后，"维多利亚时代"（Victorian）一词便用来表示民族自信心和民族自豪感。

克里米亚战争，无能暴露无遗

1854年，英国对俄国开战，这种自信心的脆弱性很快就暴露出来。虽然主战场位于俄国南部的克里米亚半岛，但由于电报的发明，《泰晤士报》的读者便能通过威廉·罗素（William Russell）发回的专题报道了解战事进展。在这场由战壕、大炮和精准步枪组成的现代战争中，英军暴露出的问题有兵力部署不足、弹药补给匮乏，再就是指挥不当。英军指挥官是一名贵族，他的军衔还是花钱买来的，根本就没有指挥能力。随着技术的革新，英国那些陈旧的社会体系逐渐被淘汰，一个公认的事实就是：英军在巴拉克拉瓦（Balaclava）战役中白白葬送了一个轻骑旅以后，军队上的买官卖官制度就被废除了。

维多利亚女王在位约60年,她是英国历史上在位时间最长的君主。1837年,维多利亚即位,这是她始料未及的,在她统治初期,她主要忙于结婚生子。1861年,她深爱的阿尔伯特亲王去世后,她便开始过起了隐居生活。在她的晚年,英国进入了一段社会稳定、经济繁荣、帝国强盛的时期,她也因此成为这一漫长历史时期的象征。

棉花危机与大萧条

　　截至 1861 年，兰开夏郡的 2000 家棉纺厂生产的棉纺织品已经占到了世界总产量的一半以上。然而，这些棉纺厂使用的原棉严重依赖于美国南方蓄奴州的供应。1861 年至 1865 年，由于美国的北方联邦海军成功封锁了南方邦联的各大港口，原棉供应被迫中断了 4 年之久。兰开夏郡和格拉斯哥等其他一些棉花城市陷入一片萧条，成千上万的人失业，政府不得不拿出公共基金来救济贫困。奇怪的是，当时几乎没有什么骚乱发生。很多受到影响的工人都支持美国的北方联邦，特别是在北方联邦把黑人解放事业作为主要战争目标以后。1867 年，棉纺厂恢复运转，但 1875 年后，大萧条波及英国各行各业，棉纺织业自然也不例外。

世界经济霸主宝座易主

　　1875 年至 1900 年，英国贸易停滞不前。其他国家大多得益于英国的技术和资本，经济有了迅猛发展。南北美洲平原和乌克兰大草原生产的小麦及其他粮食潮水般涌入世界市场。虽然这意味着英国的产业工人可以吃上更便宜的粮食，很多农民却因此遭殃。在其他行业，由于德国、美国、法国、俄国和日本的工业生产现在已经能够满足本国市场的需求，英国产品很难销到国外。英国的工厂只能忙于发展帝国贸易，但到 1890 年，英国在关键行业的霸主地位已被更富有革新精神的竞争对手所取代。

选举权的扩大

1832—1884 年

在整个 19 世纪，选举权逐步扩大到一般选民。有的人担心这会引发革命，而有的人则认为这是一种逐步实现变革的方式。

腐败的议会

直到 1832 年，议会也未能实施改革。虽然英国人口已经增至 2400 万，但全体选民总共才 43.5 万。在一些选区，例如威斯敏斯特，选举权相对公开，选民人数也多。但另一个极端是很多选区普遍存在腐败现象。骚乱、贿赂、酗酒可谓司空见惯。选民们盼着受贿，他们把自己手中的选票当成一种个人财产，而不是当成一种权利。公开投票很容易受到恐吓——1784 年，就连乔治三世也派仆人去竞选活动现场胁迫那些想给激进派候选人福克斯投赞成票的选民。选举活动持续了好几天，由于地方选举是错开进行的，大选最终结果可能要几周后才能出炉。

改革危机

最大的荒谬之处在于，那些对政府财政贡献巨大的工业城市几乎连一个议会代表也没有。在由地主阶级把控的议会中，几乎没有中产阶级的一席之地，然而随着中产阶级的日益壮大，他们逐渐掌握了经济权力。政治联盟在全国各地风起云涌，议会改革的呼声日渐高涨。中产阶级的商人大多都支持政治联盟所提出的主张。随着时间的推移，1780年的那些激进思想——扩大选举权、平等合理地分配议席、定期组织选举以及减少选举腐败，已经成为中产阶级的共识。1831年，新成立的辉格党政府决定改革议会。由于辉格党首次提出的《改革法案》遭到搁置，大选提前进行，结果辉格党以绝对优势赢得大选。辉格党再次提出《改革法案》，却被上议院否决，英国各地一时骚乱不断。在布里斯托尔和诺丁汉，公共建筑被暴民夷为平地，政府不得不派军队来恢复秩序。当《改革法案》第三次被提出时，上议院威胁说还会否决此项法案。为了使《改革法案》能在上议院全案通过，辉格党政府首相格雷（Grey）请求威廉四世大量册封辉格党党员为新贵族。国王没有同意，随后格雷就辞职了。威灵顿公爵奉命操控议会通过一项弱化版的法案，但示威人群聚集在他的伦敦官邸外，并高呼"法案，整项法案，只要法案"，于是他明智地打起了退堂鼓。国王向格雷承诺"你要多少贵族名额，我就给你册封多少"，格雷这才再次上台。1832年6月，在格雷的推动下，《改革法案》终于形成法律。

大事年表

1832年	通过第一部《改革法案》，取消了那些严重腐败选区的席位
1867年	通过第二部《改革法案》，所有男性户主获得选举权
1872年	通过《投票法》，规定取消公开投票，实行秘密投票
1884年	通过《人民代表法》，选民人数增至550万
1885年	通过《重新分配议席法》，各选区占有的席位数基本达到一致

改革如同隔靴搔痒

1832 年通过的《改革法案》取消了严重腐败选区的席位，而这些选区主要集中在英格兰南部和西南部。下议院席位被分配给了英格兰北部、中部地区和苏格兰中部的那些较大的工业城市，以及伦敦的一些新兴地区。选举权得到扩大，新增选民 21.7 万。然而，这次议会改革并不彻底。富裕的中产阶级被吸收到国家政体中来，那些在工业城市举行示威游行、呼吁议会改革的激进分子和工人阶级并未能获得一席之地。很多人认为辉格党背叛了他们，于是就寻求其他途径来推动变革。

冒险之举

在接下来的 35 年里，推进选举权改革的浪潮此起彼伏。到 19 世纪 60 年代中期，迪斯雷利（Disraeli）首相充分意识到，推进改革乃大势所趋、人心所向。1867 年，他向议会提交了他的《改革法案》。他希望此举能增加保守党得票数，从而"把辉格党踢出局"。然而当法案通过时，进步的保守党成员和自由党成员对其做了修订，生活在社会底层的城镇工匠也获得了选举权。这就新增了 100 万选民，选民人数也较以前翻了一番，但绝大多数英国成年人仍然没有选举权。尽管如此，英国人民无须拥上街头发动革命，也肯定能有权选择政府，这一点正变得越来越明朗。

秘密投票

1872 年，选举开始采用秘密投票方式，而不再采用公开投票方式，此举几乎杜绝了选举中的行贿受贿现象。在爱尔兰，选民们在投票时再也不用担心那些手眼通天的地主日后来迫害他们了，这极大地推动了爱尔兰自治运动的发展。1884年，第三部《改革法案》对郡和市镇的选民资格做了统一，使选民人数在现有300万的基础上又增加了200万。席位分配更加合理，很多历史悠久的选区失去了议员席位。虽然英国不是一个完全民主的国家，但更多的人开始参与到国家的政治生活中来。

铁路狂热

1830—1850 年

1830 年后，蒸汽机车迅速取代了马拉货车轨道（wagonways）、运河和收费公路上的大马车服务。铁路成为王者，它对英国的经济和人们的生活方式产生了深远的影响。

从马匹到蒸汽机车

很久以前，煤矿和一些采石场一直都用木质轨道来帮助马匹牵引装满货物的货车车厢。早在 1728 年，长达 13 千米（8 英里）的坦菲尔德轨道上，每天都有 1000 多辆货车从达勒姆山煤矿驶往泰恩河。1803 年，康沃尔郡工程师理查德·特里维西克（Richard Trevithick）在煤溪谷进行了蒸汽机车试验；1804 年，他在潘尼达伦（Pen-y-darren）的矿车轨道上再次进行试验。1814 年，乔治·斯蒂芬森（George Stephenson）在纽卡斯尔附近的基林沃思煤矿制造出了一台蒸汽机车，这台机车载重 30 吨，时速稳定在 6.5 千米（4 英里）。斯托克顿至达灵顿路段的铁路公司的股东们看到这一成功后，随即任命斯蒂芬森担任他们公司的总工程师。1825 年 9 月，斯蒂芬森制造的动力号机车牵引着 36 节载有煤炭、谷物和 500 多名乘客的货车车厢，沿着轨道行驶了 15 千米（9 英里），最高时速达到 24 千米（15 英里）。1829 年，斯蒂芬森制造的火箭号机车在雨山试车选拔赛（Rainhill trials）中拔得头筹。不久以后，第一条永久性的客运铁路便投入运营。利物浦至曼彻斯特铁路运营第一年,全年运送旅客就达 44.5 万人次。1835 年,这家公司的股东们拿到了他们的巨额投资分红。

全国铁路网

想投资铁路的投资者大有人在,其结果就是一张遍及英格兰各地的铁路网迅速铺开。1837 年,连接伯明翰西北部和英格兰中部地区的大枢纽铁路(Grand Junction Railway)全线贯通。1841 年,由伊桑巴德·金德姆·布鲁内尔(Isambard Kingdom Brunel)负责修建、连接伦敦和布里斯托尔的大西部铁路(Great Western Railway)建成通车。农民、地主、运河所有者、收费公路信托人、客栈老板和猎户都担心铁路会损害他们的利益,因而强烈反对修建铁路,尽管如此,在短短十多年的时间里,一张遍及英格兰各地的全国铁路网已初具雏形。截至 1870 年,英国的铁路里程增加了 8 倍,年运送旅客超过 4 亿人次。

地铁

在维多利亚时代,伦敦的发展日新月异。在这座不断扩张的城市,人们的出行变得越来越困难。为解决这个问题,伦敦修建了第一条地下铁路——大都会铁路(Metropolitan Railway),并于 1863 年 1 月开通运营。仅在运营首日就迎来了 4 万名乘客,由此可以看出,人们对地铁的潜在需求是多么巨大。到 1884 年,地铁内线网络已经形成。伦敦早期的地铁是蒸汽机车,虽然地铁内有很多通风口可以排烟,但还是浓烟滚滚。1892 年,随着电气化铁路的出现,人们的出行变得更安静、更健康了。

大事年表	
1825 年	动力号机车投入运营,牵引煤车把煤炭从斯托克顿运往达灵顿
1829 年	乔治·斯蒂芬森制造的火箭号机车在雨山试车选拔赛中拔得头筹
1830 年	利物浦至曼彻斯特铁路公司开通客运服务
19 世纪 40 年代	英国掀起铁路狂热,从此步入大铁路建设时代
1863 年	伦敦大都会地铁开通运营

"铁路之王"

19 世纪 40 年代,铁路狂热席卷英国。1844 年至 1846 年,议会收到的关于建议新建铁路的议案由 49 项增加到 219 项。投资商们争着抢着也要投资铁路建设,那场景恰似运河狂热那会儿,他们很容易说服自己去支持那些往往不赚钱的方案。成功的约克至中部地区铁路公司(York & Midland line)董事长乔治·哈德逊(George Hudson)就是那个时代的伟人。哈德逊利用他所掌握的财富和他作为议员所积累的人脉,吞并了竞争对手的公司,他把这些公司合并成立了中部铁路公司(Midland Railway Company),从而建立起了他的铁路帝国。1849 年,哈德逊因被指控腐败而跌落神坛,但英国的铁路系统之所以能够实现快速发展,很大程度上是因为像他这样的铁路投机商和合并者大有人在,这些人有远见、有干劲,还很贪婪。

铁路的影响

铁路是遍布英国各地的一股强大的统一力量。铁路实现了全国时间的统一,也保证了各种商品和工业品的可靠供应,特别是全国性报纸和一便士邮政。与收费公路时代和运河时代相比，蔬菜和乳制品这些易腐烂变质的食物可以更快地运到市场销售，也更新鲜。中央政府能够派遣审计员和巡视员到镇议会和地方教育董事会监督检查地方事务。经济条件好一点的居民可以远离城市，搬去树木茂密的郊区居住。英国各地的工人阶级可以乘坐火车去布莱顿、斯卡伯勒、布莱克浦和达农这些迅速发展起来的海滨城市旅游。到1875年，手头稍微宽裕点的游客可以晚上坐上卧铺火车离开伦敦，第二天便能在苏格兰高地享用早餐了。

联合、抗议和罢工

1830—1900 年

1832 年出台的《改革法案》令英国工人阶级大失所望,为了实现他们的政治目标和经济目标,工人阶级纷纷成立各种组织,并为此进行了不懈的尝试。

罗伯特·欧文成立的"全国大团结工会联合会"

1799 年,《结社法》禁止工人联合起来就增加工资和改善工作条件进行谈判。19 世纪 20 年代,议会设立专门委员会调查此事,随后《结社法》就被废除了。由于这次法律变革,英国各地涌现出许多新的工人协会,很多已经存在的"友好"社团和"互助"社团现在也能宣称是工会组织了。然而,威尔士激进主义者、慈善家罗伯特·欧文(Robert Owen)意识到,这些组织规模太小,分布又过于分散,根本就难成气候,于是他就在 1833 年成立了一个综合性团体——全国大团结工会联合会(Grand National Consolidated Trade Union)。不久,全国大团结工会联合会就宣称已经拥有 50 多万名会员,还说可能要举行全国大罢工。许多工人和激进主义者都把实现他们目标的希望寄托于全国大团结工会联合会。

托尔普德尔蒙难者

多塞特郡托尔普德尔村（Tolpuddle）的 6 名雇农因为对每周从他们的工钱里克扣 1 先令的做法不满而成立了工会。辉格党政府感到恐慌，于是就怂恿当地的执法官对这 6 名雇农提起公诉。他们被指控秘密宣誓。宣誓对工会会员而言，既正常也必要，但自从 1797 年发生海军哗变事件以后，宣誓就变成非法的了。托尔普德尔蒙难者就是一个非常残酷的例子，那 6 名雇农被判处流放澳大利亚 7 年。这一判决引起了公愤，政府最终被迫赦免了那 6 名雇农，但全国大团结工会联合会深受其害，很快便分崩离析了。19 世纪 50 年代，工联主义重新抬头，但仅限于工程师等高薪专业技术工人中间。工程师联合会（Amalgamated Society of Engineers）等新成立的"模范"工会收取会费高不说，而且由于很少组织罢工，因而积累了大量准备金，给会员发放福利也就有了着落。虽然 1888 年伦敦火柴厂女工罢工和 1889 年码头工人罢工都取得了小小的胜利，但截至 19 世纪末，由低收入工人发起的工会运动几乎没有任何进展。

大事年表

1824—1825 年	禁止成立工会的《结社法》被废除
1833—1834 年	全国大团结工会联合会会员人数超过 50 万
1834 年	托尔普德尔蒙难者因秘密宣誓而被判刑
1839 年	宪章派提交的第一份请愿书遭到议会否决
1844 年	罗奇代尔先锋社（Rochdale Pioneers）成功发起合作社运动
1848 年	宪章派在伦敦举行的示威游行引发人们对革命的恐惧

合作社运动

1829 年,合作社支持者罗伯特·欧文开办了"劳工交易所"(Labour Exchanges),劳工们可以在那里交换商品,不过商品的价值不是用金钱来衡量,而是用生产商品所耗费的时间来衡量。1844 年,以 28 英镑为启动资金创办的罗奇代尔合作社(Rochdale co-operative)更为成功。这家合作社商店出售的商品价格公道,质量上乘,社员们还能参与年终分红。罗奇代尔合作社对掺假食品起到了一定的抵制作用,那些掺假食品——例如掺了白垩粉或者熟石膏粉的面包——大多都流入了工人阶级居住区。不过罗奇代尔先锋社也要求社员不要过多地追求物质生活,为此,先锋社为社员们开办夜校,举行茶话会,还建设了一家拥有 5000 多册藏书的图书馆。罗奇代尔先锋社的成功经验引得英国多家合作社纷纷复制。

《人民宪章》

宪章运动为工人阶级表达他们的不满情绪提供了一条更直接的政治途径。由于有了新的铁路网,1838 年,来自英国各地的工人协会代表齐聚伯明翰,一致同意了由伦敦激进派人物威廉·洛维特(William Lovett)起草的共同行动纲领。这份纲领就是旨在彻底改革议会的《人民宪章》。宪章派提出以下要求:所有年满 21 岁的男性都能享有选举权,进行秘密投票,取消对议员的财产资格限制,让穷人也能竞选议员;为了保证议员能够反映选民们的呼声,宪章派随后又要求支付议员报酬、选区平等和举行年度大选。1839 年,《人民宪章》在获得了 100 多万名工人的签名后被提交议会,结果遭到否决。1842 年,第二份《人民宪章》征集了 300 万人的签名,然而在 1848 年,伦敦南部爆发大规模示威游行,声援第三份《人民宪章》，引发更多保守人士对革命的担忧。尽管这三次宪章都被否决，但大多数宪章派都遵守法律，不过以费格斯·奥康纳（Feargus O'Connor）为首的主张使用"武力"的宪章派认为，只有举行大罢工，甚至是武装反抗，否则议会不会同意他们的要求。

英国改革

1830—1870 年

在 1833 年至 1845 年期间，辉格党和罗伯特·皮尔的新保守党通过了一系列具有里程碑意义的法案。这些法案确立了政府对社会改革的责任，并为后来的改革提供一个框架。

大事年表

1833 年	《工厂法》开始改善工厂童工的条件
1834 年	《济贫法修正案》将许多穷人送入济贫院
1835 年	新的区议会负责改善城市条件
1842 年	《矿山法》禁止妇女和儿童在地下工作
1847 年	工厂的工作日被有效限制在 10 小时以内
1850 年	《工厂法》规定工厂工人周六下午休息

贫困问题

杰里米·边沁（Jeremy Bentham）的功利主义思想认为，社会制度应该是有用的，受此启发，19 世纪 30 年代的辉格党政府开始解决在长期自由放任的情况下形成的弊病。在英格兰南部的大部分地区，大量劳工被拖入了贫困救济体系，因为他们从当地的税率中获得了善意的但令人沮丧的工资补贴。这一制度于 1795 年首次在伯克郡的斯宾汉姆兰教区实行，它只是鼓励劳工拥有更大的家庭以获得更多的补助。它还允许雇主限制工资，因为他们知道负担会落在教区所有纳税人身上。结果贫困率翻了一番。

济贫院

1834年《济贫法修正案》颁布后，申请救济的身体健康的劳工必须进入新的济贫院，那里的条件尽可能地不吸引人，以阻止懒惰的人。在这些几乎是惩戒性的机构中，男女被隔离开来，以防止再出现更多需要公共照顾的儿童。穿着制服的囚犯被强制执行严格的行为准则，他们忍受着单调的粗茶淡饭或稀粥，并被安排从事重复性的艰苦劳动。1846年安多弗丑闻（Andover Scandal）暴露了许多被收容者遭受的非人道待遇，此后大多数济贫院的生活有所改善。然而，在整个维多利亚时代，对济贫院的恐惧成功地鼓励了劳工寻求就业而不是申请救济。随着"斯宾汉姆兰"补贴的结束，雇主也被迫提高工资。在北方，磨坊的工作更容易获得，教区委员会更愿意雇用失业男性从事有用的社区工作，如修路和铺设排水管道。

工厂

长期以来，社会改革者对工厂工人不得不忍受的长时间工作和危险条件感到震惊。1802年和1819年通过的法律试图限制儿童在纺织厂的工作时间，但由于没有检查制度，很难执行。1833年的《工厂法》弥补了这一缺陷，任命了工厂检查员，负责确保雇主不雇用9岁以下的儿童，并确保遵守每周工作时间的新限制（13岁以下儿童为48小时，青少年为69小时）。1844年的进一步立法要求雇主对所有危险机械进行筛查，并让年轻工人有时间接受义务教育。由于"10小时运动"的努力，1847年和1850年的法案将所有工厂工人的工作日减少到最多12小时轮班，有一个半小时的休息时间，并将周六下午改为假日。在19世纪60年代，这些改进扩展到大多数其他行业的工人。这类法案需要准确的信息才能取得成功，这促使政府于1836年在英格兰和威尔士实行出生、死亡和婚姻的强制登记。

矿场

矿井里条件极端恶劣，在那里，年仅4岁的儿童与他们的父母一起工作，每班工作14小时或更长时间。1842年皇家委员会关于矿井的报告描述了地下的悲惨条件，使公众感到震惊。当时女孩拖着煤车在矿井上行走的画面，使维多利亚时代追求发展和平等的人们感到非常震撼。随后立法出台了一系列安全措施，限制儿童和妇女从事地面工作，并任命检查员以确保这些措施的实施。

住宅

迅速的工业化和对靠近工厂或矿场的廉价住房的需求，意味着工业工人的住所密集且建造速度快，通常由"偷工减料"的建筑商建造。他们很少提供淡水和足够的排水系统，因此1770年至1830年间建造的许多新街道的卫生状况还不如中世纪村庄。后院里堆满了垃圾，吸引苍蝇和害虫，而污水则渗入河道。在这种情况下，支气管炎、肺结核、伤寒和霍乱等疾病很常见，并很快蔓延到富人居住的地区。埃德温·查德威克（Edwin Chadwick）关于工人阶级地区卫生状况的报告促成了1848年公共卫生委员会的建立。这些委员会最终将与1835年成立的改革后的区议会一起工作，以改善19世纪城镇的基础设施。

教会的工作

1800—1900 年

19世纪经历了一次虔诚和信仰的大复兴。这在基督教传教士在国内穷人和远方"异教徒"中的工作中得到了最实际的体现。

一个虔诚的时代？

维多利亚时代是英国历史上最公开虔诚的时代之一。在英国,这在很大程度上是由于福音派圣公会的影响,他们将教会从18世纪的沉寂中唤醒,并鼓励教会在国家生活中发挥更积极的作用。福音派教徒也受到鼓舞,发起了反对他们那个时代的罪恶的运动。他们的队伍中包括反奴隶制的威尔伯福斯(Willberforce)和扫烟囱的冠军沙夫茨伯里勋爵(Lord Shaftesbury)。维多利亚时代英国公共生活的基调是由福音派对家庭祈祷、公共礼拜和教堂建筑的喜爱形成的。牧师运动或英国天主教运动改变了英国教会的礼拜方式,为许多工业区的单调气氛带来了一抹教会色彩。

国家教会？

1851年3月30日星期日,在整个英格兰和威尔士进行了一次教会人口普查。结果显示,在1800万总人口中,当天有700多万人去了教堂。在这些人中,只有一半是英国圣公会教徒,而其余的人则定期去各式各样的非传统的小教堂。尽管英国教会仍然主导着公共生活，但它在劳工阶层中的成员很少。在北部和中部的大部分地区，传统的教区结构因快速的城市化而分崩离析。在许多工业城镇，一个牧师名义上负责数万人的生活。在这里，真正的精神力量是不墨守成规的教派，而不是传统教会。1829年天主教解放运动后，一个新的罗马天主教教会逐渐形成，主要是为了满足利物浦、格拉斯哥和伦敦日益增长的爱尔兰人口的需要。

传教士的冲动

福音派在非洲传播福音的愿望与反对奴隶制的运动有关。英国于1807年禁止参与奴隶贸易，并于1833年在所有英国领土上废除了奴隶制——由于奴隶主获得了2000多万英镑的赔偿，英国的纳税人付出了巨大的代价。然而，非洲酋长和阿拉伯奴隶主继续从事这一贸易，令那些参加伦敦传教士协会公开讲座的人感到恐惧。年轻的传教士大卫·利文斯通（David Livingstone）于1840年开始在非洲工作，他有两个目标：传播基督教福音并寻找穿越非洲南部和中部的新路线。1853年至1873年间，利文斯通进行了三次伟大的探险——前往维多利亚湖、尼亚萨湖和尼罗河源头。他希望商人们能追随他的脚步，从而创造财富，提高生活水平，这样今后就不会有任何部落被迫卖掉自己的孩子。在离家更近的地方也有传教士。在汤因比馆（Toynbee Hall）的实验中，大学生们住在白教堂的穷人中间，从事社会工作。威廉·布斯（William Booth）的救世军进入最贫穷的地区，拯救穷人的灵魂并满足他们的身体需求。

传教士之王

司布真（Charles Spurgeon）是维多利亚时代传教士的典型。15岁时，他在一场暴风雪中见证了信仰，两年后他被任命为浸信会牧师。司布真是个天生的传教士，他的演讲"复兴"了成千上万人的信仰。随着会众的扩大，他的教会不得不搬到更大的会堂。经常有1万名听众，而在1857年，听他在水晶宫布道的人数是这一数字的两倍多。他在南华克的大都会会堂有容纳5000名信徒的座位，另外还可容纳1000名站立者。司布真也是一位多产的作家，利文斯通临终前发现了一本他的翻过多遍的讲道稿。

字面上的真相

大多数维多利亚时代的教会信徒相信《圣经》的字面意义和历史真相，但他们的信仰受到来自多方面的抨击。现代地质学之父詹姆斯·赫顿（James Hutton）已经证明，地球比《创世记》中宣称的要古老得多。然而，他在1795年出版的细致的科学著作《地球理论》（*The Theory of The Earth*）对大众思想的影响不大。到1850年，德国科学史学家、《圣经》学者和考古学家的工作已经将《圣经》置于其背景之下，并揭露它的许多不一致之处和后来的补充。这些研究在很大程度上超越英国，从而解释了1859年后生物学家查尔斯·达尔文（Charles Darwin）和托马斯·赫胥黎（Thomas Huxley）的工作所引起的公众骚动。与许多欧洲社会不同，受过教育的英国公众还没有准备好接受对创世和人类发展的理性和唯物主义解释。

科学的好处

1850—1900 年

在维多利亚时代晚期，一系列的科学突破彻底改变了英国人日常生活的方方面面。公共卫生、教育和通信方面的改进预示着现代社会的诞生。

李斯特喷雾剂

随着医学知识的增加，医疗保健标准也提高了。1860 年，弗洛伦斯·南丁格尔的护理学校在圣托马斯医院成立，使英国各地越来越多的公立医院的患者接受了专业化治疗。到 1854 年，约翰·斯诺（John Snow）能够提供确凿的证据，证明伦敦和其他许多维多利亚时代大城市的周期性瘟疫——霍乱，是一种由污染的水传播的疾病。听诊器在 19 世纪 50 年代已被普遍使用，改进后的显微镜也开始为医学研究做出贡献。然而，医学界是保守的，对变革有抵触。为了降低手术后的高死亡率，约瑟夫·李斯特（Joseph Lister）于 19 世纪 60 年代中期在格拉斯哥发明了一种石炭酸灭菌喷雾剂。它很快被苏格兰的一些医院采用，然而多年之后，李斯特的发明和细菌性败血症的理论才获得普遍接受。

公共设施改善

富有进取心的市议会可以利用其新权力和时代的技术来改变公民的生活。哈德斯菲尔德就是其中的典型。1869年，其新的区议会召开了第一次会议，并立即着手修建水库和管道网，以提供清洁用水。到1890年，该镇拥有了蒸汽动力有轨电车系统、公共电力供应、免费学校和宏伟的市政建筑。到1880年，拥有400万居民的伦敦落后了，无法应对其发展产生的各种问题。成千上万的家用烟囱和数百台蒸汽机加剧了臭名昭著的伦敦雾霾的污染。在1888年伦敦郡议会成立之前，没有适当的污水处理系统，也没有什么家庭用水。富裕的格拉斯哥最能说明维多利亚时代城市的巨大反差。其宏伟的市中心以无与伦比的规模建成，而西部的富人区则享有这个时代的所有优势，包括通过一条雄心勃勃的56千米（35英里）长的输水管道从遥远的卡特琳湖输送的家庭用淡水。在克莱德河的另一边，离富丽堂皇的市政厅不远，是戈尔巴斯（Gorbals）肮脏的贫民窟，是贫困、肮脏、赤贫和暴力的代名词。

冷冻食品充足

1880年2月，克莱德建造的SS斯特拉斯莱文号停靠在伦敦，装载着保存完好的澳大利亚冷冻羊肉。第二年，更多的羊肉和黄油货物随之而来。在这10年结束前，冷藏船从全球各殖民地运来了廉价食品，使帝国在经济上更加紧密，同时也使节俭的英国家庭主妇感到高兴。更大的钢质船舶的建造使冷藏船更加经济，到19世纪末，伦敦港成为世界上最繁忙的港口。1900年的英国消费者也比他们的任何祖先享受到了更广泛的饮食。

大事年表

1859 年	卡特琳湖输水管道向格拉斯哥供应高地淡水
1865—1869 年	李斯特发展了他的消毒护理原则
1866 年	第一条从伦敦到美国的跨大西洋电报电缆铺设完成
1876 年	亚历山大·格雷厄姆·贝尔演示电话
1878 年	约瑟夫·斯旺制造出第一个电灯泡
1880 年	最早的冷藏船用于长途运输食品

乐善好施的企业家

并非所有的市政改善都由政府推动。精力充沛的维多利亚时代的企业家们赚取了财富,但往往又将其重新投入他们的社区。威廉·阿姆斯特朗(William Armstrong)是英国最富有的人之一,他曾作为律师、科学家、工程师和军火制造商获得成功。他在泰恩河畔埃尔斯威克的液压起重机公司迅速发展成为世界上最大的工程和军备公司之一。阿姆斯特朗将他的巨大财富用于公共利益,帮助纽卡斯尔提供清洁的水供应,并捐赠公园用地供公众娱乐。他的慷慨捐赠被用来创办学校,包括 1871 年的纽卡斯尔物理科学学院。在他去世时,他留下了 10 万英镑用于新建一所公共医院。英国每个维多利亚时代的城市都受益于类似的私人慈善活动。

迈向电气时代

到维多利亚时代末期,一个从小就在烛光下学习阅读的人可以瞥见即将到来的电气化未来。通信方面的改进正在让地球缩小。1866 年,一条横跨大西洋的电报电缆将伦敦与美国连接起来,1870 年铺设了通往印度的电缆。1901 年维多利亚去世后几个月,就有可能在全球范围内发送电报。化学家约瑟夫·斯旺（Joseph Swan）于1878年在纽卡斯尔展示了他的专利电灯泡，并在1883年开始生产。1876年，亚历山大·格雷厄姆·贝尔（Alexander Graham Bell）完善了电话，三年后建立了第一台伦敦电话交换机。1896年，高地的威廉堡（Fort William）成为英国第一个拥有电力路灯的城镇，这要归功于其巨大的水电铝冶炼厂，该厂加工从爱尔兰运来的铝土矿。整个英国都在被科技改变。

教育和休闲

1837—1900 年

1837 年维多利亚登上王位时,她的英国臣民中有很大一部分人是文盲。然而,到了 1900 年,蓬勃发展的大众媒体是国民识字率提高和可支配收入增加的标志之一。

一个未受教育的国家

在英国,中学教育在很大程度上只限于那些接受公立学校古典教育的富裕男孩。越来越多的"学院"也为中产阶级提供科学等学科的实用教育。与维多利亚社会的其他部门一样,慈善机构和私人慈善事业也提供了某种服务。许多人在英国圣公会的罗伯特·雷克斯(Robert Raikes)于 18 世纪 80 年代开创的主日学校里学会了阅读。贫民免费学校运动提供了人们基本的识字能力,并以便士储蓄银行、时尚俱乐部和禁酒教育的形式提供社会帮助。系统性的教育提供始于 1833 年和 1844 年的《工厂法》,该法案迫使雇主为其童工提供日常教育。然而,大多数维多利亚时代的学校都提供有限的课程,由未经培训的工作人员在狭窄的环境中授课。

新闻界

1841 年,三分之一的布立吞人无法阅读和签署他们的结婚证书。到1900年，识字率的提高支持了一个覆盖英国社会大部分阶层的全国性媒体。在18世纪，印花税有意让报纸价格昂贵，但在19世纪50年代和60年代，这种"知识税"逐渐被废除。纸张和印刷品广告税的取消与转轮印刷机和机械排版等革命性技术相结合，产生了一种廉价、流行的报刊。到1900年，仅在伦敦就有32份日报，满足了所有阶层的好奇心。通过铁路网的发行也帮助全国性日报建立了巨大的发行量。到1890年，《每日电讯报》在全国各地有30多万家庭阅读。半便士一份的《每日邮报》创刊于1896年，由于其民粹主义和帝国主义的基调，价格低于其竞争对手，很快建立了每日50多万的读者群。《世界新闻报》等周日报纸以丑恶无耻的法庭报道和刺激性内容为基础，达成了同样惊人的发行量。

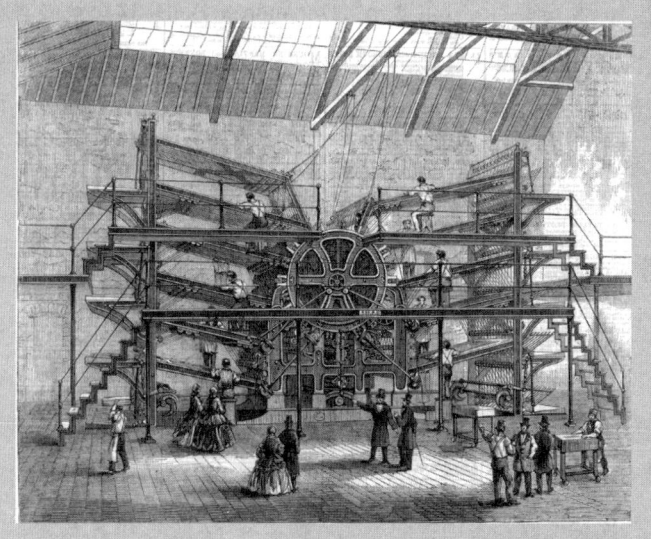

轮转印刷机的发展使得长卷的纸张可以快速印刷，从而能够大量生产日报。

公立学校

长期以来，进步的声音一直呼吁国家参与教育，但正是法国、皮埃蒙特（Piedmont）和俾斯麦（Bismarck）的普鲁士等拥有学校系统的国家在工业和商业上的成功，鼓励了英国决策者们对其产生更大的兴趣。1867 年选民的扩大也强调了确保国家公民有能力进行明智投票的必要性。1870 年的《教育法》规定学校教育为义务教育，尽管它只是为了填补现有机构留下的空白。不管怎样，地方学校董事会的成功带来了进一步的改善。1890 年，寄宿学校的费用被取消，教育年限在 1893 年和 1899 年获得提高。到 1900 年，教育已成为国民经济核算中最大的项目，尽管大多数英国儿童仍然就读于义务学校。在苏格兰和威尔士，长老会和循道宗的传统有助于鼓励提高识字率。特别是苏格兰，它有着丰富的成功的乡镇学校和慈善学校的遗产，像安德鲁·贝尔博士（Dr. Andrew Bell）这样的教育创新者也在全国范围内取得了突出的成绩。无论如何，1872 年引入的寄宿学校，最终确保了旧苏格兰议会在每个教区设立一所学校的愿景得以充分实现。

体育和购物

1850 年后，许多城市工人能够享受一个自由的周六下午，并可以通过乘坐火车达成廉价旅行。足球和橄榄球等起源于街头游戏的体育运动，到那时已经在公立学校和大学中被编入法典。19 世纪 60 年代，地方体育俱乐部开始大量涌现，到 1865 年，大量的球员将这些比赛变成了全国性的组织运动。从 19 世纪 70 年代起，大量的观众观看了足球比赛，俱乐部很快实现职业化。职业橄榄球联盟在 1895 年脱离业余比赛的范畴。由于约翰·邓洛普（John Dunlop

的充气轮胎，19世纪90年代是自行车运动的黄金时代。成千上万的人在周六午餐时间逃离城镇，前往附近浪漫的乡村享受自由，周六下午可以在维多利亚时代晚期城市中心发展起来的大商场里度过。巴黎人发明的百货商店很快流行起来，1838年爱丁堡的詹纳斯百货公司和1853年都柏林的德兰尼百货公司的成立日期就是明证。位于贝斯沃特的怀特利百货公司（Whiteleys）是伦敦第一家专门建造的百货商店。在19世纪90年代的高峰期，它雇用了6000名员工，他们在不工作的几小时里住在公司宿舍。

爱尔兰自治

1798—1893 年

解决爱尔兰土地问题的失败不仅导致了饥荒，还导致了多年的动荡和暴力。最终，格莱斯顿抓住了关键，准备给予爱尔兰自治权。

解放者

1798 年爱尔兰人联合起义的失败，使律师丹尼尔·奥康奈尔（Daniel O'Connell）相信要寻找一种非暴力的方式来废除新教统治。他的天主教协会为其废除对天主教教徒的民事限制和废除《联合法案》（Act of Union）的运动募集捐款。尽管在 1828 年当选为克莱尔郡议员，奥康奈尔还是没能在议会中就任。由于担心爱尔兰发生叛乱，威灵顿将自己的保守观点放在一边，说服了足够多的保守党议员，于 1829 年通过了《天主教解放法》（Catholic Relief Bill）。天主教教徒现在有了投票权，但前提是他们必须符合较高的财产条件。威灵顿希望这能确保爱尔兰向英国议会及政府方面派出温和派代表。

芬尼亚兄弟会

在 19 世纪 40 年代大饥荒之后，更具暴力色彩的群体开始出现。1848 年，青年爱尔兰的武装叛乱以失败告终，但芬尼亚兄弟会，一个爱尔兰-美国组织，对秩序构成了更大的威胁。芬尼亚试图用武力解放他们在曼彻斯特和克勒肯维尔被监禁的同伙，这被视为令人震惊的恐怖主义暴行。在爱尔兰，1867年因杀死一名警察而被处决的三名芬尼亚运动成员被称为曼彻斯特三烈士。

大事年表

1828年	丹尼尔·奥康奈尔当选为议会议员，但未能就任
1829年	威灵顿被说服支持《天主教解放法》
1886年	自由党在爱尔兰自治法案问题上意见严重分歧
1890年	帕内尔因被揭露与凯蒂·奥谢夫人的婚外情而蒙羞
1893年	格莱斯顿的第二个自治法案被上议院否决

解散教会

爱尔兰天主教教徒一直对必须支付英国圣公会爱尔兰教堂的维护费用感到不满。1839年，佃户和警察之间爆发了异常血腥的小规模冲突，这场战争被称为"什一税战争"，此后，什一税的支付额被削减。然而，这个问题是挥之不去的宗教怨恨，威廉·格莱斯顿（William Gladstone）希望在其第一次执政时化解这一不满。爱尔兰教会因此于1869年解散。次年的《土地法》旨在为被驱逐的佃户提供补偿，以补偿他们对土地的改良，但该法未能保证公平租金和为土地使用权提供保障。越来越多的小农户被驱逐，导致越来越多绝望的农民在农村掀起一波野蛮暴行的浪潮。

爱尔兰无冕国王

到19世纪80年代，爱尔兰农村处于革命的边缘。世界性大萧条和廉价美国谷物的涌入使得爱尔兰的传统耕作方式无法维持。地主们别无选择,只能对他们的庄园进行现代化改造。然而,随着小租户被驱逐的数量增加,"兼职者"为报复前地主而进行的犯罪行为也在增加。更为有效的是,如果地主拒绝接受其对每块土地价值的估计,爱尔兰土地联盟就会组织租金罢工和抵制活动。驱逐佃户的地主和土地代理人,如梅奥郡的查尔斯·博伊克特上尉(Captain Charles Boycott),发现自己被当地社区孤立和忽视,无法购买商品和服务。在议会中,查尔斯·斯图尔特·帕内尔(Charles Stewart Parnell)将松散的自治联盟转变为资金充足、纪律严明的爱尔兰议会党,从很多方面来说,它是第一个现代英国政党。在这个由80多名爱尔兰民族主义议员组成的集团的领导下,令人印象深刻且坚定的帕内尔开始拖延和阻挠所有立法,直到爱尔兰问题得到解决。然而,格莱斯顿试图在1882年与这位"爱尔兰无冕国王"谈判达成解决方案的努力被令人震惊的暗杀事件所破坏——爱尔兰事务大臣及其副手在都柏林的凤凰公园被一个被称为"不可战胜者"的神秘的民族主义组织刺杀身亡。公众对谋杀案的愤怒使得格莱斯顿无法维持他对爱尔兰的和解态度,许多英国人将此归咎于帕内尔。

《爱尔兰自治法案》

在其第三个任期里,格莱斯顿依赖于下议院86张民族主义选票。1886年,《爱尔兰自治法案》(*Home Rule Bill*,又称《地方自治法案》)正式出台。该法案建议将所有国内事务权力下放给都柏林,只将国防、外交政策和对外贸易协定保留给威斯敏斯特方面。该法案使自由党分裂,法案以30票之差被否决。即将上任的保守党政府试图控制爱尔兰,而非平息其怒气,它通过了一项新的《犯罪法》来解决爱尔兰农村的暴力事件,在没有陪审团的情况下审判罪犯。当格莱斯顿于 1892 年重新执政时,帕内尔已经下台,并在其与一位爱尔兰议员的妻子凯蒂·奥谢(Kitty O'Shea)的长期婚外情曝光后去世。格莱斯顿提出第二个《自治法案》,但在上议院再次被否决。在 19 世纪结束时,爱尔兰问题似乎没有比 1800 年更进一步的解决方案。

爱尔兰国家土地联盟举行示威活动,反对因农业生产方式改变而强行驱逐佃户。

英国殖民印度

1780—1900 年

1815 年，英国在印度的权力因法国的失败而得到确认。一段扩张和现代化的时期在 1857 年的印度兵变中达到顶峰，这对英印关系产生了深远的影响。

王室和公司

1763 年后，东印度公司总督比许多欧洲王公掌握着更多的"臣民"。1784 年，皮特试图通过任命一名内阁部长来监管印度的政治事务，以此来控制这种局面。在印度，个人仍有很大的发展空间，可以大显身手。1790 年，当迈索尔的提普苏丹对英国在印度的领地发动突然袭击时，康沃利斯勋爵（Lord Cornwallis）成功地控制了印度。1798 年，当拿破仑在埃及思索着要追随亚历山大的脚步进军印度的计划时，革命的法国代理人鼓励提普重新对可恨的英国人发动战争。理查德·韦尔斯利（Richard Wellesley）创建了一个土著统治者联盟，并于 1799 年在塞林加帕坦消灭了提普的军队。这次胜利意义重大，因为获得了南部富裕的迈索尔苏丹国，使英国成为印度的主导力量。韦尔斯利还提出一项政策，通过在当地法庭上安排一名英国居民或"顾问"及一支公司的军队来控制当地的权贵。

开放的印度

到1823年，东印度公司已经停止了贸易活动，完全致力于管理其领土。印度对所有英国制造商开放，其经济上的重要性鼓励英国行政人员对当地的困难采取更有力的态度。1816年，尼泊尔好战的廓尔喀人被打败，此后成为宝贵的盟友。1819年，印度中部诡计多端的马拉塔人酋长的权力被打破。在接下来的几十年里，英国人专注于消除当地文化中"不可接受"的方面，如印度教葬礼中的萨蒂（寡妇自焚）习俗。

大事年表

1784年	英国政府开始加强对印度事务的控制
1799年	英军在塞林加帕坦战胜了迈索尔的提普
1816年	廓尔喀人战败，尼泊尔成为保护国
1848—1856年	达尔豪西勋爵使英属印度的基础设施现代化
1857—1858年	印度兵变促使英国重新思考如何治理印度
1858年	废除东印度公司，建立全面的英国统治

西化

1848年至1856年期间担任总督的达尔豪西勋爵（Lord Dalhousie）意识到，控制印度也需要"改善政策"。因此，印度修建了6500多千米（4000多英里）的水泥公路，建立了邮政和电报系统，第一条铁路于1853年开工。恒河大运河已经完工，并计划建立一个英国本土学校和技术学院系统。然而，达尔豪西最有争议的政策是"无嗣失权"（'doctrine of lapse'），即去世后没有继承人的当地王子的土地成为英国的财产。达尔豪西改革的速度和程度不可避免地激发了当地人的不满和反对。

1857—1858 年，印度兵变

1857 年 5 月，在德里附近的米鲁特陆军基地，一些印度军队拒绝使用涂有"不洁"猪油和牛油的步枪子弹。关于印度教和穆斯林军队将被迫皈依基督教的传言加剧了对异见者受到粗暴对待的愤怒。一群哗变者释放了被监禁的人，向德里进军，并宣布一位年老的莫卧儿王子为皇帝。起义沿着恒河流域扩散到勒克瑙、卡恩波尔和詹西，得到了印度社会中受到达尔豪西西化政策威胁的人的支持。在卡恩波尔的英国特遣队，包括 200 多名妇女和儿童，投降并遭到了屠杀。在勒克瑙，英国驻军一直在抵抗围攻，直到 9 月才终于解除围困。一旦忠诚的军队从印度中部和南部未受影响的地区被派出，哗变者的命运就不会再有疑问。兵变遭到无情的报复——德里被夺回时，无辜的印度平民被大肆屠杀，然后明智的建议才占了上风。

英印帝国

1858 年，东印度公司被废除，英国国王完全控制该次大陆。从此，英国军队将占到军团兵力的三分之一，大炮也被谨慎地掌握在英国人手中。叛变留下的一个更持久的后遗症是当地人和英国人之间的互不信任。1858 年后，英国人与他们的臣民保持着更大的距离，详细规定了印度人和英裔印度人在社会中的地位。然而，英国人吸取了一个重要的教训，吞并政策停止了，许多现存的土著公国都获得一定程度的独立。

非洲探险

1800—1900年

1875年后，英国在"瓜分非洲"的过程中增加了自身在非洲的比重。然而，英国在非洲大陆最南部的介入导致了与当地祖鲁人和大草原上的布尔农民的战争。

瓜分非洲

1800年，英国在非洲为数不多的属地是冈比亚河和黄金海岸的前奴隶站。塞拉利昂是由废奴主义者建立的解放奴隶的领地，于1807年成为英国皇家殖民地。拿破仑垮台后，南开普省被割让给英国，黄金海岸的更多领土也逐渐被英国获得。然而，尽管英国探险家和传教士在整个19世纪都在"黑暗大陆"上活动，政府却不愿承担更多的非洲责任。1875年后，由于几个欧洲大国争相在非洲建立殖民帝国，英国被迫出手。特许公司一直是英国在尼日利亚、肯尼亚和乌干达扩大影响力的首选工具，直到19世纪90年代建立了英国保护国。

祖鲁战争

在南部非洲，英国人不得不与强大的祖鲁人抗衡。在其能干的国王塞茨瓦约（Cetshwayo）领导下，祖鲁王国阻碍了英国建立南非联邦的计划。1879年1月，当地的英国官员挑起了一场冲突。在伊桑德瓦纳，英国1200人入侵纵队几乎被纪律严明的英皮（impis，祖鲁旅）完全摧毁。然而，祖鲁人缺乏有效火力的问题在同一天晚些时候的罗克漂流号任务站暴露出来，一支主要由威尔士军队组成的小分队在临时防御工事后面抵挡住了4000名战士的攻击。7月，祖鲁人的威胁在乌伦迪短暂而血腥的溃败中结束。现在，英国人的注意力集中在布尔人身上，他们大多是荷兰殖民者的后裔，在19世纪30和40年代从开普敦殖民地向北迁移以逃避英国的统治。

克鲁格和罗兹

有两个人象征着1880年后在南部非洲发挥作用的力量。德兰士瓦共和国总统保罗·克鲁格（Paul Kruger）决心让布尔人摆脱英国的控制，在自己的土地上保持布尔人的统治地位。然而，1886年在威特沃特斯兰德的矮山发现了丰富的黄金储备，这使他的理想受到威胁。在随后的淘金热中，数千名以英国人为主的探矿者在定居点安营扎寨，这些定居点很快迅速扩展到约翰内斯堡。虽然克鲁格需要从黄金行业获得收入，但他坚信，外来移民（Uitlanders）[①]或外国人的拥入不会改变德兰士瓦（Transvaal）。这些移民被剥夺了公民身份，唯一的合法语言是南非荷兰语。矿工们因铁路货运和炸药等基本服务被收取敲诈性费用。这些政策激怒了开普敦殖民地总理塞西尔·罗兹（Cecil Rhodes），他是德比尔斯钻石公司的创始人，也是一个充满活力的帝国主义者，他梦想着在非洲建立一个从开普敦到开罗的大英帝国。罗兹在1895年发动反对克鲁格政权的外籍

[①] Uitlander，南非荷兰语中"外国人"，是威特沃特斯兰德淘金热中对外籍移民工人的称呼。——编者注

人叛乱，称为詹姆森袭击，这是一场灾难，他因此蒙羞。然而，在1899年外籍劳工请求英国保护时，这一事件造成了一种猜疑气氛，助推了战争的爆发。

与布尔人的战争

凭借对当地的了解和暂时具有优势的兵力，布尔人围攻了驻守在莱迪史密斯、金伯利和马弗京的英国驻军。1900年春夏之交，英国人发动了一次成功的反攻，解救了被围困的驻军，并占领了德兰士瓦首都比勒陀利亚。1900年8月，最后一支有组织的布尔人部队被击败，但布尔人的突击队，即范围广泛的非正规军，又进行了长达20个月的游击战争。在布尔人的支持和庇护下，突击队袭击了纳塔尔和开普敦殖民地，破坏了铁路网。英方为保卫战略要地建造了坚固的碉堡，10万多名同情游击队的平民被"集中"在拘留营，以切断对游击队的支持。在饥饿的游击队耗尽物资之前，集中营里有2万多人死于疾病。

大事年表

1875—1900年	欧洲列强争夺非洲殖民地
1879年	祖鲁战争以乌伦迪战役结束
1886年	德兰士瓦地区发现黄金
1895年	詹姆森袭击行动未能引发外籍劳工对抗布尔人的起义
1899年	布尔人部队入侵开普殖民地和纳塔尔地区
1900年	围攻几个英国定居点
1902年	布尔战争的游击阶段以《弗里尼欣和约》结束
1910年	南非联邦自治州的成立

南部非洲联邦

在《弗里尼欣和约》中,没有对战败的布尔人进行报复。相反,他们得到了未来自治的承诺、语言权利的确认和慷慨的补偿。大多数布尔人对在1910年建立南非自治领地的条款是满意的。虽然大多数土著人口没有被授予权利,但农村的布尔人享有不成比例的代表权,并被保证在新的南非议会中占多数席位。

[第八章]
20 世纪及以后

福利国家的诞生

1902—1910 年

在世纪之交,执政的保守党政府对帝国事务比对国内事务更感兴趣。然而,1906 年后,一个激进的自由党政府开始认真处理几十年来社会和经济转型的影响。

国王庆典

1897 年的钻石庆典庆祝了帝国的鼎盛状态。来自各大洲的殖民军队在伦敦街头游行,成为每日报刊上图片副刊的主角。次年,在苏丹的乌姆杜尔曼,基钦纳勋爵(Lord Kitchener)的马克西姆大炮摧毁了自称是穆斯林"先知"的马赫迪(Mahdi)的军队,并为死在喀土穆的戈登将军(General Gordon)报了仇。然而,庆祝活动和胜利很快就被遗忘,因为帝国冒险在 1898 年几乎导致了与法国在上苏丹地区的战争,然后在南非演变成一场代价高昂、令人备感屈辱的冲突。保守党政府确实颁布了两项重要的改革立法:帮助工伤人员的《工人赔偿法》,以及 1902 年贝尔福的《教育法》——该法为全国中学系统奠定基础。该法案旨在提高"国家效率",当时英国的经济霸主地位已经拱手让给了美国和德国。法案将所有公共资助的学校中执行标准的责任交给了郡和区议会。

一边倒的选举

保守党在帝国贸易问题上出现分歧,并被涂上布尔战争的污点,在1906年的选举中惨败。新的下议院由377名自由党人、53名工党和其他社会主义者以及83名爱尔兰民族主义者组成。新的自由党政府中的许多人,如劳埃德·乔治(Lloyd George)、温斯顿·丘吉尔(Winston Churchill)和约翰·伯恩斯(John Burns),都是激进派,他们受到查尔斯·布斯(Charles Booth)和本杰明·塞博姆·罗兰特里(Benjamin Seebohm Rowntree)对工人阶级贫困问题研究的影响。维多利亚时代对私人慈善机构和地方行动的依赖已经被证明不足以阻止数百万人陷入贫困线以下。正如丘吉尔在1906年所主张的:"国家现在必须认真关注对病人、老人和儿童的照顾。"这不是简单的利他主义,因为英国的政治评论员非常清楚,其他工业社会,特别是欧洲,正以更高的效率教育和培养他们的人力资源。

大事年表

1902年	贝尔福的《教育法》
1906年	《供餐法》(*Provision of School Meals Act*)
1907年	建立学校医疗服务
1909年	第一批由国家支付的养老金
1910年	上议院否决"人民预算"
1911年	《议会法》削弱了上议院权力

福利基础

1870年后,英国国家教育体系的演变让人们看到了贫困对许多工人阶级儿童的影响。生病和饥饿的儿童学习能力差,因此到1908年学校开始提供膳食和医疗检查。现在，少年犯将与成年囚犯分开，并在专门的机构中接受改造，如肯特郡的博尔斯塔尔青年监狱。1909年1月推出了一项适度的养老金计划，按每周1至5先令的比例浮动。采取了一些措施增加对受伤和失业工人的帮助，并援助制衣裁缝等"血汗"行业的工人，因为这些行业的外包工资一向很低。劳埃德·乔治首相还计划建立一个国民保险体系，在个人困难时期提供支持，这也是基于成功的德国模式。唯一的问题是，在国防预算不断增加的情况下，如何支付这项史无前例的社会改革计划？

1909年，人民预算

为了资助该计划，自由党政府需要额外的1500万英镑收入。政府计划通过向最富有的人和拥有土地的人征收新税来筹集资金。对大宗财产征收的遗产税也有所增加。劳埃德·乔治的1909年预算案在下议院和上议院之间引发一场政治和宪法冲突，上议院是有产阶级的专利。在危机最严重的时候，乔治五世同意册封足够的自由党议员成为贵族，以支持一项议会法案，该法案将削减上议院的传统阻挠权力。自由党在紧张的大选中赢得国家对其方案的认可，预算也获得通过。1911年的《议会法》从根本上改变了民选下议院和世袭上议院之间的关系。同年，旧宪章派要求支付议员工资，以允许所有级别的人参加选举，这一要求最终得以实施。

战争准备

1900—1914 年

自19世纪50年代克里米亚战争以来，英国一直避免与欧洲结盟和冲突，而是忙于其殖民地事务。然而，随着欧洲分裂成敌对阵营，英国的孤立政策似乎不再是一种选择。

德国妖怪

欧洲对布尔战争的外交和媒体反应表明，英国在欧洲大陆几乎没有朋友。英国公众舆论对德国公开支持布尔叛军的声音尤其愤怒。在英国人眼里，德国早已取代法国成为欧洲的主要威胁。1870年至1871年战胜法国并实现统一，使德国成为欧洲的主导力量，它在1882年与奥地利和意大利的三国联盟中巩固了这一地位。德国的军事力量本身并不对英国的利益构成威胁，但1898年后德国海军的迅速扩张直接挑战了不列颠对海洋的统治。到1900年，德国的工业优势也不能否认，特别是在化工等新兴重要行业。新出版的廉价日报激起了人们对"恺撒主义德国"的怀疑，并利用了人们日益普遍的感觉，即英国实力可能已经过了巅峰。

协约国

1902年与日本达成的一项协议有助于确保英国在远东的利益，

并使政府能够集中精力处理欧洲事务。1904年，爱德华七世对巴黎进行了一次成功的国事访问，贝尔福的保守党政府与法国就双方在北非的利益问题达成了协议。这一"协约"在1905年西班牙阿尔赫西拉斯举行的国际会议上得到加强。两年后，英国与法国的盟友俄罗斯达成谅解。这些与欧洲大陆列强的新关系远未达到建立外交或军事联盟的程度，但英国军事和海军人员越来越多地与圣彼得堡和巴黎的同行们分享信息。这类行为向柏林发出了一个明确信号，即在未来的任何欧洲斗争中，英国都有可能处于反对阵营。

大事年表

1882年	德、奥、意三国联盟
1904年	英法友好协约
1906年	英国皇家海军无畏号战舰下水
1911年	18艘无畏号战舰服役
1914年	8月4日英国对德国宣战

军队改革

1763年至1900年间，英国建立了历史上最大的帝国，但在印度以外，它相对控制得较松。然而，与欧洲正在建设的数以百万计的庞大军队相比，维持殖民地治安的小规模部队现在显得不够用。1906年后，自由党战争部长霍尔丹（Haldane）创建了快速部署远征军，这是一支由7个师组成的特遣队，总人数超过9万，拥有自己的自主野战部队。传统的县义勇骑兵队和志愿者组成了新的领土部队（Territorial Force）的核心，这些部队也可以快速集结，用于海外部署的后备支援。军官训练团的建立是为了培养英国人的军事技能，除了帝国沙文主义的短暂爆发外，英国人从未热衷于军队生涯。

无畏号！

英国对集结在其北海港口的现代德国舰队的回应是无畏号战舰。这艘新型战舰于 1906 年下水，速度快，比对手的火力更强，并有效地使其他战舰和其他国家的海军相形见绌，过时落后。自由党政府在犹豫之后（因担心在欧洲引发紧张局势），在 1911 年订购了 18 艘无畏号战舰。1912 年，英国在欧洲水域的大部分舰船从地中海撤离，将那里的主要责任交给法国。这一战略决定有助于确保德国对法国的进攻将直接威胁到英国与苏伊士以东帝国的海军通信线路。

1914 年 8 月

当欧洲大陆在 1914 年夏季几个月里陷入战争时，英国对法国和俄罗斯仍然没有承担正式的军事义务，许多人不愿意卷入一场重大的欧洲冲突。然而，德国通过比利时向巴黎进军的计划刺激了英国对任何企图在低地国家进行"大国"统治的传统反应。英国对比利时独立的支持已经体现在 1839 年的《伦敦条约》中。8 月 2 日，爱德华·格雷爵士承诺帮助保卫法国海峡港口，并要求德国尊重比利时的中立地位。由于没有收到柏林方面的这种承诺，英国于 1914 年 8 月 4 日宣战。

第一次世界大战

1914—1918 年

第一次世界大战的规模和代价都是空前的。这场全面战争不仅影响了前线的士兵，也影响了英国社会的各个阶层。

工业战争

在战争开始的几周里，英国远征军在蒙斯和马恩河畔协助法国人作战，但在12月初战壕线到达英吉利海峡时，他们已是残兵败将。1915年，工业化战争的严峻现实开始出现：铁丝网、轰炸、毒气、地雷、炮击、壕沟足、屠杀以及到处是老鼠和泥浆。一支新的志愿军响应了基钦纳勋爵的号召，在伊普雷斯和洛斯进行了适当裁减。1916年，随着战争可能持续的时间越来越明显，征兵制度开始引入。那些反对的人受到惩罚和排斥。那些在索姆河战役中倒下的人后来被形容为"被驴子领导的狮子"（'lions led by donkeys'），不可否认，英国指挥部犯了许多错误，尤其是没有足够快地理解战争的新技术。尽管如此，1918年8月发起决定性的亚眠战役的英国第四军是一支装备精良、战斗力强的部队，在65千米（40英里）战线上有535辆集结坦克和英国皇家空军2.2万架飞机的支持。

遥远的前线

1914—1918年的战争范围遍及全球。1915年，当西线陷入僵局时，温斯顿·丘吉尔建议通过入侵奥斯曼土耳其的腹地来打击轴心国的软肋。然而，在执行他的大胆计划时犯下的错误使澳新军团（澳大利亚和新西兰陆军）和英国军队在加利波利狭窄的海滩上经历了数月的杀戮。美索不达米亚和中东地区的战役取得了更大的成功，英国军队最终击溃了土耳其的抵抗，这部分归功于富有魅力的学者战士 T. E. 劳伦斯（T. E. Lawrence），他挑起了阿拉伯人对奥斯曼统治者的反抗。

海上战争

战前，低级报刊曾想象过无畏舰之间的巨大冲突，但事实证明，海上的致命冲突远没有那么吸引人。在战争头几个月里，英国控制了北部航道，皇家海军开始了封锁德国的艰巨任务。英国的战略家们敏锐地意识到，一个下午的公海战斗，就可能会失去对海洋的控制，输掉战争。1915 年，当英国和德国舰队最终在丹麦日德兰岛附近相遇时，英国船只遭受了较为严重的打击，但撤退到港口的是德国人。从那以后，德国在海上的作战行动是以潜艇为主，目的是切断对英国的食品和原材料供应。德国 U 型潜艇在对抗英国补给船时非常成功，导致内阁在 1916 年考虑投降。在水听器和深水炸弹等技术进步的帮助下，U 型潜艇的威胁最终被护航系统所克服。

国内战线

1914—1918 年战争的影响随处可见，这一点让经历了齐柏林飞艇轰炸袭击的英格兰南部居民感到震惊。与军队一样，公民志愿服务被国家强制所取代。政府通过《国防法案》（*Defence of the Realm Act*）获得了前所未有的权力来动员民众。妇女被征召进入重要的军火和电气工业，而其他人则在辅助服务和护理机构工作。德国 U 型潜艇的初步成功导致了食品短缺和强制配给制。在农村地区，学童们被送回家在农场工作。税收不可避免地上升，政府对日常生活的干预也是如此。酒类等奢侈品受到限制，海报和歌曲中的宣传不可避免。

1919 年，《凡尔赛和约》

在赢得 1918 年爱国"卡其大选"后，劳埃德·乔治会见了美国和法国领导人，以制订和平方案。在 1919 年年初凡尔赛的谈判中，英国的关键利益受到了威胁。

- 帝国得到了保留和扩大；
- 英国开始负责坦噶尼喀、伊拉克、巴勒斯坦和西南非洲的事务；
- 英国的海军优势得到恢复；
- 默认英国成为国际联盟的主要参与者。

这些外交上的成功掩盖了这样一个事实：英帝国和法国一样，已经被第一次世界大战搞得精疲力竭，正在沦为一个二流国家。

战争的影响

严酷地说，这场战争夺去了近百万英国和其他国家人民的生命，以及 350 亿英镑。一代人迷失了方向，伤痕累累，英国在物质上和精神上都已经疲惫不堪。战后，英国社会日益世俗化，这并非巧合，因为许多战壕里的幸存者认为有组织的宗教再也没什么用处了。许多人在诸如唯灵论等邪教中寻求慰藉，或通过乌托邦式的社会主义梦想一个更好的未来。战争还促进了无线电和航空等新技术的发展，这些技术对战后社会产生了深远的影响。

经济大萧条

1920—1938 年

第一次世界大战引发的经济变化加剧了英国经济的地区差异。技术产业在两次世界大战期间蓬勃发展，传统制造业却经历了多年的低迷。

时势造英雄

在 1918 年 12 月的选举中，曾领导国家取得胜利的"威尔士巫师"重新掌权。许多选民受到劳埃德·乔治关于建立一块适合英雄归来的土地承诺的鼓舞。人们对经济充满信心，因为战争改变了英国的工业。由于农民利用了有保障的农作物价格而耕种了边缘土地，粮食产量有所增加。战时使人们更容易绕过工会的反对和管理层的懒散，引进美国的大规模生产技术和自动机床，培养出新一代有经验的工程师和操作人员。电子、航空和汽车生产等新产业如雨后春笋般涌现，但政府的指导在很大程度上将这些"未来产业"布局在英格兰南部和中部。英格兰北部、苏格兰、南威尔士和北爱尔兰的老工业中心在战争期间享有充分的就业，而对煤炭、钢铁和纺织品的需求很高。然而，它们代表着维多利亚时代的经济，在 1919 年至 1921 年的短暂"替代"繁荣之后，工厂大门开始关闭。

煤炭需求滑坡

1921年后，国际贸易萧条导致失业和罢工。工人们越来越期待工党的领导，但工党1924年和1929—1931年的短暂执政缺乏解决英国经济弊病的时间和决心。政府的政策，如工资补贴，似乎只是权宜之计，陷入困境的煤炭行业的许多工人认为国有化是解决他们需求的答案。1925年，德国鲁尔区的煤炭重返世界市场，导致对昂贵的英国煤炭的需求严重滑坡。塞缪尔勋爵（Lord Samuel）领导的皇家矿业委员会提出了一个妥协方案，即降低工资和延长工时，以换取对新机器的投资和更好的工作条件。这对矿工们来说是不可接受的，他们一路高喊着口号"一天一分钟都不能多，工资一分钱也不能少"，一直走到工会大会所在地。1926年5月3日，许多行业的工人响应工会大会的号召，举行了大罢工。

另一个英国

虽然数以百万计的人在经济衰退中受苦，但在整个战争期间，技术工人的工资购买力在上升。许多工薪家庭负担得起安装家用电器，并购买新的消费品，如无线收音机或吸尘器。在南方，信心激发了建筑业的繁荣，数以千计的新产业工人可以存钱为新的半独立式公寓支付10英镑的押金。平均每周3英镑的工资还有剩余的现金，用来购买少量奢侈品。虽然到1939年，英国公路上的200万名司机大多来自中产阶级和上层阶级，但去"看电影"的行程仍在平均预算之内。

全面罢工

罢工只持续9天，并没有像一些保守派所担心的那样成为共产主义革命的预兆。工会放弃了对基本服务、医疗保健和食品运输的干预。暴力事件是局部的和小规模的。那些在火车和公共汽车上站岗的志愿者，除了让罢工者感到恼火和有趣之外，几乎没有什么其他收获。新生的英国广播公司（BBC）向政府证明了它的价值，它在舰队街（Fleet Street）的媒体保持沉默的情况下传播新闻和观点。斯坦利·鲍德温(Stanley Baldwin)准备充分的政府一直控制着局势，并在1927年迅速将"同情罢工"定为非法。然而，这次罢工给工人阶级留下了痛苦的记忆，英国广播公司关于罢工者和工贼（罢工破坏者）之间的"拉锯式"缠斗报道很久之后依然存在。

大萧条

由于外国银行家提取英镑存款，迫使政府在1929年9月将英镑贬值，英国很快就陷入了华尔街金融危机的余波中。限制外国进口的尝试只会促使其他政府采取对等行动，并加深危机。到1931年年底，英国有近300万人失业，其中许多人在老工业区。单一产业的城镇，如造船业的贾罗和炼铁业的梅瑟受到的打击尤其严重。国家政府除了实行减薪和令人讨厌的旨在限制公共开支的"经济状况调查"以外，没有做其他更多的事情。没有什么比534号订单更能象征着旧经济的衰退，这艘巨大的冠达邮轮，从1931年到1934年之间，一直在克莱德班克的库房中未能完工。直到希特勒掌权，新的经济周期开始，它才作为玛丽皇后号（Queen Mary）下水。

女性选举权

1897—1928 年

到 1900 年，赋予女性选举权的观点已经赢得了很多支持者，但无论是人们的同情还是妇女社会与政治联盟（WSPU）所采取的种种激进行动，均未见任何成效。不过鉴于女性对战争所做的贡献，部分女性终于在 1918 年获得了选举权。

新地位

1860 年后，英国出台了几部具有里程碑意义的法律，女性地位受限的问题有所改善。离婚女性开始享有更多权利，而到 1882 年，所有已婚女性对她们的私人财产拥有了更多支配权。1872 年后，大多数英国女孩都能接受基础教育，到 19 世纪 90 年代，上大学和步入职场的女性越来越多。索菲亚·杰克斯－布雷克（Sophia Jex-Blake）、埃尔西·英格利斯（Elsie Inglis）等医生就是她们领域的先驱，但到 1900 年，许多女性经过努力打拼也仅仅能从事教学或者护理工作。打字机和电话的问世为妇女创造了新的工作机会，使她们在社会地位和经济上获得了一定程度的独立。女性的政治权利也在发生变化。19 世纪 70 年代，有产阶级的女性获得了学校董事会选举的投票权。1884 年后，她们还可以在地区和教区选举中参与投票。在英国不断发展的民主中，已经出现了女性的身影，但她们仍然被排除在议会选举之外。对许多受过教育的女性及其支持者来说，这似乎就是一种不公，无可辩驳。

参加运动

最早领导女性选举权运动的是那些富有的、社会关系广泛的女性，她们能够接触到那些有权有势的男性，因而也就有机会来阐述她们的观点。约翰·斯图尔特·密尔（John Stuart Mill）针对1867年《改革法案》提出的"女权主义"修正案遭到否决，这表明那种方法具有局限性。一些小型的地方妇女选举权协会在英国各地发展起来。1897年，这些地方协会又合并成全国性联盟。到1914年，全国妇女选举权协会联盟（NUWSS）拥有会员已接近10万人，因而能够组织大规模的街头示威游行。在爱德华七世时代，这些示威游行曾使英国大城市陷入停顿。妇女选举权协会联盟的领导人主要来自中产阶级，但它从兰开夏郡和拉纳克郡招募了大批工厂女工。在1906年的选举中，该联盟扬言要推出候选人与毫无同情心的自由党人一起竞选，自由党不得不开始重视妇女选举权问题。妇女自由联盟（Women's Freedom League）吸引了大批社会党人纷纷加入，它鼓动其成员拒绝缴纳房产税，拒绝参加1911年的人口普查。支持这项"事业"的男性专门成立了自己的组织。1913年，妇女选举权北部男子联合会（Northern Men's Suffrage Federation）向当时的首相阿斯奎斯（Asquith）请愿，在遭到拒绝后，他们在下议院举行了强烈抗议。一些女性成立了反女性选举权协会，并为维持现状而奔走。她们在宣传册上声称，无论是从气质上来看，还是从生理上来看，女性都不适合抛头露面。尽管这部分女性为数不多，但她们表达的这种保守观点很可能就是当时英国社会大部分男男女女所持的观点。

妇女社会与政治联盟创始人埃米琳·潘克赫斯特（Emmeline Pankhurst）多次因激进行为被捕入狱。1928年，女性获得了与男性平等的选举权，之后不久，埃米琳·潘克赫斯特逝世。

妇女参政论者的"恐怖行动"

1903年后,妇女社会与政治联盟——一个从全国妇女选举权协会联盟中分裂出来的激进组织,开始采取过激行为。英国首相在度假期间曾两次遭遇她们袭击,内政大臣温斯顿·丘吉尔也被她们扔过鸡蛋。高尔夫球场、足球场、板球场等男性娱乐场所被她们洗劫一空。在商业区和银行区的邮筒被她们泼上了煤油和腐蚀性酸液,致使里面的信件被毁。国王的雕像上刀痕累累,在巴尔莫勒尔堡(Balmoral)的国王专属高尔夫球场,球穴区的皇家三角旗也被她们换成了妇女社会与政治联盟的旗帜。埃米莉·戴维森(Emily Davison)为妇女选举权事业做出了最大牺牲,在1913年举行的德比赛马会上,她奋不顾身地冲向国王的赛马,结果命丧马蹄之下。此后,政府便开始监视和逮捕妇女社会与政治联盟的领导人。对待绝食抗议者,政府会把她们释放出狱,待她们体力恢复后,再逮捕她们。到1914年,激进分子渐渐淡出了舆论视野,女性选举权运动毫无进展。

大事年表

1874年	伦敦女子医学院成立
1882年	《已婚妇女财产法案》出台
1897年	全国妇女选举权协会联盟成立
1903年	妇女社会与政治联盟从全国妇女选举权协会联盟中分裂出来
1909年	玛丽安·华莱士·邓洛普(Marion Wallace Dunlop)成为第一个绝食抗议的妇女参政论者
1909年	监狱开始采取强制喂食方式

(续表)

1910 年	赋予妇女选举权的议案遭到否决
1913 年	《猫捉老鼠法令》（*Cat & Mouse Act*）允许当局重新逮捕"恢复体力"的绝食抗议者
1913 年	埃米莉·戴维森死于 6 月的德比赛马会
1918 年	30 岁以上的女性获得选举权
1928 年	21 岁以上的年轻女性获得选举权

妇女与战争

妇女选举权组织对战争的爆发反应不同。很多妇女社会与政治联盟成员放弃了争取女性选举权的努力，转而大张旗鼓地宣扬爱国主义，其中包括三位激进的潘克赫斯特家族成员中的两位。妇女社会与政治联盟创办的报纸《妇女参政论者》（*Suffragette*）也因此改名为《不列颠尼亚》（*Britannia*）。不管怎样，西尔维亚·潘克赫斯特（Sylvia Pankhurst）呼吁和平，很多妇女参政论者纷纷支持妇女和平运动（Women's Peace Crusade）。英国各个阶层的女性大多都在为战争贡献自己的力量，这让以前反对妇女选举权的那些人心生敬佩，比如，阿斯奎斯就曾说过："没有她们，我们怎么能继续这场战争？我认为我们不能不给女性直接表达心声的机会和权利。"1918 年，200 万名 30 岁以上的女性获得了联合政府赋予的选举权。10 年后，女性获得了与男性平等的选举权。

爱尔兰独立

1900—1948 年

1914 年，爱尔兰内战一触即发，但欧洲的各种事件推迟了内战的爆发。1916 年复活节起义为 20 世纪 20 年代的诸多血腥事件埋下了伏笔，导致了爱尔兰自由邦的诞生。

北爱尔兰

1910 年，自由党政府需要议会中爱尔兰民族主义议员的支持来遏制上议院的权力，而爱尔兰人则要求实行自治。1912 年至 1913 年，随着第三个《爱尔兰自治法案》在议会上通过，北爱尔兰统一党发誓要抵制都柏林的统治。在爱德华·卡森爵士（Sir Edward Carson）领导下，统一党准备组建一个临时政府，为此他们召集了 8 万名志愿兵，并从欧洲进口了武器。爱尔兰南方的民族主义者则组建了爱尔兰义勇军予以还击。

为了遏制危机，政府命令一支海军舰队前往贝尔法斯特，并让驻扎在爱尔兰的部队进入警戒状态。然而，很多驻爱尔兰的英军军官都强烈支持统一党。令政府震惊的是，1914 年 3 月，都柏林南部英军总部的骑兵旅军官表示，他们宁愿辞职，也不愿北上与北爱尔兰人作战。尽管政府无法依赖派驻爱尔兰的军队，但它还是冒着内战的风险强行通过了《自治法案》。7 月召开的紧急会议未能达成协议，但由于巴尔干战争爆发，而且欧洲各国已经开始战时动员，这些突如其来的消息令政府震惊，也就无暇顾及爱尔兰事务了。

1916年复活节

统一派与温和派民族主义者同意在战争期间暂时停止谈判，爱尔兰的天主教教徒和新教教徒踊跃参军抗击德皇威廉二世。由于支持英国参战，爱尔兰议员输给了像新芬党（Sinn Fein）这样激进的共和派，他们认为战争是武力推翻英国统治的大好时机。1916年的复活节，复兴的爱尔兰共和兄弟会（Irish Republican Brotherhood）计划在都柏林发动起义，但英国皇家海军拦截了为这次起义运送军火的德国货船。不过，拥护共和的爱国主义者还是控制了都柏林市中心的几个关键地方，包括邮政总局，并宣布成立独立的爱尔兰共和国。虽然爱国主义者在火力上远远落后，但他们仍然坚持激战了6天。在经过军事法庭审判后，英国军方处决了16名共和派领导人，还拘留了将近1500名共和派人士。爱尔兰民族主义者对"1916年牺牲烈士"受到的对待感到震惊，两年后，新芬党在选举中取得了压倒性的胜利，这反映出爱尔兰人对他们事业的支持。

大事年表

1914年	《自治法案》获得通过，但因"一战"爆发而推迟
1914年	卡勒兵变（Curragh Camp mutiny）爆发
1916年	都柏林爆发复活节起义
1918年	新芬党（"我们自己"）赢得爱尔兰大选
1919—1921年	爱尔兰共和军发起了反对英国的游击战
1922年	爱尔兰分治正式生效

(续表)

1937年	独立的爱尔兰共和国宣告成立
1949年	爱尔兰正式脱离英联邦

"我们自己"

新芬党拒绝接受英国议会议席，他们在都柏林成立了自己的议会——爱尔兰众议院（Dail Eirann），并试图管辖整个爱尔兰。迈克尔·柯林斯（Michael Collins）领导爱尔兰共和军攻击警察和其他王室官员，使英国无法进行统治。爱尔兰共和军在1919年1月至1921年7月发动了谋求独立的游击战，他们杀害了600多名英国人，但自身的损失更大。英国人的回应是使用准军事部队，这支部队因制服的颜色而被称为黑棕部队（Black & Tans）。黑棕部队很快以残暴而臭名昭著，他们随时准备在不经审判的情况下处决共和派人士，这种行为疏远了爱尔兰和英国的温和派。爱尔兰战争演变成一轮血腥的暴行和报复。在1921年5月的选举中，新芬党赢得了北爱尔兰以外的所有席位。尽管军队数量不断增多，但驻爱尔兰的英国指挥官对恢复秩序感到绝望，而且"一战"后的英国无力承担这场战争。很明显，爱尔兰需要的是政治性的解决方案，而不是军事性的。

分治

劳埃德·乔治（Lloyd George）的分治提议，获益最大的是北爱尔兰统一党，因为他们有望摆脱都柏林的统治，自己控制爱尔兰的北方。对于爱尔兰民族主义者来说，为了确保对拟议中的爱尔兰自由邦其余部分控制权，他们不得不付出失去北爱尔兰这个沉重代价。强硬的共和派完全拒绝分治条约。敌对的民族主义派别之间展开了长达两年的内战，让新生的爱尔兰接受了鲜血的洗礼。1937年，一个独立的爱尔兰共和国（Republic of Eire）宣告成立，与英国之间的联系就此中断。1948年，英国终于承认爱尔兰独立。一年后（1949年），爱尔兰共和国脱离英联邦，不过为了自身的优势，爱尔兰在1973年加入欧洲经济共同体。

战争之路

1930—1939 年

20世纪20年代，英国在新成立的国际联盟中发挥了主导作用。然而在那个法西斯时代，局势更加动荡不安，为了给重整军备争取时间，英国大量运用传统外交手段。

集体安全

由于美国、苏联和德国没有加入国际联盟，英国和法国就成为其中最有影响力的大国。这个维和机构的弱点早在1923年就暴露了出来，当时意大利法西斯入侵了希腊的科孚岛（Corfu），却没有受到惩罚。不过，20世纪20年代和30年代初的历届英国政府都支持国际联盟及其集体安全原则。在当时积极的气氛中，英国愿意接受1922年《华盛顿海军条约》（*Washington Naval Treaty*）对其舰队的限制，也愿意参加1925年在洛迦诺举行的会议，重新确认《凡尔赛条约》规定的德国边界。在1930年后的黑暗日子里，英国政府过于关注国内问题，导致无法充分理解中国东北发生的灾难——国际联盟未能阻止日本的侵略，而且英国也完全不明白1933年世界裁军会议陷入崩溃所产生的影响。

大事年表

1931 年	日本对中国东北的侵略暴露了国际联盟的软弱
1935 年	英法两国的伪善在阿比西尼亚（今埃塞俄比亚）问题上暴露无遗
1935 年	英国与纳粹德国签署海军条约
1936 年	希特勒重新占领非军事化的莱茵兰
1938 年	希特勒的纳粹德国吞并奥地利
1938 年	英国在慕尼黑牺牲捷克斯洛伐克
1939 年	希特勒入侵波兰

意大利的威胁

20世纪30年代初，意大利法西斯的崛起威胁到了英国在地中海的势力，英国战略家对此十分恼火。法西斯主义这种被很多人认为是未来的意识形态甚至也影响到了英国的国内因素，因为奥斯瓦尔德·莫斯利（Oswald Mosley）领导的身着黑衫的英国法西斯联盟（British Union of Fascists）似乎正在赢得不满分子的支持。1935年，墨索里尼入侵非洲的最后一个独立国家阿比西尼亚，事态已经发展到了紧要关头。国际联盟最终对意大利使出了终极手段——制裁，但这些制裁不包括石油及其他战略物资。与法国人一样，英国人也希望利用这次危机争取墨索里尼的支持，所以英国政府允许意大利船只驶入苏伊士运河。1935年，法国外交部部长和英国外交大臣制订了一份将阿比西尼亚大部分地区割让给意大利的计划，这份计划曝光后便引起了公愤。这也暴露了英国发表的关于国际联盟重要性的言辞有多么空洞，并表明欧洲已经回到了大国外交的传统路径上。

莱茵兰、德奥合并与西班牙

对欧洲安全更大的威胁此时正在德国出现,希特勒开始撕毁《凡尔赛条约》的规定,正如他经常对德国人承诺的那样。1935年6月,英国默许希特勒增加德国的海军力量,这违背了《凡尔赛条约》中的条款。1936年,当莱茵兰再次被希特勒军事化时,洛锡安爵士(Lord Lothian)等人自欺欺人地安慰自己说,希特勒有权"进入自己的后院"。同样,在许多英国评论员看来,虽然《凡尔赛条约》明文禁止德国吞并奥地利,但希特勒1938年吞并奥地利似乎完全符合中欧地区的政治和文化命运。德国和意大利对西班牙内战的干预也被英国忽视,因为许多保守派更倾向于让西班牙在佛朗哥的统治下建立稳定的右翼政权,而不是建立一个与斯大林主义俄国有联系的共和国。

慕尼黑绥靖

20世纪30年代后期,希特勒的野心昭然若揭,张伯伦(Chamberlain)政府试图通过满足元首的"合理"要求来安抚他。英国政府清楚地意识到,英国公众舆论坚决反对军事干预中欧的事务。张伯伦出于自己在1914年至1918年的经历,坚定地致力于避免战争,在1938年9月的苏台德危机期间,他曾三次飞往德国会见希特勒。张伯伦知道,英国在士气和物资方面还没有做好挑战纳粹战争机器的准备。在慕尼黑会议上,张伯伦成功地避免让欧洲爆发战争。然而,他牺牲了民主的捷克斯洛伐克,这个国家是《凡尔赛条约》的产物。捷克斯洛伐克因为这次绥靖而失去了在边境防御德国的能力,同时也失去了许多工业潜力。

战争再临

1939年3月,希特勒无视西方列强,公然进军捷克斯洛伐克其他地区。张伯伦开始不情愿地推动英国走上战争轨道,他将英国国防义勇军扩军一倍,并保证波兰不被德国入侵。1939年8月,希特勒与苏联签订的条约为他入侵波兰开了绿灯。9月1日,希特勒入侵波兰,两天后,英国兑现了对波兰的承诺。

孤军奋战

1939—1941 年

1940 年春,第二次世界大战正式打响。短短几周,西欧大部分地区都落入希特勒之手,只剩下英国还在孤军奋战。

假战争

与 1914 年一样,英国远征军很快被派往法国,但西欧的战争迟迟没有打响,直到希特勒击溃波兰人,并巩固了纳粹德国与苏联的东部边界。这就是静坐战(Sitzkrieg),盟军和德军在长达 7 个月的对峙中,各自耐心地守在戒备森严的马其诺防线(Maginot Line)和齐格菲防线(Siegfried Line)。在英国国内,9 月被疏散的英国儿童现在返回家中过圣诞节,预期的空中轰炸并没有出现。希特勒特别命令德国空军不要袭击英国城市,因为他希望借此鼓励英国建制派中的绥靖主义分子。然而,英国轰炸机通过向德国投放宣传单而赢得了这场"纸屑战争"(confetti war)。不过对战争第一天被 U 型潜艇击沉的雅典号的乘客和 10 月失踪的皇家橡树号的 833 名船员来说,这场战争绝对不是虚假的。然而在英国本土,一直对人们生命造成威胁的事物是在停电期间行驶的汽车。

闪电战(Blitzkrieg)

1940 年 4 月,希特勒占领丹麦和挪威,以确保斯堪的纳维亚半岛的铁矿石供应。1940年5月10日，由于英国未能守住挪威，温斯顿·丘吉尔取代张伯伦担任英国首相，同一天，希特勒在西方发动了闪电战。凭借坦克和飞机的决定性优势，德国国防军横扫了荷兰和比利时。德国的装甲部队越过阿登高地（Ardennes），避开固定的马其诺防线，横穿法国直抵英吉利海峡。英国远征军与法国军队的联系被切断了，他们在别无选择下只能前往敦刻尔克港并撤回本土。在连续9个日夜的时间里，一支由各种大小船只组成的英国舰队顶着德国人的炮击和空袭，运回了近34万名英国和法国士兵。抵达英国后，这些士气低落的士兵就乘坐火车疏散到英国各地的广场和公园里。6月25日法国投降时，面对德国及其投机主义意大利盟友的只剩下英国自己了。

不列颠之战

在好战的丘吉尔成为首相后，希特勒期望英国投降而不是孤军奋战的希望破灭了。希特勒开始计划入侵英国，但穿越英吉利海峡需要完全的制空权。1940年7月至9月，德国空军和英国皇家空军为争夺英格兰南部天空的控制权而展开了战斗。这场冲突是一场不断消耗人力和工业资源的战斗。英国的工厂每月可以生产450架新战斗机，飞行员却难以替换。英国皇家空军在8月底和9月初的伤亡超过了德国空军，此时英国的形势十分危急。

转折点出现在9月中旬，当时英国皇家空军给德国人造成的损失刚好足以迫使他们重新考虑战术。在那时，已有730多名英国飞行员重伤或失踪。尽管如此，英国皇家空军仍然保持着白天的制空权。此后，德国空军将精力集中在夜间轰炸伦敦和其他英国工业城市上。闪电战的主攻方向从1940年9月持续到1941年5月，在伦敦、利物浦、考文垂、赫尔、布里斯托尔和普利茅斯等关键城市的上空，很少有夜间没有德国空军的飞机前来袭扰。尽管平民遭受了恐怖的袭击，但英国人的士气依然高昂，受轰炸城市的工业生产迅速恢复。超过100万的英国人在民防部队中担任守卫、救援人员、医务人员、特警和消防员。处于劣势的"少数人"在空中赢得了战斗，但确保最终胜利的是地面的庞大平民军团。

不列颠之战大事年表

1940年7月	德国飞机攻击英吉利海峡中的船只
8月13日	德国空军对英国战斗机指挥部发起了"鹰"号作战
8月20日	丘吉尔发表了赞美"少数人"的演讲
8月末	英国战斗机指挥部几乎要被德国空军的袭击压倒
9月7日	戈林将轰炸的重点转向平民——大轰炸（the Blitz）
9月15日	德国在对英国的空战中损失惨重
9月17日	希特勒推迟了入侵英国的"海狮计划"（Operation Sealion）
10月1日	沉重的损失让德国空军只在夜间进行轰炸
1941年5月	考文垂在猛烈的轰炸中遭到严重的破坏

全球战争

1941年，英国在北非成功击败了意大利，但随后隆美尔（Rommel）的非洲军团（Afrika Korps）将英国推回埃及，使英国最初的胜利烟消云散。巴尔干半岛的英国军队过于分散，无法抵抗德国4月对南斯拉夫和希腊的进攻。一个月后，德国军队通过空降入侵克里特岛（Crete），使东地中海的英国船只暴露在空中威胁之下。同时德国的U型潜艇在北大西洋造成了严重破坏，此时几乎没有人为遭受闪电袭击的英国欢呼，直到6月突然传来了纳粹德国进攻苏联的消息。希特勒发起了针对东面苏联的"巴巴罗萨行动"（Operation Barbarossa）。希特勒在东部的侵略为英国带来了一个盟友，不过这个盟友的军队正在崩溃和撤退，直到"冬将军"（苏联出了名的寒冷冬天）帮了他们一把。随着苏联局势的稳定，夏威夷的珍珠港传来了更令人振奋的消息。

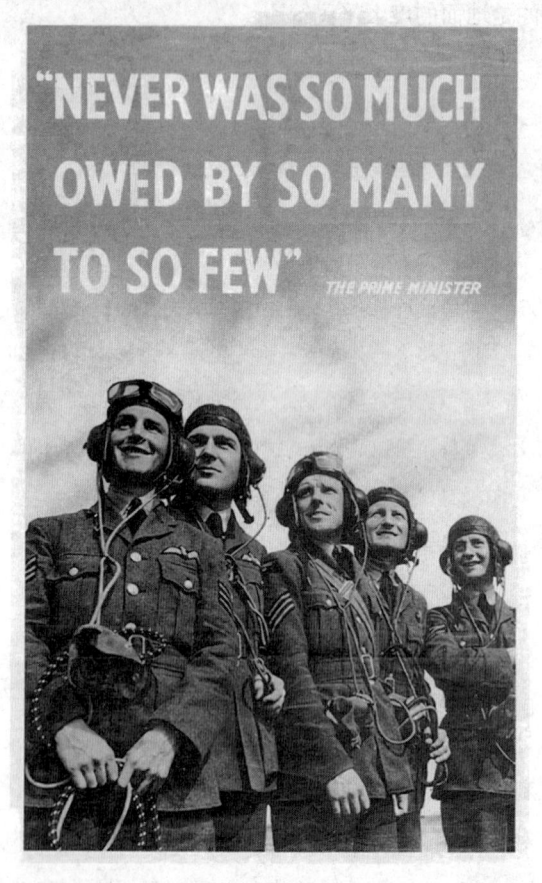

英国首相温斯顿·丘吉尔用一句著名的话称赞了不列颠之战中的英国皇家空军飞行员："在人类战争史上，从来也没有一次像这样，以如此少的兵力，取得如此大的成功。"

大同盟

1942—1945 年

让苏联、美国和大英帝国联合起来共同对抗的敌人是一个令人不安的轴心联盟,但同盟国庞大的人力储备和生产能力确保了 1945 年的最终胜利。

迈向胜利

英国与苏联和美国的联盟并不一定能保证胜利,但盟国的人力和资源加在一起使轴心国获胜的可能大大降低。在盟军的命运开始好转之前,英国遭受了进一步的失利,特别是 1942 年英军在新加坡屈辱性的投降,这不可挽回地损害了英国在远东的地位。1942 年,大西洋的航运损失达到了创纪录的水平,到第二年,盟军通过潜艇探测器(Asdic,早期的声呐)、刺猬弹和"鱿鱼"反潜迫击炮以及雷达,开始在搜索 U 型艇上展示出自身的技术优势。随着海洋航运愈加安全,西方盟国最终得以在北非、意大利以及欧洲西北部取得胜利,而德国则在东线战场慢慢流血而死。

战争中的工业

与 1914 年至 1918 年一样,资源和生产能力在 1939 年至 1945 年的战争中发挥了至关重要的作用。英国变成了一个完全集中化的工业国家，其集中程度甚至远远超过了"极权主义"的德国，几乎所有的计划都由战时内阁和生产部（Ministry of Production）决定。人们很快回想起了"一战"的惨痛教训，英国人民被迅速有效地动员起来并军事化。两次世界大战之间萧条的工业再次兴盛起来，成千上万的人在造船厂、铸造厂、军工厂或矿山里为战争尽自己的一份力量。从一开始，信息部（Ministry of Information）的宣传就提醒每一个英国人，关掉不必要的灯，洗澡时不要放太多水，以及重复利用剩余物资，这些行为就像前线的任何英雄主义行动一样，可以为国家赢得战争。1942年的《贝弗里奇报告》（*Beveridge Report*）和1944年《巴特勒教育法》（*Butler Education Act*）中提出的福利改革建议，使英国军人和工人对最终胜利后的光明未来有了令人鼓舞的一瞥。

科学家

这场战争造就了一种出乎人们意料的新英雄，他们就是那些在技术上战胜敌人的学者和科学家。沃森·瓦特（Watson-Watt）在克服最初的困难后，最终研制出了雷达，帮助英国皇家空军搜寻来袭的轰炸机。R. V. 琼斯（R. V. Jones）扭曲德国空军导航光束的发明虽然不那么耀眼，但在击败德国空中威胁的过程中也发挥了同样重要的作用。工程师们利用最近发明的塑料制造了几十种廉价而轻便的飞机、轮船和坦克零件。人工港口"桑葚"和代号"冥王"（PLUTO）的海底管道为1944年登陆诺曼底的军队提供了即时登陆点和充足的燃料。英国物理学家詹姆斯·查德威克（James Chadwick），在英国避难的鲁道夫·佩尔斯爵士（Sir Rudolf Peierls）和奥托·弗里希（Otto Frisch），以及冶金学家西里尔·史密斯（Cyril Smith）都对原子弹的研制做出了重要的贡献。

大事年表

1941年6月	纳粹德国进攻苏联
1941年12月	日本袭击美国
1942年2月	新加坡被日本占领
1943年5月	同盟国海军开始逐渐赢得大西洋之战
1944年6月	同盟国部队重回西北欧
1945年5月	欧洲战场胜利
1945年8月	对日作战胜利

欧洲战场胜利

一些盟军战略家曾预计纳粹德国将在1944年的圣诞节前垮台，美国当局甚至印制了美元样式的马克，以便在战败后的德国使用。不过之后同盟军在阿纳姆（Arnhem）和阿登的两次战斗中遭遇了挫折，这是德国国防军在西线取得的最后胜利。德国在东线的战役中损失了大量的人员和物资，希特勒的秘密武器V1飞弹和V2火箭造成了一定的恐慌，但造成的损失相对较小。英国皇家空军和美国空军已将德国大部分城市和工业厂房夷为平地。1945年3月，当苏联红军逼近柏林时，西线的盟军也越过了莱茵河。希特勒于4月30日自杀，而两天前墨索里尼已经在米兰被游击队处决，这促使德国驻扎在西北欧的部队于5月4日无条件地向蒙哥马利元帅（Field Marshal Montgomery）投降。4天后，德国在兰斯（Rheims）签署了正式的停战协定。作为第一个发出警惕纳粹主义危险的伟大之人，丘吉尔向疲惫但兴奋的英国人宣布了欧洲战场的胜利，他取得了与皮特和劳埃德·乔治一样的历史地位，成为英国非常伟大的战争领袖之一。

对日作战胜利

然而，战争并没有结束，在缅甸作战的"被遗忘"的英国第十四集团军对此最有感触。科希马（Kohima）战斗的胜利，以及对补给和通信的重视，使斯利姆将军（General Slim）的部队在顽强的日本敌人面前占据了优势。随着仰光港（Rangoon）被占领，同盟军已经准备好击退曾经席卷了整个东南亚地区的日本侵略者。英国本来计划对日本本岛发动一场代价高昂的入侵，但当8月6日广岛被原子弹摧毁的消息传来时，已经厌倦战争的英国终于松了一口气。三天后，苏联向日本宣战，美国在长崎投下了第二颗原子弹，不情愿的日本人最终被迫投降。

紧缩年代

1945—1951 年

在第二次世界大战中,英国军队的许多士兵认为他们是在为一个更美好的世界而战。1945 年,他们投票给工党,使它能够实现其激进宣言。

美丽新世界

第二次世界大战中的英国军队是该国历史上受教育程度最高、享有权利最充分的军队。许多军人接受过中等教育,大多数人识字。随着战争的发展,原先古板又同质化的军官队伍被来自"平民街道"各个地方形形色色的士兵所取代。他们知道自己的服役只是暂时的,而且想知道他们和其他战友为什么要战斗。在战斗行动之间的单调间隔期,士兵们热衷于参加由教育官员主持的讨论和讲座。他们在营地和甲板下津津乐道地阅读着企鹅出版社和左翼读书俱乐部(Left Book Club)的卷角平装书。《大西洋宪章》(*Atlantic Charter*)和《联合国宣言》(*Declaration of the United Nations*)为这场战争添加了一个社会性的目标。这场斗争不仅是针对希特勒及其同伙的,也是为了让人们拥有免于恐惧和匮乏的自由。

在英国,爱德华·贝弗里奇爵士(Sir Edward Beverridge)主持的 1942 年社会改革报告将这些崇高的目标转化为实际的行动。这份报告呼吁建立一个全面的战后社会保障和医疗系统。他的报告成为畅销书，其中的建议在诸如《智囊团》(The Brains Trust) 这样的广播节目中得到了广泛的讨论。在1945年大选中，与士兵们关系密切的下级军官早在投票箱打开前就已经知道了结果。

工党的压倒性胜利

中央计划赢得了战争，现在它还将赢得和平。丘吉尔领导英国取得了胜利，但英国人依然记得两次大战之间，他的保守党在大规模失业和贫民窟住房问题上的表现有多糟糕。工党领袖克莱门特·艾德礼（Clement Attlee）作为丘吉尔在战时的得力助手获得了许多崇拜者。艾德礼本人谨慎矜持的个人品格也让选民放心，他们不用害怕投票支持工党及其福利计划变成走向布尔什维克的第一步。随着选票慢慢地从英国各地和世界各地的战区汇集起来，希望变革的英国人民显然已经把权力授予了工党。

国有化和物资短缺

1945年至1951年间，工党将英格兰银行以及电力、钢铁和铁路行业置于公共控制之下。政府选出的国家委员会此后将代表英国全体人民的利益来管理这些关键的经济部门。然而，几乎没有旧苏联式的工人参与，许多工人除了在工厂门口看到新的标志外，几乎没有发现什么不同。这些被忽视的基础行业的投资资金大部分来自美国的马歇尔援助计划。英国工厂的产品价格太高，无法在国内销售。它们是赚取外汇和减少英国的国际收支赤字的必需之物。财政大臣斯塔福德·克里普斯爵士（Sir Stafford Cripps）告诫英国工业，"要么出口，要么死亡"。

由于购买税高达66%，借款也受到限制，因此富裕的英国消费者不敢购买汽车等奢侈品。在工党的指令经济中，服装、家具和许多食品仍然实行定量配给制。但这个制度在分配基本商品方面存在着困难——1946年至1947年的寒冷冬天中，煤炭出现短缺，1949年英镑贬值时，人们的生活成本显著上升。如果一个美国人在1951年返回英国，他会认为英国依然处于战争状态。

全民福利

1946年，英国国民保险（National Insurance）扩展到所有成年人，这个保险把每周汇集的款项发放给病人和失业者。许多家庭在遇到生育和死亡这样的困难时可以获得补助金。此外生育孩子的母亲可以得到家庭津贴。穷人可以申请国家援助（National Assistance）。尽管许多医学人士反对，但阿内林·贝万（Aneurin Bevan）还是监督建立了向所有人提供医疗的国家医疗服务系统（National Health Service），不管这些人收入如何。艾德礼的这个历史性的政府确保了国家将为国民提供"从摇篮到坟墓"的照顾。然而，由于建筑技术和材料的短缺，它无法为国民提供住房。受损城市的重建尤为缓慢。成千上万年轻而快乐的夫妻已经在忙着制造战后的婴儿潮，但他们知道，自己的名字要想升到议会住房名单的前列还需要很多年。一些人挤在废弃的军营中，不过大部分人在亲戚那里找到了一个房间，以省钱购买房车，或者梦想着搬进一个新的"预制房"。

帝国的终结

1919—1970 年

1945 年，工党政府渴望尽快退出印度。苏伊士战争结束后，变革之风席卷了非洲的殖民地，英国国旗也在整个帝国范围内降下。

英联邦

1914 年，英帝国指望自己培育出的自治领——澳大利亚、新西兰、南非和加拿大——能与它并肩作战。到 1917 年年底，各自治领的领导人加入了战时内阁，英国认可了自治领在军事上的重要性，承认了它们已经成为主权国家的事实，各自治领在国际联盟中的独立成员身份也证明了这一点。1931 年，自治领从殖民地到国家的演变在《威斯敏斯特法令》（*Statute of Westminster*）中得到承认。从那时起，自治领成为英联邦的成员国，英联邦是一个由前殖民地组成的协会，因历史原因与英国王室联系在一起。值得注意的是，在 20 世纪 30 年代后期，张伯伦的内阁已经不确定各自治领是否愿意为了英国而再次牺牲它们的年轻人了。

印度的抗争

1919 年的《印度法案》（*India Act*）向印度的立法会议（下院）授予了卫生、教育和农业方面的一些权力，但将警务、司法和金融

356

方面的实际权力保留给了英国的官员。不过这些受限制的提案遭到了印度民族主义议会的谴责，并引发了暴力示威。在一群印度民众以游行来捍卫他们的集会权利时，英国将军戴尔（Dyer）命令向人群开火，造成超过350人死亡，1200余人受伤。戴尔认为他的行动消弭了叛乱和内战，英国的自由派舆论却为此震惊不已。工党致力于结束英国在印度的统治，并在圣雄甘地（Mahatma Gandhi）1931年访问英国时宴请了他。

午夜梦魇

当艾德礼有能力兑现工党对印度的承诺时，印度次大陆正陷入印度教、锡克教和伊斯兰教之间的内乱之中，1946年加尔各答的一次暴乱导致了4000多人死亡。阿里·真纳（Ali Jinna）领导下的穆斯林制订了成立独立伊斯兰国家的计划。由于收到了加快从印度撤军的指示，英国最后一任总督路易斯·蒙巴顿（Louis Mountbatten）成功与各方达成了分治协议，让印度的独立提前了一年。1947年8月15日午夜，新的印度和巴基斯坦诞生。然而，数百万人依然被困在边界委员会划定的新边界的另一侧，他们不得不穿越敌对的领土以寻求安全。估计有20万来自各个宗教的人成为英国仓促逃避帝国责任行为的受害者。

大事年表

1919年	旁遮普省的阿姆利则发生大屠杀，1600多人伤亡
1931年	《威斯敏斯特法令》承认了白人自治领的主权
1947年	印度和巴基斯坦成立
1956年	苏伊士运河危机在埃及爆发

(续表)

1957 年	独立的加纳在黄金海岸的旧殖民地上建立
1960 年	麦克米伦在南非发表"变革之风"演讲
1965 年	白人的罗得西亚（Rhodesia）宣布"单方面独立"

苏伊士运河事件

阿卜杜勒·纳赛尔（Abdul Nasser）上校在1954年的一次政变中掌握了埃及的政权，并且他认为在世界各地与垂暮欧洲帝国的民族主义斗争中，他可以成为一名标志性的领袖。1956年，纳赛尔将苏伊士运河收归国有，这威胁到了英国与远东的交通。为此，英国联合了法国和以色列，共同向埃及出兵。它们挑起的危机受到了联合国的强烈谴责。艾登（Eden）首相的行为使英国疏远了在英联邦内外的许多外交盟友，特别是被蒙在鼓里的美国。虽然英国在军事上取得了成功，但这次冒险以突然的停火和耻辱性的撤退而告终。苏伊士运河事件显示了英国在战后世界的新地位。它作为大国的时代已经结束，如果没有美国的支持，英国无法独立捍卫自己的利益。

变革之风

1957年至1967年间，随着民族主义浪潮席卷整个殖民地世界，英国的大部分属地都获得了独立。加纳是去殖民化进程中第一个独立的黑人国家，而这一进程最终将英国的粉红色从地图上抹去。1960年，麦克米伦（Macmillan）在他具有里程碑意义的演讲中承认殖民统治的时代已经结束，但英国希望通过英联邦来保持一种全球性的联系。在罗得西亚和南非，少数白人统治者决心继续掌权，帝国的回声依然延续着。在那里，被统治的多数人需要经历许多年的国际制裁、内乱和持续的游击行动才能夺回统治权。随着帝国逐渐被人遗忘,很多新英国人对当年英国称霸海上世界时的态度和政策提出了质疑。帝国不再被视为文明的"好事物",而是变成了种族主义和殖民主义的象征。昔日的帝国英雄现在常常被指控在奴隶制度或其他形式的剥削中获益。因此,2015年牛津大学奥里尔学院(Oriel College)的学者们要求拆除一尊纪念极端帝国主义者塞西尔·罗兹的雕像。

英国与欧洲

1945—2019 年

英国对战后世界的现实情况反应迟缓,因此从一开始就错失了影响新欧洲的机会。英国与欧洲的关系引发了关于国家身份和主权的根本问题。

第一步

1945 年后,一些西欧国家考虑加强合作,以稳固其新的民主政权,遏制未来可能复兴的德国,并加快经济重建的进程。温斯顿·丘吉尔在 1946 年呼吁建立欧洲合众国时,也对这些目标表示了赞同。然而,英国在许多方面与欧洲大陆上的国家不同。它在两次世界大战中没有被占领,也未遭受严重的破坏。它仍然认为自己是一个大国,可以在世界上独树一帜——至少在与英联邦国家联合起来时是这样。英国还认为它与美国有着特殊的关系。英国将通过北大西洋公约组织(NATO)和经济合作与发展组织(OECD)等跨大西洋机构为欧洲做出贡献。

《罗马条约》(Treaty of Rome)

英国派遣观察员参加了欧洲经济共同体(EEC)的早期谈判,该组织最终在 1957 年于罗马成立,但当欧洲的雄心壮志变得明确时,英国退出了谈判。因此，英国错过了协助塑造欧洲经济共同体的机会，它被排除在这个2亿多人口的免关税市场之外。英国拼凑了一个替代性的欧洲自由贸易联盟（EFTA），这是一个不以社会和政治进一步一体化为目标的经济组织。然而，欧洲自由贸易联盟只有7个地理位置非常分散的成员，对于已经在经济和生活水平方面取得了极大进展的"共同市场"来说，它只是一个可怜的替代品。

参与和分裂

哈罗德·麦克米伦（Harold Macmillan）明白英国贸易的未来在欧洲，但他加入欧洲经济共同体的尝试在1963年被法国否决，哈罗德·威尔逊（Harold Wilson）在1967年的尝试也一样。戴高乐将军（General de Gaulle）认为"大西洋主义"（Atlanticist）的英国不会全身心地接受欧洲"共同体"的理想。1973年，在亲欧洲的爱德华·希斯（Edward Heath）的领导下，英国最终加入了有着自己的规则和优先目标的欧洲经济共同体。这种做法违背英国的传统，英国农民和渔民的利益受到了损害，更不用说提供廉价食品的英联邦供应商了。欧洲内部日益加深的一体化，以及欧盟的扩张，引发了人们对英国命运的疑问，这种怀疑已经超越了党派的界限。1974年至1979年间，工党政府在"欧洲问题"上存在着严重分歧，左翼要求退出。而保守派中的反欧洲人士也希望撒切尔夫人（Mrs Thatcher）能支持他们的事业，当撒切尔夫人与欧共体就预算退款问题展开谈判时，他们为她而欢呼。不过，撒切尔夫人追随了麦克米伦的务实脚步，她在1987年签署了一体化的《单一欧洲法案》（*Single European Act*）。在欧洲成员资格问题上的严重分歧极大地削弱了保守党，并导致其在1997年、2001年和2005年的选举中失败。

大事年表

1951 年	法国和德国通过共享煤炭和钢铁资源的控制权,迈出了欧洲一体化的第一步
1957 年	共同市场在《罗马条约》签订后成立
1973 年	英国、爱尔兰和丹麦加入欧洲经济共同体
1975 年	英国在一次全民公投中确认了其欧共体成员资格
1993 年	欧洲经济共同体(共同市场)发展成为政治性更强的欧洲共同体
2007 年	共同市场此时已有 27 个成员国
2009 年	根据《里斯本条约》,欧共体成为欧盟
2014 年	英国独立党选举的成功给保守党带来了越来越大的压力
2016 年	英国脱欧运动以 52% 对 48% 的选票比例赢得了公投
2020 年	英国计划于 1 月 31 日退出欧盟

英国脱欧

英国民族主义者担心欧盟正从贸易伙伴转变为一个欧洲超级大国。到 2010 年,在深谙媒体之道的奈杰尔·法拉奇(Nigel Farage)的领导下,反对欧洲的英国独立党成为英国政治中的一股不可忽视的力量。2014 年,它成为欧洲选举中最大的英国政党,并赢得了它在英国议会中的第一个席位。作为对这一威胁的回应,首相戴维·卡梅伦(David Cameron)承诺将就英国的欧盟成员资格问题进行全民公投。2016 年的公投充满了争议,并且因著名的改革者乔·考克斯(Jo Cox)被谋杀而变得丑陋不堪。当脱欧运动以微弱优势获胜时,卡梅伦辞职了。他的继任者特蕾莎·梅(Theresa May)通知布鲁塞尔的欧盟总部,英国将开始退出欧盟的谈判。

激烈的政治斗争和混乱的议会僵局持续了三年,英国近乎陷入瘫痪。爱尔兰政府也遇到了问题，因为英国与欧盟的唯一陆地边界就在北爱尔兰。特蕾莎·梅在2017年的选举中试图赢得公众对其温和脱欧计划的支持，但最终以失败告终。2019年7月，在下议院三次否决她的议案后，特蕾莎·梅选择辞职。她的继任者鲍里斯·约翰逊（Boris Johnson）在欧洲问题上提出了一个更为稳健的方案，他在2019年12月的选举中赢得了令人信服的胜利，并沉重打击了工党。然而，在苏格兰，大部分选民是亲欧洲的，因此苏格兰民族党（SNP）的支持者不断增加。

共识政治与消费主义

1951—1975 年

第二次世界大战后，英国的生活水平经历了长达 20 年的提升。然而，20 世纪 60 年代的廉价繁荣之下潜藏着英国工业的严重弱点。

黄金年代

从 1953 年到 1970 年，英国的失业率很低，实际工资增长了 20%，生活水平稳步提高，对许多工人阶级家庭来说也是如此。工党的紧缩措施被取消，而在 1955 年新的电视广告的帮助下，国内消费者的需求开始由私营企业来满足。两个主要政党都致力于实现充分就业和社会福利，形成了一种被媒体称为"巴特茨克尔主义"（Butskellism）的政治共识，媒体认为保守党财政大臣巴特勒和工党影子财政大臣盖茨克尔没有什么区别。然而，英国经济存在着一些根本性的问题。经常性的国际收支危机迫使哈罗德·威尔逊在 1967 年将英镑贬值了接近 15%，并禁止游客携带超过 50 英镑的货币出境。工业被低生产效率和未经批准的罢工所困扰，而这又是因为苛刻的管理和束手束脚的工会条例。英国南部和中部地区的经济会出现周期性的过热，但农村地区的经济落后了。战后，英国经济繁荣了起来，但与欧洲经济共同体的快速增长相比，其拙劣的表现值得人们称其为"欧洲病夫"。

汽车风潮

汽车是这个时代的标志性产品，到了 20 世纪 60 年代初，拥有汽车的英国家庭越来越多。英格兰大部分地区很快就被一个高速公路系统连接起来，这个系统最初让所有人都获得了出行的自由。然而到了 1975 年，英国公路上有近一半的汽车是外国制造的，一度让英国人引以为傲的汽车工业正在严重衰退。英国四大汽车集团中有三家为美国所有，但对英国汽车制造商构成最大威胁的是高质量的欧洲和日本进口汽车。英国的汽车厂面临着一系列相互关联的复杂问题：老旧的机器和生产方法，僵化的管理，以及陈腐的工会结构。希尔曼小鬼（Hillman Imp）汽车的传奇故事是这个时代的典型。鲁斯特集团（Rootes Group）非但没能扩建它在考文垂附近大获成功的莱顿工厂（Ryton plant），反而被政府强迫着在格拉斯哥附近的失业重镇林伍德（Linwood）建造了一座新工厂。那里的工人没有制造汽车的经验，而且米德兰（Midland）的供应商不得不花费巨资将汽车和零部件运到苏格兰。1963 年至 1965 年，工厂在开工初期算是中规中矩，但最终还是在一系列罢工、销售不佳和严重的保修索赔中分崩离析。

20 世纪 60 年代

1960 年，婴儿潮的一代开始进入青春期。虽然美国的青少年文化在猫王普雷斯利（Presley）的摇滚年代就已经传播到英国，但"流行"文化在 60 年代才达到顶峰，这也是由于青少年拥有了空前的消费能力。随着这 10 年的发展，流行文化从天真的、商业化的狂热发展成宗教式的反叛，以及性和毒品爆炸式解放，虽然只有一部分人经历过，但许多人对此是渴望的。如果从电视上看 60 年代，那么英国确实在变成一个更加宽容、更少批判的社会。1967年，反对堕胎和同性恋的法律放宽，次年戏剧审查结束。避孕药对性关系产生了深远的影响。在这10年开始时，只有已婚妇女才能得到避孕药，而到1970年，它已被常规性地发放给单身女孩。然而，60年代并不是只有消费主义和享乐主义。文法学校和受过大学教育的青年也尝试了一系列异国情调的意识形态和信仰。学生举行静坐示威来抗议越南战争、南非种族隔离和1968年英国部署北极星核导弹的决定。1967年，康沃尔郡附近的托里峡谷（Torrey Canyon）发生了一起超级油轮事故，它造成的污染引起了人们的恐惧，提高了公众对环境保护的兴趣。

水泥乌托邦

随着地方政府开始大力改造市中心和所谓的贫民窟地区，高层公寓逐渐占据了英国城市地平线景观中的主导地位。公寓建得越高，地方议会从白厅获得的额外补贴就越多。这些使用廉价预制建筑系统建造的空中新村庄，似乎可以成为解决英国持续住房问题的方法。尽管电视纪录片中讲述一些人所经历的人际关系疏远和实际性的困难，但调查一再显示，大多数租户喜欢他们的"公寓"。然而，勒·柯布西耶（Le Corbusier）的现代主义建筑风格并不总是能很好地从法国南部移植到英国。1962年，巴兹尔·斯彭斯爵士（Sir Basil Spence）在格拉斯哥的哈奇森镇（Hutchesontown）的建筑项目获得了奖项，但因为受潮，仅仅30年后就被拆除了。1968年，伦敦东部纽汉区（Newham）的罗南角（Ronan Point）大楼的坍塌，标志着用混凝土建造新英国的梦想终结了。

撒切尔夫人执政时的英国

1979—1997 年

玛格丽特·撒切尔（Margaret Thatcher）通过减少工会权力和政府干预，推动英国政党政治右倾化，并重塑了英国经济。

不满之冬

20世纪70年代后期是动荡的年代。长达20年的经济衰退最终导致了严重的通货膨胀和不断增长的长期失业。1976年，工党政府不得不将英国的账户交给国际货币基金组织（IMF）进行外部监管，以换取23亿英镑的贷款。工会拒绝了工资限制，并在1978年至1979年的整个冬季号召其成员举行罢工。医院外的纠察队员、死者得不到掩埋的传闻，以及伦敦街头堆积如山的垃圾堆中的老鼠，都成为电视和报纸上的头条新闻。英国的共识政治失败了，海报上的"工党不起作用"（Labour isn't working，也有工人没有工作的意思）口号让撒切尔夫人在选举中以极大的优势上台。

大事年表

1975 年	玛格丽特·撒切尔取代爱德华·希斯成为保守党领袖
1979 年	保守党在工党政府的"不满之冬"后重新掌权
1982 年	对抗阿根廷的马岛战争在南大西洋爆发

(续表)

1984—1985 年	撒切尔夫人击败了英国矿工工会
1989 年	苏格兰引入"人头税"(Poll Tax)
1990 年	撒切尔夫人在未能赢得内阁支持后辞职

私有化

新上台的政府认为,英国衰落的根源在于艾德礼时期奠定的社会主义经济基础。政府不得不缩减开支,对货币供应和公共支出实行更严格的控制。撒切尔夫人是一位店主的女儿,也是一位商人的妻子,她认为必须把英国人民从政府和工会中解放出来,并允许他们保留更多的收入。国家控制下的工业和财产被系统地私有化。通过在股市上出售英国石油、英国电信和英国航空等资产,政府希望建立一个拥有产权的民主制度。在类似的动机下,政府开始以诱人的折扣价格向长期租户出售福利住房(council house)。批评人士认为,这种行为的主要受益者是投机商,他们利用"抛售"获利,少数私人投资者现在拥有了曾经名义上属于整个国家的资产。尽管如此,国际社会对英国的信心增强了,从而带来了外国投资,并恢复了城市的地位。通货膨胀最终被赶出了金融体系,但代价是数量空前的失业工人和破产企业。政府的补贴大幅削减,那些无法生存的企业被淘汰,以创造一个更精简的商业领域。

工会

1983年,在短暂而血腥的马岛战争取得彻底的胜利后,撒切尔夫人利用公众中的极端爱国主义情绪赢得了绝大多数选票,但战争的胜利主要归功于英国军队的专业素质和牺牲精神。现在撒切尔夫人被授权与工会对抗。10年前,矿工们击败了爱德华·希斯的保守党政府，但此时的保守党谨慎地囤积了煤炭，而且从北海输送上岸的大量石油和天然气让撒切尔夫人得到了比前任更有力的支持。在长达一年的罢工中，警察和纠察队员之间的暴力冲突让电视里的景象总是充满骚动和不安。最终，保守党的决心战胜了英国矿工工会，随着厌倦罢工的工人重返工作岗位，工会走向分裂。在不到一年的时间里，英国煤炭工业基本消失了——除了 15 个矿井外，其他所有矿井都关闭了。二次纠察（secondary picketing）被禁止，工会在罢工前需要进行投票，这赋予了工会成员更大的权力，同时降低了极端马克思主义者和托洛茨基主义者的影响力，撒切尔夫人谴责这些人是"内部的敌人"。英国汽车业进入了一个相对平静的时期，外国投资者被吸引进来，例如汽车制造商日产（Nissan），该公司于 1986 年在桑德兰建立了非常成功的工厂。

冷战斗士

由于撒切尔夫人在冷战期间放弃了西方原先的缓和政策，1976 年，苏联国防部戏称她为"铁娘子"（The Iron Lady）。1980 年，在里根当选美国总统时，已经陶醉于这个绰号的撒切尔夫人找到了思想上的灵魂伴侣。当苏联在东欧部署远程的 SS20 导弹时，撒切尔夫人允许美国在英国领土上部署战斧巡航导弹和潘兴弹道导弹，至于诸如格林汉姆妇女联合会等和平主义者的大规模抗议则被她无视了。撒切尔夫人很快意识到米哈伊尔·戈尔巴乔夫（Mikhail Gorbachev）在 1985 年 3 月入主克里姆林宫的重要性，以及这位苏联领导人试图通过公开性（开放）和经济改革（重组）来改革停滞不前的苏联可能会产生的影响。作为任职时间最长的首相之一，撒切尔夫人在冷战结束时仍然掌权，可以说在 1989 年后苏联解体的过程中，她发挥了关键作用。撒切尔夫人因不屈不挠而闻名于世，在外交事务中她表现出色，却最终导致了她的垮台。她没有意识到地方政府对她的"人头税"改革有多深的敌意，也没有看清楚欧洲问题已经让她的政党分裂到了何种地步。不过不管怎样，她重塑了英国政治，后继的政府必须在她设定的范围内才能良好地运作。

英国的多元文化

1948 年至今

1948 年后的大规模移民改变了英国的社会，这既造成了无法预见的困难，又促使历届政府重新思考如何管理一个日益多元化的社会。

疾风过后

在饱受战争蹂躏、需要廉价劳动力供应的战后英国，1948 年乘坐帝国疾风号（Empire Windrush）登陆蒂尔伯里的 500 名牙买加移民是第一批抵达的移民之一。在整个 20 世纪 50 年代，每年来自新英联邦国家的平均移民人数约为 3 万，但在 1961 年，这个数字急剧上升到 10 万多。社会中的保守派人士认为，英国对移民控制不够充分，政府应该对公众的关注做出回应，只允许具有特定资格的人入境。工党则更关心移民带来的社会变化。1965 年的《种族关系法》（Race Relations Act）规定，以种族为理由拒绝任何人进入餐馆、酒店和酒吧等公共场所是违法行为。尽管"禁止爱尔兰人，禁止黑人"的标志从寄宿公寓的窗户上摘了下来，但该法案并没有阻止日常生活中随随便便的偏见。

血流成河

1968 年，工党提出了第二项种族关系法案，将更多领域的种族歧视行为定为非法。保守派思想家伊诺克·鲍威尔（Enoch Powell）抨击了该法案，认为该法案将煽动移民为了寻求进一步的特殊法律照顾而"煽动其公民同胞"。古典主义者鲍威尔所引用的"台伯河充满鲜血的泡沫"的句子引起了媒体的注意，并得到了许多焦虑的"土著"居民的支持。在1970年的意外选举中，鲍威尔在移民问题上的立场可能帮助保守党赢得了几个边缘席位。不过尽管鲍威尔热衷于研究印度文化，但左派还是将鲍威尔贬斥为种族主义者，而反移民团体则打出了"伊诺克是对的"的横幅。20世纪80年代，布里克斯顿（Brixton）、托克斯泰斯（Toxteth）和汉斯沃思（Handsworth）发生了种族暴乱，鲍威尔从中发现他的恐惧得到了部分证实。

移民历程

1950年后，在英国定居的社群种类繁多，很难对他们的经历做出典型化的归纳。20世纪60年代，成千上万名来自爱尔兰和西印度群岛的护士在英国国家医疗服务系统中找到了发挥自身价值的岗位。在肯尼亚和乌干达，因当地"非洲化"运动而遭到迫害的亚洲人也流落至英国，虽然他们来时一贫如洗，但随后一些人在英国商界取得了举足轻重的地位。然而，1970年后，由于英国制造业的萎缩，定居在英格兰北部工厂城镇的亚洲纺织工人与本地工人一样遭受了沉重的损失。那些技能不强的人往往只能从事没有吸引力的低薪工作，并不得不搬迁至破旧的市中心地区。到1990年，英国城市已经成为一个多种族社会，其规模在两代人之前是无法想象的。尽管许多移民出身的人在英国的社会生活中占据了非常重要的地位，但其他大部分人觉得自己变成了这个根深蒂固的系统性偏见的受害者，1999年，麦克弗森爵士（Macpherson）在关于黑人学生斯蒂芬·劳伦斯（Stephen Lawrence）谋杀案的报告中将其称为"制度性种族主义"（institutional racism）。

1948年乘坐帝国疾风号登岸的牙买加移民。

来自新欧洲的工人

到 2007 年，东欧大部分前社会主义阵营国家加入了欧盟，因此其民众有权在英国工作和生活。大量来自波罗的海地区国家和波兰的移民在农业和食品加工领域找到了工作。诸如波兰水管工和罗马尼亚理发师这样把国籍和职业刻板联系起来的印象其实来自英国工作场所的真实变化，但许多受过良好教育、技术高超的东欧移民很快就在卫生、金融和公共行政部门找到了高薪工作。然而，大量东欧农业工人的存在往往使规模较小的本地社区感到不安。一些关于 2016 年英国脱欧公投的研究表明，这一波移民潮所造成的不安是促使英格兰许多农村地区高票脱欧的一个因素。

文化多元主义？

1970 年后，历届英国政府都通过推行多元文化政策来应对英国境内存在着的众多不同种族和宗教的团体。然而，在 2000 年之后，由于英国参与了中东的军事行动，英国穆斯林社群变得激进化，从而深刻地影响了其国内的社群关系。英国发生了一系列恐怖袭击，其中包括 2005 年 7 月造成 52 名通勤者死难的伦敦"7·7"爆炸案，以及 2017 年发生在威斯敏斯特和曼彻斯特的袭击，这些袭击对公众的态度产生了深远影响。在民众要求国家更"强硬"的压力下，政府实施了打击非法移民的政策。然而在 2018 年，根据披露的消息，80 多名合法定居英国的"疾风一代"黑人被强行驱逐出境，遣返回他们年轻时离开的国家。这起丑闻再次凸显了英国在向一个多元文化国家演变的过程中所产生的社会和政治紧张局势。

北爱尔兰问题

1968 年至今

北爱尔兰数十年来对天主教教徒的歧视在 20 世纪 60 年代引发了一场民权运动。这个地区因多年的暴力抗议和无情的教派屠杀而伤痕累累。延续了几代人的不信任阻碍了恢复和维持和平的努力。

奥兰治派北爱尔兰

1922 年的爱尔兰分治建立了新教教徒占多数的北爱尔兰自治省。它的统治地位通过选区划分的选举得以维持,确保了统一党在北爱尔兰议会(Stormont Parliament)和地方议会中的多数席位。街道由 B 特别部队(B-Specials)巡逻,这是一支由忠诚者组成的武装部队兼警察队伍,完全得不到天主教社区的信任。统一党在就业和住房方面的优待变成了惯例。贝尔法斯特造船厂的 10000 名工人中只有不到 400 人是天主教教徒。1945 年至 1968 年间修建的福利住房大部分分配给了新教家庭。尽管如此,北爱尔兰的许多天主教教徒还是不情愿地接受了他们的二等身份:这里比爱尔兰共和国更繁荣,而且可以从英国的国家福利中获益。

北爱尔兰问题

1968 年 8 月,一支 2.5 万人的队伍从考利斯兰(Coalisland)游行到邓安南（Dungannan）以抗议歧视。10月，在德里市（Derry）的一次游行中，全世界的电视摄像机都拍摄到了警察殴打示威者的画面。在接下来的几个月里，北爱尔兰情况恶化了：来自德里市博格赛德（Bogside）的天主教青年向警方投掷汽油弹，贝尔法斯特的新教暴徒则烧毁了天主教房屋。英国军队被派往北爱尔兰以维持和平，但在使用了催泪瓦斯和橡胶子弹后，天主教教徒对他们的善意消失了。226名被指控犯有政治暴力的人在未经审判的情况下被拘留在朗肯谢（Long Kesh）监狱的H区，其中只有两人不是天主教教徒，麻烦也因此加剧。在著名的血腥星期日（Bloody Sunday），也就是1972年1月30日，13名抗议拘留的平民游行者被英国伞兵团射杀。7月21日，贝尔法斯特市中心发生了22次炸弹爆炸，共有300人受伤。伦敦被迫中止北爱尔兰政府，并进行直接统治。

大事年表

1968—1969年	北爱尔兰问题开始出现
1972年	13人在德里市的血腥星期日中被杀
1998年	关于北爱尔兰权力分享的《贝尔法斯特协议》签订
1998年	最后一次大型恐怖炸弹袭击事件在奥马爆发
2001—2007年	解除准军事部队的武器
2012年	贝尔法斯特市政厅因限制英国国旗悬挂时间问题而引发了骚乱
2016年	"灰烬换补贴"丑闻让议会停摆

桑宁戴尔会谈和长期战争

1973年，英国和爱尔兰政府在伯克郡（Berkshire）的桑宁戴尔（Sunningdale）会晤了民族主义和统一主义的政党，试图达成一份政治解决方案。会议提议成立一个议会、一个跨社区行政机构和一个爱尔兰委员会，以鼓励跨境合作。但该协议对强硬的统一党要求太高。新教北爱尔兰工人委员会组织的大罢工使北爱尔兰陷入瘫痪，并破坏了推行解决方案的所有机会。桑宁戴尔事件后，临时派爱尔兰共和军（Provisional IRA）在北爱尔兰和英国本土发动了一场由零星恐怖袭击组成的"长期战争"（Long War），其中最著名的是1984年保守党会议期间对布莱顿大酒店的炸弹袭击。从1969年到2001年，北爱尔兰问题已造成超过3500人死亡。

《贝尔法斯特协议》（*Belfast Agreement*）

1994年，忠于临时派爱尔兰共和军的主要组织宣布停火。包括新芬党在内的各个政党通过谈判最终在1998年达成了《贝尔法斯特协议》，该协议在权力分享的基础上恢复了北爱尔兰的自治。然而，维持和平是一个令人头痛的过程，在解除准军事部队武器等有争议的问题上，各方产生了不信任，导致会议数次暂停。北爱尔兰问题的核心仍然是如何以两个社群都能信任的方式维持该地区的治安，不过当北爱尔兰皇家警察部队（Royal Ulster Constabulary）在2001年被取代后，事情取得了一些进展，新的北爱尔兰警察局承诺招募天主教警官。

"灰烬换补贴"（Cash for Ash）和再次停滞

1998年后，北爱尔兰获得了繁荣和稳定，贝尔法斯特成为英国发展最快的城市。然而，两个社群之间的分歧仍然引发了一些热点问题，比如，2012年因限制在公共建筑上悬挂英国旗帜而引发的骚乱。2016年，民主统一党和新芬党之间的分歧达到了顶点。北爱尔兰民主统一党（DUP）的领导人所负责的可再生能源补贴计划超出了预算4.9亿英镑。在"灰烬换补贴"丑闻调查期间，该领导人拒绝下台，导致已移交职权的行政机构再次停摆。到2019年年底，议会已经有近两年没有开会，而在12月的大选中，统一党历史性地失去了在英国议会中的多数地位。新的伦敦政府致力于做好与爱尔兰共和国的边境安排，虽然这可能会增加北爱尔兰与英国其他地区的"差异"。在这种政治背景下，新教人口预计会在2021的人口普查中进一步减少。北爱尔兰的和平不仅一如既往的脆弱，而且不断变化的人口和政治趋势也为北爱尔兰的未来带来了根本性的问题。

民族主义和权力下放

1925 年至今

对于苏格兰和威尔士的自治,从 19 世纪开始就一直存在争议。民族主义的压力一波又一波地到来,虽然起初有所减弱,但在 21 世纪的第二个十年,苏格兰民族党和独立问题主导了苏格兰的政治局势。

苏格兰和威尔士的自治

"二战"前,自由党和早期的工党团体支持所谓的"凯尔特国家"(Celtic nations)在其国内事务中实行一定程度的自治。但在欧洲的战争爆发后,这一点就被遗忘了。然而,战后经济衰退期间的幻灭感引发了民族主义的复兴。威尔士的民族主义政党威尔士党(Plaid Cymru)在 1925 年成立,它得到了讲威尔士语的北部和西部农村地区大多数人的支持。1934 年,苏格兰的几个民族主义派别合并成立了苏格兰民族党,但并没有产生什么影响。相反,苏格兰盟约协会(Scottish Covenant Association)在自治问题上保持了活力,它在 1950 年收集了 200 万签名以支持建立苏格兰议会,但工党政府对其要求置之不理。

对工党的威胁

1966 年,威尔士党赢得了南威尔士卡马森郡的补选,一年后,苏格兰民族党获得了苏格兰汉密尔顿地区原先属于工党的席位。如果民族主义者进入苏格兰和威尔士的工业地区,那工党将遭受巨大损失,因此它拒绝做出任何让步。然而在20世纪70年代,北海发现了石油。在1974年的选举中,苏格兰民族党以"这是苏格兰的石油"为口号,赢得了30%的选票和11个席位。工党很快提出建立苏格兰和威尔士议会,并于1979年举行了全民公决。在苏格兰,大多数选民支持建立议会,但较低的总体投票率意味着该提案失败了。在威尔士,工党内部的分裂造成了公投的失败。许多人认为,这导致了1979年5月撒切尔夫人获胜后,威尔士和苏格兰没有一个合适的机制来抵制她的激进改革。

大事年表

1913年	《苏格兰自治法案》因"一战"而推迟
1967年	温妮·尤因在汉密尔顿的胜利引发了民族主义复兴
1978年	工党在苏格兰和威尔士建立议会的计划失败
1997年	关于苏格兰议会和威尔士议会的公投成功进行
1999年	苏格兰议会在爱丁堡重开
2007年	苏格兰民族党从工党手中夺取了苏格兰的权力
2014年	苏格兰以55%对45%的票数反对脱离英国
2019年	苏格兰民族党在苏格兰议会的59个席位中赢得48席,获得了45%的选票

权力下放

在接下来的18年中,只有相对较少的威尔士人和苏格兰人投票支持保守党,而在1997年的选举中,保守党没有赢得任何威尔士或苏格兰的席位。然而,历届保守党政府的政策对两国都产生了影响。在苏格兰，一些无党派的公民人物在1989年的制宪会议上聚集在一起，要求英国议会移交权力来加强民主问责制。他们的论点说服了苏格兰工党领袖唐纳德·杜瓦（Donald Dewar），他于1997年成为新政府的苏格兰事务大臣。工党现在致力于建立苏格兰议会和威尔士议会，这一决定得到了公投的肯定。1999年，苏格兰议会举行了1707年以来的首次会议。

身份问题

这些政治事件反映了英国社会的长期变化。"英国性"（Britishness）的感觉正在消退，并且慢慢地只有记得战争的老一辈人或最近到来的社区成员还保留这种感觉。在权力下放之后，威尔士民族主义和苏格兰民族主义有望复兴，但英格兰民族主义的再次兴起让许多人惊讶不已。权力下放的协议未能解决互惠的问题。英国议会的议员在已经权力下放的问题上失去了所有的发言权，例如教育和卫生等，但英国议会中的苏格兰议员仍然可以对英格兰的这些问题进行投票。要求苏格兰议员在议会上讨论纯粹英格兰事务时离场的呼声很合理，但对依赖苏格兰议员的工党来说这却是一种诅咒。内阁中苏格兰人的数量加剧了这种情况，媒体将其讥讽为"鞑靼政体"（tartanocracy）。要求成立英格兰议会的呼声越来越高，民调显示大多数苏格兰人和英格兰人赞成结束联合。2007年1月，人们用呜咽声庆祝了联合的300周年纪念日。

2014年公投及之后的情况

苏格兰工党的战略家们希望以复杂的方式选出的苏格兰新议会能够化解民族主义的威胁。然而，2007年，苏格兰民族党控制了苏格兰议会，随后该党在 2011 年取得了更大的胜利。因此，苏格兰在 2014 年举行了一次公投，以决定苏格兰是否想离开英国。这次公投虽然激烈，但投票率高达 85%，因此它被认为是一次成功的民主运动。统一党以 10% 的优势获胜。赞成离开英国的一方之所以失败，应该归咎于他们未能澄清苏格兰独立后的货币状况，以及统一党积极开展的负面行动——散播对脱离英国后未知情况的恐惧。苏格兰独立的问题似乎已经持续了一代人的时间，这使得苏格兰民族党在 2015 年大选中取得压倒性胜利更加令人惊讶。苏格兰民族党前所未有地获得了苏格兰议会 59 个席位中的 56 个，剩下的 3 个席位由工党、保守党和自由党平分。在 2017 年和 2019 年的大选中，苏格兰民族党成为苏格兰迄今为止最大的政党。2020 年，苏格兰民族党庆祝了其连续控制苏格兰议会的第 13 个年头。苏格兰民族党领袖尼古拉·斯特金（Nicola Sturgeon）主宰了苏格兰政坛，并希望利用大多数苏格兰人对英国脱欧和老伊顿人首相鲍里斯·约翰逊（Boris Johnson）的厌恶来维持自身的地位。她认为决定苏格兰未来的应该是苏格兰的人民，而不是遥远的伦敦政府的民主意愿。

新千年

1997 年至今

在执政的 13 年中,新工党从根本上改变了英国的管理方式。2010 年后,外交问题和金融崩溃导致了较弱的新政府。然而,英国社会正在发生变化,公众越来越关注社会问题,而不是政党政治。

事情只会更好

在野 18 年后,改头换面的"新"工党在 1997 年的大选中大获全胜。新工党抛弃了许多旧的马克思主义论调,远离了其起源的工会,并接受了撒切尔和梅杰领导下的保守党所带来的社会和经济变化。托尼·布莱尔和他的财政大臣戈登·布朗领导了一个纪律严明、充满活力的政党。新工党执政最初几年的标志是一系列具有里程碑意义的立法,如 1998 年的《人权法》(*Human Rights Act*)和 2000 年的《信息自由法》(*Freedom of Information Act*)。苏格兰议会和威尔士议会成立,而《贝尔法斯特协议》为北爱尔兰的持久和平提供了契机。戈登·布朗似乎找到了一种方法,在严格控制公共支出的同时,兼顾对基础设施投资。

海外危机

新工党在伊拉克的沙漠遭遇了滑铁卢。2001 年纽约和华盛顿遭受恐怖袭击后，布莱尔非常认同"反恐战争"的理念，但他追随美国加入伊拉克战争的决定遭到议会和全英国的强烈反对。他对这场危机的处理损害了他的信誉，导致他最终在2007年下台。英国军队也被派往阿富汗打击死硬派的伊斯兰组织，并遭受重大损失。相比之下，后来的首相戴维·卡梅伦和特蕾莎·梅更强调利用英国的情报能力打击伊斯兰主义。2015年至2017年间，英国在叙利亚危机中仅出动了皇家空军对伊斯兰国基地发动打击，以及对当地军事部队进行了培训。由于俄罗斯的军事力量在弗拉基米尔·普京（Vladimir Putin）的领导下出现了复兴，英国军队在2017年被派往爱沙尼亚，以彰显北约对波罗的海安全的承诺。

大事年表

1997年	新工党肩负着让英国政治和社会现代化的使命上台
1999年	将权力下放给苏格兰、威尔士和北爱尔兰的慷慨措施已载入英国的体制之中
2003年	在第二次海湾战争中，主要由美国和英国组成的军事联盟入侵伊拉克
2007年	布莱尔辞职，接替他的是不得不面对银行系统崩溃的戈登·布朗
2010年	由戴维·卡梅伦和尼克·克莱格领导的自由党–保守党联盟实施紧缩措施以减少政府债务
2016年	戴维·卡梅伦同意就英国的欧盟成员资格举行全民公投，以安抚党内和英国独立党中的右翼批评者

全球危机

2007年，英国的银行被全球金融危机吞没。一些银行已经不复存在，如诺森罗克银行（Northern Rock），而另一些如苏格兰皇家银行（RBS）这样的银行则在得到来自纳税人的大规模援助后才得以幸存。英国经济陷入了深度衰退。戈登·布朗曾积极参与拯救世界银行体系的国际机制，但在国内，他现在被认为是经济崩溃的罪魁祸首。在2010年的大选中，英国人抛弃了新工党，但平衡的结果导致了联合政府的成立，这是自黑暗的战争时期以来的第一次。新总理乔治·奥斯本（George Osborne）迅速采取了严厉的控制措施，以减轻国家的债务负担。英国似乎终于摆脱了紧缩，但2016年英国脱欧公投结果在英国经济未来的前进方向上提出了许多深刻的问题。

一种新政治形态

随着新世纪的到来，英国政治展现出的是越来越多的身份认同、包容和多样性，而不是过去的阶级斗争。现在主要的分歧围绕在种族、性别甚至代沟差异上。2014年，英国本土同性婚姻合法化解决了一个长期存在的社会问题。不过尽管早些时候进行了平等改革，但对妇女的歧视和骚扰仍然是社交媒体上的主要话题。社会评论员指出了资产丰富的"婴儿潮一代"和在节俭中长大的"年轻一代"之间的尖锐差别，许多年轻人背负着沉重的学生债务，阻碍了他们购买自己的房产，他们往往注定要在"零工经济"中从事低薪的无工会工作。乐观主义者把希望寄托在英国大学正在进行的高科技数字革命上。但这些担忧的基础是长期性的挑战：到21世纪30年代时，7500万老龄人口将对国家医疗服务系统和福利国家产生何种影响？不受控制的大规模移民会对社会凝聚力构成什么样的威胁？机器人技术和人工智能对工作场所有什么影响？离开欧盟的决定引发了更多的问题：一个独立的英国将如何应对日益紧缩的区域贸易集团？

英国会像许多人担心的那样过于依赖美国吗？边界难题将如何影响北爱尔兰？支持留欧的苏格兰还能留在联盟吗？在英国脱欧期间暴露和加剧的深刻的阶级和地区矛盾将如何弥合？

大裂缝

在21世纪的第二个十年中，英国脱欧彻底主宰了英国人的生活，导致2016年看起来将成为历史上的重大转折点之一，就像1832年或1914年那样。公投及其后果激起了人们的强烈感情，并导致了英国人的分裂，自19世纪30年代和40年代争取更广泛的选举权运动以来，其他任何问题都没有造成过这种情况。留欧派认为，52%对48%的狭窄差距不足以触发如此重大进程，毕竟英国将要离开世界上最大、最富有和最便利的贸易集团。他们觉得自己被对手的竞选诡计欺骗了。脱欧派则对英国脱离欧盟进程的拖延感到愤怒，他们认为建制派精英是在故意拖延并打算淡化英国与欧洲的决裂。连续三年的立法摩擦使议会名誉扫地。保守党出于对奈杰尔·法拉奇脱欧党的恐惧，不得不右倾化，并甩开了党内日渐萎缩的温和派。2019年12月，英国优柔寡断的脱欧进程对工党的影响显现出来，当时工党遭遇了1935年以来最严重的失败，它把大批终身选民赶到了保守党一边。

许愿需谨慎

鲍里斯·约翰逊在2019年的大选中以他所谓的"压倒性多数"脱颖而出，他可以轻而易举地推进他的立法计划。但他和他的政府在许多方面面临着问题和挑战，这几乎是史无前例的。英国将与前欧洲伙伴建立什么样的关系？未来的贸易协议将采取何种形式（如果有的话）？英国能否在与亚洲新兴大国现有贸易的基础上再接再厉？英国是否会像许多人担心的那样过于依赖美国？围绕爱尔兰边界的问题是否会对和平协议产生负面影响？支持留欧的苏格兰还能留在联盟吗？英国脱欧期间暴露并加剧的深刻的阶级和地区分裂能得到弥合吗？这些基础问题的答案将构成英国漫长而混乱的历史的下一章。